古代歷史文化研究輯刊

二二編

王明蓀 主編

第3冊

秦漢歷史地理考辨（下）

周運中 著

國家圖書館出版品預行編目資料

秦漢歷史地理考辨（下）／周運中 著 -- 初版 -- 新北市：
花木蘭文化事業有限公司，2019〔民 108〕
目 2+200 面；19×26 公分
（古代歷史文化研究輯刊 二二編；第 3 冊）
ISBN 978-986-485-897-2（精裝）
1. 秦漢史 2. 歷史地理
618   108011795

ISBN-978-986-485-897-2

9 789864 858972

古代歷史文化研究輯刊
二二編 第三冊   ISBN：978-986-485-897-2

秦漢歷史地理考辨（下）

作　　者　周運中
主　　編　王明蓀
總 編 輯　杜潔祥
副總編輯　楊嘉樂
編　　輯　許郁翎、王筑、張雅淋　美術編輯　陳逸婷
出　　版　花木蘭文化事業有限公司
發 行 人　高小娟
聯絡地址　235 新北市中和區中安街七二號十三樓
　　　　　電話：02-2923-1455／傳眞：02-2923-1452
網　　址　http://www.huamulan.tw 信箱 hml 810518@gmail.com
印　　刷　普羅文化出版廣告事業
初　　版　2019 年 9 月
全書字數　264764 字
定　　價　二二編 25 冊（精裝）台幣 63,000 元　　　版權所有 · 請勿翻印

秦漢歷史地理考辨(下)

周運中 著

目

次

西南篇

犍爲郡三道三治轉移過程新考

　　西漢末年的犍爲郡，治僰道縣，在今四川宜賓，見於班固《漢書·地理志》。但這裡不是最初的犍爲郡治，前人未曾注意犍爲郡的最初治所在今貴州省北部，未曾注意犍爲郡最初設置是爲了開闢一條通往南越的路。也就未曾發現僰道向西南通雲南的路是唐蒙最晚開闢，唐蒙在鱉縣開路失敗，一度還想在南廣河流域的南廣縣開路。如果沒有發現這一段重要的歷史，也就很難發現秦開的五尺道被誤解了一千多年！五尺道不是僰道向西南通雲南的路，而在臨邛到漢源之間，就是唐代清溪道的北段。

一、犍爲原治鱉縣在今桐梓

　　東晉常璩《華陽國志》卷四《南中志》牂牁郡說：

　　　　鱉縣，故犍爲郡城也。不狼山，出鱉水，入沅。

北魏酈道元《水經注》卷三六《延江水》：

　　　　鱉縣，故犍爲郡治也，縣有犍山，晉建興元年，置平夷郡。縣
　　　有鱉水，出鱉邑西不狼山，東與溫水合。溫水一曰煖水，出犍爲符
　　　縣，而南入黚水。黚水亦出符縣，南與溫水會，闞駰謂之闞水。俱
　　　南入鱉水。鱉水於其縣而東注於延水。延水又與漢水合，水出犍爲，
　　　漢陽道山闞谷……東至鱉邑，入延江水也。

犍爲郡治，最初顯然在鱉縣。前人如王先謙等，或以爲是常璩、酈道元之誤，不看酈道元明言此縣還有犍山，犍、黔同音，黔中在烏江流域，犍山很可能也在烏江流域。常璩是晉人，酈道元是北魏人，距離漢代的時間很近，他們的書參考了很少古籍，不會隨意抄錯。鱉縣是一個偏僻的縣，古人不會把犍

為郡的治所錯到偏遠之地。

《漢書·地理志》犍為郡符縣（治今合江）：

> 溫水南至鄨入黚水，黚水亦南至鄨，入江。

牂牁郡：

> 鄨，不狼山，鄨水所出，東入沅，過郡二，行七百三十里。

前人認為沅水是延江水之誤，因為《水經注》說鄨水注入延江水，沅水上游確實沒有大河可指為鄨水。

但是前人多以為鄨縣在今遵義，以為鄨水是今遵義的湘江。洪亮吉《延江水考》、楊守敬《水經注圖》、譚其驤《中國歷史地圖集》都從此說，〔註1〕但是我以為不是，因為此說有以下諸多疑問：

1. 遵義的湘江水，是南流注入烏江，不是東流
2. 遵義的湘江水很短，不足七百三十里
3. 遵義的湘江水全在牂牁郡內，未過兩個郡
4. 遵義的湘江水找不到溫泉，而溫水，酈道元稱為煖水，應是源自溫泉

所以，我認為鄨縣不在今遵義，鄨水不是湘江水。

清代貴州著名學者鄭珍，也發現了上述問題，他在《遵義府志》說狼和婁、朗音近，所以不狼山是大婁山、朗山，鄨水是三江水（今芙蓉江）。

我認為，鄨縣在今遵義北部桐梓婁山關附近，鄨水是芙蓉江，因為：

1. 芙蓉江比較長，所以是七百三十里
2. 芙蓉江東北流，所以說東流
3. 芙蓉江經過牂牁、巴郡，所以說過兩個郡
4. 芙蓉江流域就有溫泉，綏陽縣溫泉鎮緊鄰芙蓉江，道真縣梅江下游的玉溪鎮松江村後岩也有三河口溫泉，溫水、黚水在梅江流域，梅江源頭在今南川，西漢正是屬符縣。

有人認為不狼山的不字是發語詞，可以省略不顧，不狼山即綏陽縣西的朗山，鄨縣在今綏陽縣，溫水是綏陽溫泉鎮的溫泉河。〔註2〕我以為溫泉河太小，不是出自符縣，所以不是溫水。

有人看到了鄭珍對遵義說的反駁，就說鄨縣在今黔西、大方一帶，說鄨

〔註1〕〔清〕楊守敬等編繪：《水經注圖》，第 487 頁。譚其驤主編《中國歷史地圖集》第二冊第 30 頁。

〔註2〕周子言：《關於漢代鄨縣的廢址問題》，《貴州社會科學》1992 年第 2 期。

水是耳海河或黔西縣的一條小河。〔註3〕此說大謬，因爲這種小河不可能有七百三十里，不可能過二郡，也找不到溫泉。

有考古學者說今遵義市未發現漢代遺存，鱉縣不在遵義而在黔西縣。〔註4〕我認爲此說不確，因爲不合文獻記載。

婁山關是大婁山的要衝，向北通過綦江，通往四川盆地，向南通往貴州，所以在此設縣。

芙蓉江的名字，值得注意，唐代播州有芙蓉縣，李吉甫《元和郡縣志》卷三十播州芙蓉縣：

> 西南至州六十里，貞觀五年置在芙蓉山上，因爲名，後移於山東三里，即今理是。

芙蓉縣，源自芙蓉山。在播州東北六十里，在今遵義東北六十里。古代南方邊疆的縣城一般不會在高山，但是芙蓉山頂恰好靠近婁山關，所以在此設縣。所以，芙蓉山就是大婁山。

因爲鱉縣在遵義之北，靠近赤水河，所以《華陽國志》卷四說平夷郡有平夷、鱉兩縣，平夷縣有安樂水（今赤水河），說明鱉縣靠近赤水河。

二、芙蓉、不狼、開明、鱉令、布朗、吉蔑

我認爲不狼山開頭的不字，不是所謂發語詞，古人不懂民族語言學，往往用發語詞解釋。其實芙蓉讀音極近不狼，所以不狼山就是芙蓉山，位置在今大婁山。鱉縣之名，就是源自不狼。

因爲《華陽國志》卷三《蜀志》說：

> 後有王曰杜宇，教民務農，一號杜主……號曰望帝，更名蒲卑……會有水災，其相開明決玉壘山以除水害。帝遂委以政事，法堯、舜禪授之義，遂禪位於開明，帝升西山隱焉……開明立，號曰叢帝……九世有開明帝，始立宗廟，以酒曰醴，樂曰荊……周顯王之世，蜀王有褒、漢之地。因獵谷中，與秦惠王遇。

酈道元《水經注》卷三三《江水一》說南安縣：

〔註3〕 賀國鑒：《貴州境內幾個夜郎古縣的考證》，貴州省哲學社會科學研究所編《夜郎考（討論文集之一）》，貴州人民出版社，1979年，第96～98頁。黃飛：《貴州史志考辨二則》，《貴州文史叢刊》1992年第4期。

〔註4〕 張合榮：《夜郎文明的考古學觀察：滇東黔西先秦至兩漢時期遺存研究》，科學出版社，2014年，第288頁。

縣治青衣江會，衿帶二水矣，即蜀王開明故治也。來敏《本蜀論》曰：荊人鱉令死，其屍隨水上，荊人求之不得。鱉令至汶山下，復生，起見望帝。望帝者，杜宇也……時巫山峽而蜀水不流，帝使鱉令鑿巫峽通水，蜀得陸處。望帝自以德不若，遂以國禪，號曰開明。

《太平御覽》卷八八八引《蜀王本紀》：

望帝積百餘歲，荊有一人，名鱉靈，其屍亡去，荊人求之不得。鱉靈屍至蜀，復生，蜀王以爲相。時玉山出水，若堯之洪水，望帝不能治水，使鱉靈決玉山，民登陸處。鱉靈治水去後，望帝與其妻通。帝自以薄德，不如鱉靈，委國授鱉靈而去，如堯之禪舜。鱉靈即位，號曰開明奇帝。

杜宇時，玉壘山崩，堵塞河流，蜀地發生大洪水。楚人鱉令，鑿山治水，取代杜宇，稱爲開明。傳位九世，被秦惠王滅國。這個故事絕非出自胡編，因爲玉壘即鬱壘，是楚人過年貼的門神。《左傳》魯昭公十二年，楚王說：「昔我先王熊繹，闢在荊山，篳路藍縷，以處草莽。跋涉山林，以事天子。唯是桃弧、棘矢，以共御王事。」楚人貢獻的弓用桃木做成，因爲桃樹辟邪。東漢會稽人王充《論衡》卷十六《亂龍》：「上古之人，有神荼、鬱壘者，昆弟二人，性能執鬼，居東海度朔山上，立桃樹下，簡閱百鬼。鬼無道理，妄爲人禍，荼與鬱壘縛以盧索，執以食虎。故今縣官斬桃爲人，立之戶側，畫虎之形，著之門闌。」《太平御覽》卷二九引《玉燭寶典》：「元日造桃板著戶，謂之仙木，象鬱壘山桃樹，百鬼畏之。」因爲鱉令家鄉靠近楚地，崇拜能制鬼的鬱壘，所以到了四川盆地，治水的地方叫玉壘山。

前人或以爲鱉令是鱉縣的縣令，但是從周顯王時上推九代，楚國、巴國都不可能在春秋時在鱉縣設縣令。芙蓉江注入烏江處，漢代設涪陵縣，讀音也接近芙蓉、不狼。鱉令、鱉靈都是音譯，我認爲即芙蓉、不狼、涪陵的音轉，也即布朗族。今雲南布朗族屬南亞語系民族，高棉又譯爲吉蔑、柬埔寨，也是南亞語系民族，所以鱉令又名開明。開明、昆明，都是吉蔑、高棉的音轉。犍的上古音是 gian，讀音也接近。唐代在今貴州省西部設普寧州，也是同源地名。

秦惠王（前 316 年）時滅開明九世，上推九代到開明一世，按照古人一代三十年之說，則是魯成公五年（前 586 年），《春秋》此年說：「梁山崩」。《穀梁傳》曰：「梁山崩，壅遏河，三日不流。」晉國的梁山緊鄰黃河，梁山在地

震中崩塌，形成了巨大的堰塞湖，致使黃河斷流三天。《左傳》說次年晉國：
「謀去故絳……遷於新田。」古人不會隨意遷都，晉國故都絳在今翼城縣東
南，靠近中條山，新都新田在今侯馬，遠離山地，很可能因爲地震摧毀了晉
都。說明這是一場大地震，此時四川盆地也發生了特大地震，摧毀了成都平
原，使得鱉令族人從四川盆地的東南北進，取代了杜宇。玉壘山是今茂縣、
什邡、綿竹之間的九頂山，高達 4989 米。這場大地震的震中很可能在山西和
四川之間的甘肅、陝西，這裡都在地震帶上。

其實這次中國歷史上的特大地震，還有一條史料，《漢書·溝洫志》載王
莽時徵集治河的良策，大司空掾王橫言：「禹之行河水，本隨西山下東北去。
《周譜》云，定王五，年河徙，則今所行非禹之所穿也。」周定王五年，黃
河有一次重大改道。前人或以爲此條找不到佐證，就否定這條史料。我認爲
不能否定，因爲漢代人能看到大量上古文獻。而且魯成公五年正是周定王廿
一年，古人很容易把廿一兩個字上下連寫，訛爲五字。漢代人看到春秋的記
載，有錯字很正常。周定王廿一年，正是因爲發生了特大地震，所以黃河才
改道。

三、犍爲郡最初是爲打通南越道路

犍爲郡最早設在今芙蓉江流域的鱉縣，是爲了打開一條進軍南越的最直
接通道，《史記·西南夷列傳》：

> 建元六年，大行王恢擊東越，東越殺王郢以報。恢因兵威，使
> 番陽令唐蒙，風指曉南越。南越食蒙蜀枸醬，蒙問所從來，曰：「道
> 西北牂柯，牂柯江廣數里，出番禺城下。」蒙歸至長安，問蜀賈人，
> 賈人曰：「獨蜀出枸醬，多持竊出市夜郎。夜郎者，臨牂柯江，江廣
> 百餘步，足以行船。南越以財物役屬夜郎，西至同師，然亦不能臣
> 使也。」蒙乃上書說上曰：「……今以長沙、豫章往，水道多絕，難
> 行。竊聞夜郎所有精兵，可得十餘萬，浮船牂柯江，出其不意，此
> 制越一奇也。誠以漢之彊，巴蜀之饒，通夜郎道，爲置吏，易甚。」
> 上許之。乃拜蒙爲郎中將，將千人，食重萬餘人，從巴蜀筰關入，
> 遂見夜郎侯多同。蒙厚賜，喻以威德，約爲置吏，使其子爲令。夜
> 郎旁小邑皆貪漢繒帛，以爲漢道險，終不能有也，乃且聽蒙約。還
> 報，乃以爲犍爲郡。發巴蜀卒治道，自僰道指牂柯江。蜀人司馬相

> 如亦言西夷邛、笮可置郡。使相如以郎中將往喻，皆如南夷，爲置
> 一都尉，十餘縣，屬蜀。

《漢書・地理志》也說犍爲郡是建元六年設，唐蒙從巴蜀筰關入夜郎，在夜郎旁的小邑設犍爲郡。

司馬遷不說從巴還是蜀進入夜郎，但是《漢書・西南夷列傳》說：

> 從巴苻關入，遂見夜郎侯多同。

巴苻關，就是巴郡符縣的符關。符縣治今合江，而符縣之南，正是鱉縣。溫水（梅江）就是源自符縣，流入鱉水（芙蓉江）。

酈道元《水經注》卷三三《江水一》符縣：

> 縣故巴夷之地也。漢武帝建元六年，以唐蒙爲中郎將，從萬人
> 出巴符關者也，元鼎二年立……縣治安樂水會，水源南通寧州平夷
> 郡鱉縣，北逕漢安縣界之東，又逕符縣下，北入江。

所以犍爲郡最早的治所確實是在符縣之南的鱉縣，《漢書》的記載證明了此說決非常璩、酈道元胡編。唐蒙最早從符縣向南進入夜郎，可能因爲楚國曾經在烏江流域設黔中郡，有歷史基礎。

貴州省北部的習水縣土城鎮黃金灣村，2009 年發現黃金灣遺址，地處黃金河與赤水河交匯處的赤水河東岸一級階地，面積約 10 萬平方米。2015 到 2017 年，發掘 4000 多平方米。從新石器時代延續到漢晉，以漢晉遺存爲主，是赤水河流域及黔北規模最大的漢代聚落。出土板瓦、筒瓦、西漢半兩、五銖錢等，發現西漢中晚期到魏晉墓葬。整體有中原文化特點，巴蜀文化因素也占較大比重，兼有部分雲貴、兩湖和西北的文化因素。〔註5〕

我認爲，這個遺址很可能就是符關，位置正是在符縣之南的要衝。前人或以爲符關在符縣治，我認爲不確，漢代很多關雖然和縣同名，但是不在縣城而在縣界。習水縣黃金灣遺址，向東是今桐梓縣，正是鱉縣，所以這個符關正在符縣和鱉縣分界。

值得注意的是，鱉縣在今貴州北部，所以牂牁郡的北界大致就是今天的貴州省界。我在上文已經考證，漢代西河、北地、上郡的分界大致也是內蒙古、寧夏、陝西的分界。因爲古代郡界、現代省界都受制於自然地理，所以往往有吻合之處。今貴州省北部和重慶分界大致沿山脈，唯獨赤水已在山北，所以漢代的符縣南界一直順赤水河深入到今習水縣。

〔註5〕張改課、許國軍、李二超、左雲傑：《中國文物報》2017 年 11 月 3 日 8 版。

四、犍爲郡治移到南廣、僰道

　　從符縣（今合江）到鳖縣（今桐梓），還算好走，再向南就不好走了。而從僰道（今宜賓）向南，到北盤江，可以順流而下，直達番禺（今廣州）。所以鳖縣道衰落，唐蒙改從僰道縣向南，開闢了新的主乾道。

　　《史記‧司馬相如傳》說：

> 　　會唐蒙使略通夜郎、西僰中，發巴蜀吏卒千人，郡又多爲發轉漕萬餘人，用興法誅其渠帥，巴蜀民大驚恐。上聞之，乃使相如責唐蒙，因喻告巴蜀民以非上意……相如還報。唐蒙已略通夜郎，因通西南夷道，發巴、蜀、廣漢卒，作者數萬人。治道二歲，道不成，士卒多物故，費以鉅萬計。蜀民及漢用事者，多言其不便。是時邛筰之君長聞南夷與漢通，得賞賜多，多欲願爲內臣妾，請吏，比南夷。天子問相如，相如曰：「邛、筰、冉駹者近蜀，道亦易通，秦時嘗通爲郡縣，至漢興而罷。今誠復通，爲置郡縣，愈於南夷。」天子以爲然，乃拜相如爲中郎將，建節往使……司馬長卿便略定西夷，邛、筰、冉駹、斯榆之君皆請爲內臣。除邊關，關益斥，西至沫、若水，南至牂柯爲徼，通零關道，橋孫水以通邛都。還報天子，天子大說。

這裡說的很清楚，唐蒙原來主攻方向是夜郎，其次是僰中。《漢書‧司馬相如傳》作夜郎、僰中，無西字，這個西字或是後人誤以爲唐蒙原來主攻方向是夜郎之西的僰中而妄加。

　　唐蒙開道，兩年不成，導致巴蜀民怨四起，漢武帝不得不派司馬相如去察看，司馬相如改向西南發展，到沫水（大渡河）、若水（雅礱江），到邛都（今西昌），後來建了越巂郡。

　　其實唐蒙之所以兩年不成，因爲他在把犍爲郡治移到僰道（宜賓）之前，還不想放棄夜郎道，一度把犍爲郡治移到南廣縣（今高縣），《華陽國志‧蜀志》犍爲郡說：

> 　　武帝初欲開南中，令蜀通僰、青衣道。建元中，僰道令通之，費功無成，百姓愁怨，司馬相如諷諭之。使者唐蒙將南入，以道不通，執令，將斬之，歎曰：「忝官益土，恨不見成都市！」蒙即令送成都市而殺之，蒙乃斬石，通閣道。故世爲諺曰：「思都郵，斬令頭」云。後蒙爲都尉，治南夷道。元光五年，郡移治南廣。太初四年，益州刺史任安，城武陽。孝昭元年，郡治僰道，後遂徙武陽。

這段話有眞有假，《漢書·地理志》犍爲郡治仍在僰道縣，東漢治武陽縣（治今彭山）。而且在元光五年移南廣縣之前，其實郡治在鄨縣，不在僰道縣，《華陽國志》誤記爲僰道縣。

南廣縣治，方國瑜與《譚圖》在鹽津縣，〔註6〕任乃強認爲在高縣，〔註7〕我以爲任說似更優，鹽津位置太南。因爲《漢書·地理志》南廣縣說：「南廣，汾關山，符黑水所出，北至僰道入江。有大涉水，北至符入江，過郡三，行八百四十里。」今仍有南廣河，一說在珙縣西南。筠連、高縣、珙縣西南都在符黑水（南廣河）流域，其東南的汾關山在南廣河源頭，在今雲南威信縣北部。《南中志》說：「表釗爲朱提太守，治南廣，禦李雄……平夷太守朱提雷炤、流民陰貢、平樂太守董霸破牂柯、平夷、南廣，北降李雄。」平夷郡在今畢節東北，南廣一定在今南廣河邊，鹽津不在畢節北上的要道。

從鄨縣到南廣，再到僰道，再到武陽，犍爲郡治不斷北遷。《華陽國志》說犍爲郡開始在僰道，開路不成，唐蒙斬殺縣令。其實是在鄨縣，如果是在僰道，其南就是南廣，在一條道上，不可能開道不成，反而把郡治北遷僰道。

正是因爲在鄨縣開道不成，所以改到南廣縣，仍然想從今威信縣，南下畢節，再南下北盤江上游。仍然失敗，於是遷到僰道，改走西南到鹽津縣的道路，這就是後世的大道。酈道元《水經注》卷三十三《江水一》說僰道：

其邑，高后六年城之。漢武帝感相如之言，使縣令南通僰道，

費功無成，唐蒙南入，斬之，乃鑿石開閣，以通南中。迄於建寧，

二千餘里。山道廣丈餘，深三四丈，其塹鑿之跡猶存。

這一段話不僅不明開路爲通南越，所以不提唐蒙此前所開兩路失敗，還誤以爲是司馬相如首先主持開路。

鄨縣原屬犍爲郡，改屬牂柯郡，也反映了其地位的衰落。牂柯郡民眾以土著爲主，所以鄨縣劃歸牂柯郡。

犍爲郡有都尉在漢陽縣（治今赫章可樂），又有平夷縣（治今畢節北），都在今貴州西北部，從這兩個縣向東南，進入且蘭，說明貴州西北部是聯結犍爲郡和牂柯郡的主要通道。

一直到明代，從湖南向西到貴州、雲南的東西通道才正式取代從四川向

〔註6〕方國瑜：《中國西南歷史地理考釋》，第 232～236 頁。

〔註7〕〔晉〕常璩著、任乃強校注：《華陽國志校補圖注》，上海古籍出版社，1987年，第 284 頁。

南到雲南、貴州的南北通道，成爲內地到雲貴的主乾道。這次交通的變化很大，貴州才首次設省。

其實漢滅南越時，走的仍然是貴州中部，《史記‧西南夷列傳》說：「及至南越反，上使馳義侯因犍爲發南夷兵。且蘭君恐遠行，旁國虜其老弱，乃與其眾反，殺使者及犍爲太守。漢乃發巴蜀罪人嘗擊南越者八校尉，擊破之。會越已破，漢八校尉不下，即引兵還，行誅頭蘭。頭蘭，常隔滇道者也。已平頭蘭，遂平南夷爲牂柯郡。夜郎侯始倚南越，南越已滅，會還誅反者，夜郎遂入朝，上以爲夜郎王。」《索隱》說頭蘭即且蘭，顯然不確，不可能上下句隨便改字。

且蘭在漢去南越的路上，而頭蘭在漢去滇的路上。漢攻且蘭不下，回來的路上攻破頭蘭，說明且蘭遠離漢地，在今貴州中部，而且已經遠遷，所以《漢書‧地理志》牂柯郡治故且蘭，即且蘭故地。而頭蘭應在今雲南省東北，平頭蘭，才打通夜郎大門，夜郎國都在今黔西南，頭蘭應在北盤江上游。至於頭蘭和且蘭的上古音接近，或許是同源民族，不能證明二者就在一地。

夜郎國都應在今黔西南，距離較遠，交通不便。所以漢軍未到，僅是震懾夜郎王，夜郎王是主動入朝。關於夜郎在今黔西南，下文詳證。

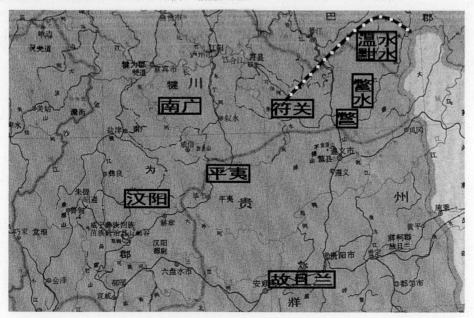

修正的牂柯郡北部地名、郡界〔註8〕

〔註8〕底圖來自譚其驤主編《中國歷史地圖集》第二冊第30頁，調整的縣治（黑體字）和邊界（虛線）爲本書添加。

1979 年四川新都馬家村出土東漢駱駝載樂圖磚
（周運中 2018 年 8 月 21 日攝於四川博物院）

秦代五尺道在今邛崍、漢源間新考

　　我們如果明白了唐蒙三次開道的歷史，就會發現另一個重要問題，那就是五尺道絕不是漢代僰道縣（今宜賓）向南的那條路。後世很多人誤以為唐蒙最後開鑿的這條路是五尺道，前人多以為五尺道是從今宜賓向西南，到今雲南省。譚其驤主編《中國歷史地圖集》、郭沫若主編《中國史稿地圖集》等權威著作的秦代五尺道都畫在今宜賓西南與雲南之間，[註1]也因此把整個雲南都畫入秦的疆域，但是找不到任何秦代在四川南部和雲貴設置郡縣的記載。其實五尺道的錯誤考證是一千年來的絕大誤解，五尺道應在今四川邛崍到漢源之間！

一、五尺道誤解的根源

　　今按《史記·西南夷列傳》說：

　　　　秦時常頞，略通五尺道，諸此國頗置吏焉。十餘歲，秦滅。及
　　漢興，皆棄此國，而開蜀故徼。巴蜀民或竊出商賈，取其筰馬、僰
　　僮、髦牛，以此巴蜀殷富。

如果秦代五尺道就是唐蒙最後開鑿的這條路，他還有必要費力在鱉、南廣開鑿新道嗎？前人因為未曾發現唐蒙此前的兩次開路失敗，誤以為唐蒙首次走的就是僰道西南的這條路，所以自然誤以為這就是秦代五尺道。

　　其實《司馬相如傳》清楚地說：

　　　　邛、筰、冉駹者近蜀，道亦易通，秦時嘗通為郡縣，至漢興而

〔註1〕譚其驤主編《中國歷史地圖集》第二冊，第11頁。郭沫若主編《中國史稿地圖集》上冊第23頁。

罷。今誠復通，爲置郡縣，愈於南夷。

秦曾經設置郡縣的地方就是五尺道通往的地方，是邛、筰、冉、駹，不是夜郎。正因爲不是夜郎，所以漢朝的夜郎國王才會自大，因爲夜郎不熟悉中原。而且巴、蜀百姓出五尺道，走私的是筰馬、僰僮、髦牛。筰馬出自筰地，犛牛來自高原，都不是夜郎所產。

至於僰僮是僰人，僰人分佈很廣，不止僰道縣。僰即濮，上古音濮是幫母屋部 pok，僰是並母職部 biək，讀音很近。濮人分佈廣泛，號稱百濮。《華陽國志》卷三說越嶲郡會無縣（今會理）：「故濮人邑也。今有濮人冢。」僰僮是奴僕，僕字就是源自濮人。《後漢書‧西南夷傳》：「夷人多則避寒，入蜀爲傭，夏則違暑，反其聚邑。」我認爲濮人就是現在分子人類學檢測出來 Y 染色體 C 的一支，主要分佈在中國的西南和東北，是較早從非洲來到東亞的人群。留在西南的就是濮，遷往東北的就是貊，上古音是貊是明母鐸部 meak，讀音接近，靺鞨等都是從貊字衍出。

五尺道的錯誤根源是《史記索隱》引《括地志》云：「五尺道在郎州。」唐代有兩個郎州，一在今遵義，《舊唐書》卷四十《地理志三》江南道播州：「貞觀九年，分置郎州⋯⋯十一年，省郎州並六縣。」一在今曲靖，《舊唐書》卷四一《地理志四》劍南道戎州都督府南寧州，貞觀：「八年，改南寧爲郎州」。《新唐書》卷四三下《地理志七下》南寧州：「開元五年復故名。」《括地志》是貞觀十二年開始編寫，所以此郎州在今曲靖。前人誤以爲五尺道通曲靖，所以誤以爲五尺道是宜賓西南的一路。《括地志》是唐代人編寫，離秦代時間太長，而且漢唐之間的古籍都不提五尺道，不足爲據。

我曾指出，唐代李吉甫《元和郡縣圖志》的上古秦漢內容多誤。〔註2〕《太平御覽》卷一六六戎州（治今宜賓）引唐代梁載言《十道志》：「春秋僰侯國。秦惠王破滇池，始通五尺道。」秦惠文王破蜀，僅限於四川的北部，不可能到滇池，可見唐代人說秦漢史的話不大可靠。

其實唐蒙即使開通僰道西南的新道，很長時間內也沒有任何進展，因爲《史記‧西南夷列傳》說：

> 蜀人司馬相如亦言西夷邛、筰可置郡。使相如以郎中將往喻，皆如南夷，爲置一都尉，十餘縣，屬蜀。當是時，巴蜀四郡通西南夷道，戍轉相饟。數歲，道不通，士罷餓離濕死者甚眾。西南夷又

〔註2〕周運中：《〈元和郡縣圖志〉江蘇部分辨正》，《書品》2007 年第 5 輯。

數反，發兵興擊，耗費無功。上患之，使公孫弘往視問焉。還對，
言其不便。及弘爲御史大夫，是時方築朔方以據河逐胡，弘因素言
西南夷害，可且罷，專力事匈奴。上罷西夷，獨置南夷夜郎兩縣、
一都尉，稍令犍爲自葆就。

僰道向南，僅在南夷夜郎之地，設兩縣，大概是鱉、南廣縣，此時的都尉可
能在南廣縣，不在《漢書‧地理志》漢陽縣（在今赫章可樂），因爲尚未設漢
陽縣。或以爲其中一縣是故且蘭，我以爲更不可能，因爲此時漢軍尚未到且
蘭之地，不可能設且蘭縣。直到元鼎六年，漢滅南越，才到故且蘭。《集解》
徐廣曰：「元光六年，南夷始置郵亭」。而司馬相如在五尺道外的西夷設十多
個縣，對比鮮明。可見五尺道是通往邛都之道，不在僰道之南。

《華陽國志》卷四《南中志》南廣郡說：

> 自僰道至朱提有水步，水道有黑水及羊官水，至險，難行。步
> 道度三津，亦艱阻。故行人爲語曰：「猶溪、赤木，盤蛇七曲。盤羊、
> 烏櫳，氣與天通。看都濩泚，住柱呼伊。庲降賈子，左儋七里。」
> 又有牛叩頭、馬搏頰阪，其險如此。土地無稻田蠶桑，多蛇蚖虎狼。
> 俗妖巫，惑禁忌，多神祠。〔註3〕

從僰道到朱提，有水陸兩道，沿今橫江，都不是走長江沿岸，而且酈道元不
提這條路叫五尺道。

這一條路異常難走，唐代樊綽《蠻書》卷一《雲南界內途程》：

> 從石門外出魯望、昆川至雲南，謂之北路。黎州清溪關出邛部，
> 過會通，至雲南，謂之南路。從戎州南十日程，至石門……天寶中，
> 鮮于仲通南溪下兵，亦是此路，後遂閉絕。僅五十年來，貞元十年，
> 南詔立功歸化，朝廷發使冊命，而邛部舊路方有兆吐蕃請鈔隔關。
> 其年七月，西川節度韋皋乃遣巡官監察御史馬益，閉石門路，量行
> 館。石門東崖石壁，直上萬仞，下臨朱提江流，又下入地中數百尺，
> 惟聞水聲，人不可到。西崖亦是石壁，傍崖亦有閣路，橫闊一步，
> 斜亙三十餘里，半壁架空，欹危虛險。其安梁石孔，即隋朝所鑿也。
> 閣外至蔓嶺七日程，直經朱提江，下上躋攀，傴身側足，又有黃蠅、
> 飛蛭、毒蛇、短狐、沙虱之類。石門外第三程至牛頭山，山有諸葛

〔註3〕　《水經注》卷三六《若水》引此段作楢溪赤水、左擔，赤木是赤水之形誤，
左儋是左擔之誤。

> 古城，館臨水，名馬安渡……第七程至蒙夔嶺，嶺當大漏天，直上
> 二十里，積陰凝閉，晝夜不分……第九程至魯望，即蠻漢兩界，舊
> 曲靖之地也。

雖然蜀、唐南征都走此路，但是異常艱辛。值得注意的是，樊綽也不提五尺道，因為這條路上找不到任何證據表明其是五尺道。

前人之所以在宜賓西南到雲南的五尺道上找不到任何秦設郡縣的記載，就是因為五尺道本來就不在這裡。五尺道在今邛崍、漢源之間，秦在這裡設縣有很多文獻和文物證據。前人因為誤考了五尺道，就把雲南、貴州全省畫入秦的版圖，其實是重大失誤。我們今天的任何一張秦朝地圖都沒有把新疆、西藏、青海、甘肅西部、四川西部、內蒙古北部、遼寧北部、吉林、黑龍江、海南、臺灣畫入秦朝疆域，為何非要在嚴重缺乏證據的情況下把雲南、貴州畫入秦朝版圖呢？我們沒有必要誇大秦的疆域，誇大了秦的疆域，就會使人產生漢朝在西南未有發展的錯覺。雲貴畫入秦朝版圖不符合歷史事實，應該糾正。

其實把雲貴畫入秦朝版圖的錯誤是很晚才出現，我所見的很多老歷史地圖，都把雲貴和四川南部畫在秦朝版圖之外，比如童世亨的《歷代疆域形勢一覽圖》第四圖《秦代郡守圖》等。〔註4〕這些地圖的作者也是中國的愛國者，我們不能因此說他們不愛國。另外需要說明的是，一些外國人畫的中國歷史地圖把福建、江西也畫在秦的版圖之外，這也是錯誤的畫法，秦在福建設閩中郡，在江西設有很多縣，他們的這種錯誤也要糾正。

二、五尺道的起點是邛崍

司馬相如開邛、筰、冉駹、斯榆，就是出秦代五尺道，說明五尺道在臨邛之西南。《華陽國志》卷三說秦惠文王二十七年，張儀築：「成都，周回十二里，高七丈。郫城周回七里，高六丈。臨邛城周回六里，高五丈。」說明臨邛很早就是秦人在西南經營的要地，是蜀地第三大城。

臨邛如此重要，因為臨邛有鐵礦，又有火井即天然氣，所以礦冶業非常發達，有很多富裕的大商人。《貨殖列傳》說：

> 巴蜀亦沃野，地饒卮、薑、丹沙、石、銅、鐵、竹、木之器。
> 南禦滇僰，僰僮。西近邛筰，筰馬、旄牛……蜀卓氏之先，趙人也，
> 用鐵冶富。秦破趙，遷卓氏。卓氏見虜略，獨夫妻推輦，行詣遷處。

〔註4〕 童世亨：《歷代疆域形勢一覽圖》，上海：商務印書館，1919年第4版。

> 諸遷虜少有餘財，爭與吏，求近處，處葭萌。唯卓氏曰：「此地狹薄。吾聞汶山之下，沃野，下有蹲鴟，至死不饑。民工於市，易賈。」乃求遠遷。致之臨邛，大喜，即鐵山鼓鑄，運籌策，傾滇蜀之民，富至僮千人。田池射獵之樂，擬於人君。程鄭，山東遷虜也，亦冶鑄，賈椎髻之民，富埒卓氏，俱居臨邛。

臨邛生產的金屬器，大量賣給西南少數民族，所以能得到犛牛、馬匹、奴隸。在秦代之前，這裡已經開通了商路。犛牛、馬匹都是高原所產，很多奴隸也來自高原。在今石棉縣，漢代還設有旄牛縣。

高原還有豐富的礦產，《漢書·地理志》說越嶲郡定莋縣（治今鹽源）出鹽，出自鹽池。《續漢書·郡國志五》蜀郡屬國徙縣（治今天全縣始陽鎮），注引《華陽國志》：「出丹砂、雄雌黃、空青、青碧。」《郡國志》又說越嶲郡臺登縣（治今冕寧南）、會無縣（治今會理）出鐵，邛都縣（治今西昌）出銅。《華陽國志》卷三說越嶲郡靈關道（治今甘洛縣西）出銅，會無縣出碧珠。嚴道（治今滎經）還有銅礦，漢文帝時已經開發，《史記·佞倖傳》說漢文帝：「賜鄧通蜀嚴道銅山，得自鑄錢鄧氏錢佈天下，其富如此。」《三國志》卷四三《張嶷傳》說：「定莋、臺登、卑水三縣……舊出鹽、鐵及漆。」

高原還出產很藥材，如麝香、紅花、蟲草、羚角等，都是上古早已開發，《華陽國志》卷三說汶山郡（今岷江上游）物產有：「牛馬、旄氈、班罽、青頓、毞毲、羊羖之屬，特多雜藥名香。」

高山還有很多木材，《漢書·地理志》嚴道縣有木官，今漢源縣有皇木鎮，源自古代皇木廠。

漢人輸出的還有絲織品和茶，《太平寰宇記》卷七七黎州風俗說貿易時：「漢用紬絹、茶、布，蕃用紅椒、鹽、馬之類。」

蜀地輸出的邛竹杖，通過印度賣到中亞，《史記·西南夷列傳》：「元狩元年，博望侯張騫使大夏來，言居大夏時見蜀布、邛竹杖。」邛竹杖，無疑來自邛都、邛部、邛崍山、臨邛這一線。《元和郡縣圖志》卷三二雅州滎經縣：「邛崍山，在縣西五十里，本名邛莋山，故莋人之界也。山岩峭峻，出竹高節實中，堪為杖，因名山也。」因為五尺道的開闢很早，所以印度稱中國為支那cina，源自秦，因為秦很早佔領蜀地，交通域外。

正是因為有大宗貿易的需要，決定了五尺道是從臨邛通往川西高原。而從僰道縣向西南的路，因為不經過青藏高原，缺乏馬匹、犛牛、麝香等特產，

而且遠離成都平原，秦人不可能捨近求遠。因爲僰道西南最初不存在這樣大宗的貿易，不存在開道的動力，所以五尺道不可能在僰道之南。

很多人誤以爲司馬相如是文學家，不知司馬相如還是政治家。司馬相如因爲久居臨邛，交好很多臨邛富人，他們熟悉塞外商業和秦代的五尺道，才能從五尺道向南開拓靈關之道。

值得注意的是，臨邛縣的東面緊鄰江原縣（治今崇州江源鎭），而《華陽國志》卷三說蜀郡江原縣：「東方、常氏爲大姓。」《華陽國志》的作者常璩就是這裡人，這裡是西南常氏最集中之地。所以我懷疑秦代開通五尺道的常頞，很可能就是這裡人。正是因爲常頞熟悉臨邛向南的商路，所以他才能開通臨邛向西南的五尺道。

三、五尺道通往嚴道、莋都

臨邛西南是青衣縣（治今蘆山），《華陽國志》卷三說：「高后六年，城僰道，開青衣。」張家山漢簡《二年律令·秩律》說呂后二年有青衣道、嚴道，或以爲可以證明《華陽國志》此條之誤，我以爲此條六年或是元年之誤。但是青衣縣可能是秦代在五尺道上設的縣，秦末廢棄，漢初恢復，重新開通道路。

僰道在高后六年才建城，說明這裡在秦代很可能尚未設縣，秦在邊遠的縣不可能不築城，這也證明五尺道不可能在僰道。

任乃強指出，現在臨邛走名山到雅安是隋唐改道，漢代走蘆山，漢代青衣縣城在今蘆山縣城，〔註5〕而不在今邛崍西南。〔註6〕我以爲此說爲考古學證實，現在名山縣罕見漢代遺跡，但是蘆山縣不僅有很多漢代墓葬、遺址，而且構成一條完整的路線，從八步關（青龍關）通往蘆山縣城，蘆山縣城內有秦漢蘆陽古城，出土秦代半兩錢。〔註7〕向南有樊敏闕，碑文說他曾任青衣國丞。向南到青衣江邊的飛仙關，向東到今雅安，南越九折阪，到嚴道縣（今滎經）。

嚴道縣是秦朝所開，《太平寰宇記》卷七七雅州嚴道縣：「秦始皇二十五年滅楚，徙嚴王之族以實於此地，故曰嚴道。」今雅安到滎經，一路有很多

〔註5〕〔晉〕常璩著、任乃強校注：《華陽國志校補圖注》，第201頁。
〔註6〕〔清〕楊守敬等編繪：《水經注圖》第419頁。譚其驤主編《中國歷史地圖集》第二冊，第29頁。
〔註7〕國家文物局主編《中國文物地圖集·四川分冊》，上冊第361頁、下冊第1028頁。

漢墓、古城、冶銅遺址等。

嚴道之名不知是否源自楚人莊氏（漢明帝名劉莊而改莊爲嚴），按照邊疆道名體例，應源自嚴族。但此處確是漢朝初年邊界，《史記・淮南王傳》說漢文帝六年，張蒼請求安置淮安王劉長：「處蜀郡嚴道邛郵。」邛郵是邛崍山的郵亭，說明這裡就在秦開關的古道上。

高后時才重新開通了青衣的道路，文帝時重新設置了嚴道縣，說明在漢武帝之前，這條路就在持續推進，其動力主要是出自商業貿易的需要。

司馬相如開新道的起點是莋都（今漢源），莋都縣南是沫水（今大渡河），所以《史記・司馬相如傳》說：「西至沫、若水，南至牂柯爲徼，通零關道，橋孫水以通邛都。」《史記・西南夷列傳》說：「蜀人司馬相如亦言西夷邛、莋可置郡。」邛是邛人，莋是莋人。越嶲郡治邛都縣（今西昌）是邛人所居，闌縣（今越西縣）在邛部，莋都縣在今冕寧，莋秦縣在今鹽源，大莋縣在今鹽邊。

邛崍山又名邛莋山，即今大相嶺，《續漢書・郡國志》蜀郡嚴道縣：「有邛僰九折膜者，邛郵置。」注引《華陽國志》：「道至險，有長嶺、若棟、八渡之難、楊母閣之峻……邛崍山，本名邛莋，故邛人、莋人界也。」

邛人、莋人應是不同民族，莋人應是羌人，大莋、莋秦、定莋都在高原，而且《後漢書・西南夷列傳》說：「莋都夷者，武帝所開，以爲莋都縣。其人皆被髮左衽，言語多好譬類，居處略與汶山夷同。」汶山夷是羌人，莋都習俗接近，說明莋都也是羌人。

但是邛崍山北的青衣也是羌人，所以邛、莋分界可能主要是指邛崍山的東北部是邛人所居，在今夾江一帶。

邛人所居之地，地勢都很低，比如邛部在越西縣，臨邛在今邛崍，邛都在今西昌，氣候較暖。所以邛人很可能是崑崙人，邛和崑崙讀音接近。《後漢書・西南夷列傳》說邛都：「無幾而地陷爲污澤，因名爲邛池，南人以爲邛河……俗多游蕩，而喜謳歌，略與牂柯相類。」我已寫成另書詳證牂柯郡的夜郎、且蘭都是侗臺語系的越人，說明邛人是越人。邛池即今西昌邛海，注引《南中八郡志》說多大魚，又引李膺《益州記》說漁人害怕大蛇，都是越人風俗。邛都設越嶲郡，名字就有越字。

青衣是漢人根據服色稱呼羌人，沈黎郡名是源自羌人本名，因爲沈黎、先零、參狼音近，沈黎是先零、參狼羌南遷的一支。前人未曾注意《秦本紀》

秦惠文王十四年：「丹犁臣，蜀相壯殺蜀侯來降。」丹犁即沈黎，耽、沈聲部相同，今耽、丹同音，古音接近。今雅安之東有丹棱縣，其實就是源自丹犁東遷的一支，丹棱縣是隋代才設立。《史記正義》說：「二戎號也……在蜀西南姚府管內，本西南夷，戰國時蜀、滇國，唐初置犁州、丹州也。」其實這是誤解，唐代姚州都督府在今雲南，秦惠文王時不可能到今雲南。唐代在邊疆設置羈縻州，找不到字，都是隨意亂取前代地名甚至傳說地名。

說明秦爲征服蜀地，很早就接觸羌人。有人說五尺道不是秦所開，因爲秦以六爲紀，我以爲未必，因爲《漢書》卷五一《賈山傳》說秦朝的馳道寬五十步。但五尺道的起源確實很早，在今蘆山縣西的銅頭城有春秋戰國古城，南北 500 米，東西 300 米，發現巴蜀銅器、陶器。

四、司馬相如南開靈關之道

司馬相如開的靈關之道，因爲靈關得名，漢代還有靈關道縣，《史記·司馬相如傳》說：「故乃關沫、若，徼牂柯，鏤零山，梁孫原。」指在沫水（今大渡河）、若水（今雅礱江），在零山即靈山開鑿道路，在孫水之源架橋。

靈關之道，越過漢源縣西南和甘洛縣西部的小相嶺，前人已經指出靈關不是今寶興縣的靈關鎮，〔註8〕我認爲，靈關、零關都是地名通名嶺關。因爲這裡地勢比邛崍山更高，故名嶺關。

靈關縣的位置，譚其驤主編《中國歷史地圖集》標在今峨邊縣之南，源自譚其驤的誤考，他說靈山很可能是大涼山。〔註9〕此說不能成立，因爲此地遠離古代大道，譚其驤此時未能考證唐代驛道。之所以誤標靈關在峨邊縣南，可能是因爲先誤標旄牛縣在今漢源縣南，但是《續漢書·郡國志五》旄牛縣注引《華陽國志》佚文說在邛崍山表，說明在大渡河北，很可能在今石棉縣，不在漢源縣南。任乃強認爲靈關縣在今越西縣西南，闌縣在今甘洛縣。〔註10〕

我認爲，靈關縣或在今甘洛縣西部，因爲《華陽國志》卷三說靈關道有銅山，闌縣在邛部城，地接靈關道。今甘洛縣銅礦較多，越西縣原名邛部。

前人多以爲，靈關之道即唐代的清溪道，靈關即清溪關，〔註11〕我以爲

此說還有待確認。唐代清溪關在今甘洛縣西北，附近缺乏漢代遺址，〔註 12〕但是漢代的靈關應該在甘洛縣。可能因為地處高山，多是羌人，所以未能留下很多遺跡，或許仍未發現。靈關道可能僅是一個關口，漢人不多。《華陽國志》說靈關縣有利慈渚，或許在甘洛河谷，不知漢代的靈關縣城是不是在今甘洛河谷，如果是，則漢代靈關之道不是唐代的清溪道。

今越西縣城以北，有很多漢代遺址和漢墓，〔註 13〕可能是闌縣所在。今喜德縣西部的漢代遺跡也很多，〔註 14〕也是這條路上的重要地點。任乃強或許據此以為靈關縣在今越西縣西南到喜德縣西北，但是靈關應地處小相嶺要道，在越巂、蜀兩郡之間，不應反在闌縣、臺登縣之間。如果靈關在今喜德縣西北，則就在孫水之源，而《司馬相如傳》說零山、孫原是兩地，而且零山應在孫原之北。喜德縣的漢代遺跡多，可能因為地處卑水（治今昭覺）、闌、臺登三縣之間要道。

關於唐代的清溪道，樊綽《蠻書》卷一有細述，前人已有很多考證，因為爭議不大，本文不再考證。樊綽明確說清溪道的起源是黎州（今漢源），這正是司馬相如開拓靈關之道的起點。

由於《西南夷列傳》簡略概括說唐蒙修路，自僰道（今宜賓）指牂柯江，後人看見僰道，就誤以為犍為郡治開始就在僰道，誤以為唐蒙開始修路就在僰道，而不思考唐蒙開路是為了通南越，不是為了通雲南，未能結合《水經注》、《華陽國志》等書，所以不能發現此前開闢鱉、南廣兩條路失敗的過程。〔註 15〕但是史書畢竟留下了很多蛛絲馬蹟，終於被我發掘出來了。

而且我還由此連帶發現五尺道竟被誤解了一千多年，絕大多數人不追究史料來源，人云亦云，好像五尺道天生就在那裡，殊不知都是源自唐代人的誤解，又以訛傳訛。

青衣縣原是羌地，但是移民極多，《華陽國志》卷三：「天漢四年，罷沈黎，置兩部都尉。一治旄牛，主外羌。一治青衣，主漢民。」青衣縣此時已經成為漢地，因為大多數人是移民，他們不熟悉本地秦代五尺道的歷史，五

〔註12〕國家文物局主編《中國文物地圖集·四川分冊》，上冊第 407 頁。
〔註13〕國家文物局主編《中國文物地圖集·四川分冊》，上冊第 412 頁。
〔註14〕國家文物局主編《中國文物地圖集·四川分冊》，上冊第 413 頁。
〔註15〕嚴耕望曾經懷疑唐蒙取道南廣，又懷疑唐蒙首次開道在符關，符關向南仍然走敘永、畢節到宣威，可惜他不能肯定而且不能深入，又誤猜鱉縣以南道路，見嚴耕望：《唐代交通圖考》，上海古籍出版社，2007 年，第 1218～1220 頁。

尺道的歷史逐漸爲人遺忘。

五尺道、靈關之道甚至在東漢到蜀漢時封閉上百年，《三國志》卷四三《張嶷傳》說：「郡有舊道，經旄牛中至成都，既平且近。自旄牛絕道，已百餘年，更由安上，既險且遠……嶷與盟誓，開通舊道，千里肅清，復古亭驛。」旄牛羌人在漢源縣西南高山，很容易切斷靈關交通線，這正是現在漢源縣西南到果洛縣西北缺乏漢代重要遺跡的原因。靈關之道的很多地方還在河谷，僅邛崍山（大相嶺）、小相嶺兩段是高山。但是這條路封閉，改從安上縣（治今屏山）走，經過卑水縣（治今昭覺）、灊街（治今雷波），需要翻越很多山嶺，所以說不如舊道好走。因爲靈關之道長期封閉，使得靈關之道和五尺道的很多早期歷史爲人遺忘，這也是五尺道之名湮沒的一個原因。

附帶要說明的是，現在很多學者把西南絲綢之路說成南方絲綢之路，我認爲這是用詞不當。把西南絲綢之路稱爲南方絲綢之路，是狹隘的陸地思維，忽視了海上絲綢之路。中國南方除了西南的絲綢之路，還有東南的海上絲綢之路。不僅如此，唐蒙最初開關鍵爲道，就是爲了打通去南越的道路，所以東南海上絲綢之路的地位不比西南陸上絲綢之路低。西南不等於南方，西南絲綢之路也不能說成南方絲綢之路。

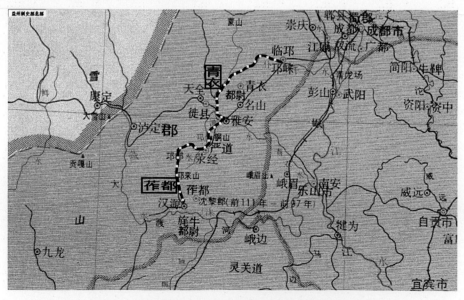

調整的縣治和五尺道示意〔註16〕

〔註16〕底圖來自譚其驤主編《中國歷史地圖集》第二冊第 29 頁，虛線和黑體字是本書添加。

金堂縣李家梁出土漢代胡人石像

成都六一所漢墓出土東漢石獅

成都桓侯巷出土成漢異族陶俑（周運中 2018 年 8 月 21 日攝於成都博物館）

夜郎國在今黔西南考

夜郎自大，婦孺皆知。但是夜郎所在，卻成了千古謎案。前人爭論很多，我認爲可以破解。因爲前人看到的考古資料不多，又不結合礦產地理學、民族語言學，自然不能確定。

一、故且蘭在今清鎮縣

漢在夜郎之地設牂牁郡，郡治在故且蘭，前人多以爲故且蘭縣在今貴州東部，譚其驤主編《中國歷史地圖集》就把且蘭縣定在貴州黃平縣西。

前人之所以定且蘭縣在貴州東部，因《漢書・地理志》且蘭縣說：「沅水東南至益陽入江。」《華陽國志》卷四《南中志》牂牁郡且蘭縣說：「有赤霧、煎水，入沅水。」牂牁郡總論說：「有延江、霧赤、煎水爲池衛。」前人認爲且蘭縣治一定在沅水上游，其實沅水雖然出自且蘭縣境，但是在且蘭縣東境。古代貴州的縣很少，每個縣很大，所以且蘭縣治在貴州中部與且蘭縣東境是沅水上游不矛盾。貴州成爲湘滇通道始於明朝，漢代貴州與中原往來主要是通過四川而非沅水，所以且蘭縣治不可能在今貴州東部。

史繼忠等認爲且蘭只能在貴州西部而非貴州東部，但是爲了解釋沅水從且蘭發源，認爲是古人把延水（烏江）誤爲沅水。[註1] 我認爲可能性不大，因《漢書・地理志》二水皆有，而且沅、延雖然現在讀音相近，其實古音不近，沅是疑部，延是以部。

因爲且蘭就在貴州中部，所以《水經注》卷三十六《存水》說存水流經

〔註1〕 史繼忠等：《且蘭地理新考》，貴州省哲學社會科學研究所編：《夜郎考（討論文集之二）》，貴州人民出版社，1981 年，第 295～303 頁。

且蘭縣北，存水是今北盤江的上游，同卷《溫水》又說豚水也流經且蘭縣，豚水是今北盤江，這都說明且蘭在今貴州西北部。我考證存水就是豚水，所以且蘭靠近北盤江。

牂牁郡有毋斂縣，東晉仍屬牂牁郡，說明距離且蘭不遠，《華陽國志》說毋斂縣：「有剛水。」剛水，前人多誤以爲都柳江，我考證是龍江，所以毋斂縣應在今龍江上游的荔波縣，荔波之東有茂蘭鎮，我以爲正是漢代的毋斂縣、唐代的婆覽縣。

譚其驤《中國歷史地圖集》定毋斂在今獨山，定唐代婆覽在今獨山，峨州在今荔波，任乃強定毋斂在榕江，都太遠，因爲《水經注》說豚水（北盤江）流經毋斂縣，又說毋斂水和牂牁江（紅水河）相通。毋斂水當然不通牂牁江，但說明二者靠近。毋斂縣定在今荔波，才靠近牂牁江。唐代婆覽縣在今荔波，峨州可改在今廣西天峨縣。廣西很多峨字地名，天峨縣源自峨山。《宋書》牂牁郡還有丹南縣，很可能是今廣西南丹縣，就在荔波縣之南。

毋斂、婆覽、茂蘭，其實都是毛南的同源字。荔波東南就是毛南族聚居地，毛南族的名字歷史悠久。我已經考證定周縣在都柳江流域，則毋斂縣正是因爲在龍江上游，地處貴州和嶺南要道，所以設縣。前人所定毋斂縣偏東，故且蘭縣也連帶偏東。

且蘭縣在今貴州中部，前引史繼忠之文指出今安順、平壩、清鎮一帶的漢墓在貴州省內最多最密，等級最高，出土文物也證明這裡是漢人聚居區，所以且蘭縣治就在這一帶，我認爲可信。貴陽之東不遠就是沅水源頭，屬且蘭縣，所以說沅水出自且蘭縣境。還有一種可能，就是漢朝實際沒有在貴陽之東設置郡縣，只是名義上屬且蘭縣。現在沒有在貴陽之東發現漢墓，就是證明。古人往往把不熟悉的地區畫得很小，所以古人的地圖上很可能把沅水源頭與且蘭縣治畫得很近，於是後人據圖寫作，誤以爲沅水源頭靠近且蘭縣治。確定了且蘭縣的位置，有助於我們尋找夜郎。

且蘭可能在今清鎮，《新唐書·地理志七下》羈縻州，江南道黔州都督府莊州：「故隋牂牁郡地，南百里有桂嶺關……貞觀中，又領清蘭縣，後省。」其下又有清州，清蘭音近且蘭。莊州在今貴陽南部，其南百里的桂嶺應是今苗嶺。清蘭、清州或在今清鎮，在安順、貴陽之間。

且蘭的語源，我以爲是者蘭，《百夷傳》說麓川：「所居麓川之地，曰

者蘭，猶中國稱京師也。」李錦芳指出，者蘭是侗臺語的 tse laan，tse 是城鎮，德宏傣語爲 tse，壯語、布依語是 e，雲南時常譯爲姐，laan 是百萬，引申爲廣大。元代在西雙版納的首府景洪置徹里軍民總管府，徹里即者蘭。〔註2〕我認爲且蘭是大城，讀音接近者蘭，姐音從且，現在還譯爲姐。所以漢代牂柯郡在且蘭縣，而不在夜郎縣，至此才有完美解釋。因爲且蘭在交通要道，原來是大城，所以漢代郡治在且蘭縣，而不在夜郎縣。《漢書·西南夷列傳》又說夜郎國內有且同亭，牂柯太守陳立在此殺夜郎王興，且同或即侗人之城鎮。

且蘭在今安順到貴陽之間，符合自然地理形勢，這一帶是貴州中心，地勢平坦，交通便利，所以貴陽在後世一直在貴州的政治中心。

今清鎮西南的珢瓏壩和緊鄰的平壩縣有很多漢墓群，等級較高。我認爲，珢瓏就是夜郎的同源字，都是平地，證明這裡歷史悠久，很可能是且蘭都城，古代清州正是在今清鎮西南。珢瓏壩在羊昌河邊，羊昌河流經安順、平壩、清鎮、貴陽、修文，是重要通道。

關於夜郎語源，前人爭論很多，我認爲是個地名通名，因爲西漢益州郡有邪龍縣（在今巍山），今有雅礱江，都是同源地名。《太平寰宇記》卷七四眉州丹稜縣說：「夷郎川，在縣東三十里，與縣相連，俗傳云夷即平也。言土地平朗，土人語訛，故曰夷郎川。」青神縣：「多稜川，在縣西三十四里，其川今有獠屬。」其實夷郎不是語訛，而是獠語，獠語和夜郎語都屬侗臺語系。夜郎即平川，所以很多地方都有夜郎地名。《說文》：「夷，平也。」漢語的夷也指夷平，是越語同源字。漢語的朗也指疏朗，也是越語寬闊 lang 的同源字。夜郎在今黔西南，現在主要是布依族聚居地，今布依族地名 rong 是山谷平地，這個字和寬闊 lang 很可能是同源字。

今安順寧谷有近一百座漢墓和十萬平米的遺址，1996 年的發掘出土了很多長樂未央瓦當，很可能是牂柯郡治。〔註3〕我認爲安順之南可以出牂柯江（紅水河），所以是漢軍必經之地，是故且蘭，也即牂柯郡治。而清鎮是且蘭東遷的新地，長期保留清蘭之名。且蘭面對漢軍，不能南遷，因爲其南是夜郎大國，所以東遷到今清鎮。

〔註2〕 李錦芳：《侗臺語言與文化》，民族出版社，2002 年，第 308～309 頁。
〔註3〕 貴州省文物考古研究所：《貴州安順市寧谷漢代遺址與墓葬的發掘》，《考古》2004 年第 6 期。

二、夜郎國都在黔西南

漢地與夜郎之間還有且蘭，則夜郎應在今貴州西南部。夜郎靠近珠江的上游紅水河，這就是南越能夠役使夜郎的原因。

任乃強認為夜郎國都在今雲南沾益縣北的黑橋，建寧郡治味縣在今曲靖，〔註4〕此說大誤。因為《宋書・州郡志四》說寧州治建寧郡，夜郎郡去州一千里。如依任說，則夜郎郡與建寧郡僅有二十里。《宋書》又說晉寧郡治建伶縣（今雲南晉寧縣）去州七百里，按此比例推算，夜郎在今貴州西南部。

方國瑜說牂牁郡去州一千五百里，牂牁郡治萬壽縣在今貴陽，則夜郎在今關嶺縣西部的北盤江沿岸，這是譚其驤主編《中國歷史地圖集》夜郎位置由來。〔註5〕我認為萬壽縣在今貴陽係今人推定，缺乏鐵證，所以據此推算夜郎不確。而且根據上文，安順附近屬且蘭縣，不屬夜郎縣。按照晉寧郡與建寧郡的距離來推算夜郎比較準確，但是曲靖到晉寧較為平坦，曲靖到夜郎多係山路，實際行路較長。古人所謂道里是實際路程，所以夜郎大概在黔西南。

夜郎所臨的牂牁江寬達數百步，說明牂牁江較寬，應是北盤江下游及紅水河，而非北盤江中上游，這也說明夜郎國在今黔西南。有學者認為夜郎國的中心在今宣威附近，〔註6〕忽視夜郎鄰近牂牁江的事實，所以不能成立。還有學者提出夜郎在今畢節，〔註7〕此說沒有注意到畢節在漢代屬於朱提郡，也不能解釋夜郎的牂牁江寬達數百步，所以也不能成立。

《宋書・州郡志四》說晉懷帝永嘉五年（311 年），分牂牁、朱提、建寧三郡，立夜郎郡，夜郎郡有夜郎、談樂、廣談、談柏四縣，前人已經校出談柏縣為漢代談指縣之形訛。前引方國瑜之文認為，談指縣在今黔西南，但是具體位置不能確定。我認為很可能在今望謨，今望謨西北有譚龍村，臨北盤江，望謨也有汞礦，《華陽國志》說此縣出丹，即有汞礦。唐代在今貴州西部設琰州，有琰川縣，很可能源自漢代談指縣。從夜郎郡的談指縣的位置，可以推測夜郎縣位置不遠。廣談縣在《華陽國志》屬牂牁郡，則在今蒙江流域，

〔註4〕任乃強：《華陽國志校補圖注》，第 266、274 頁。

〔註5〕方國瑜：《漢牂牁郡地理考釋》，貴州省哲學社會科學研究所編：《夜郎考（討論文集之三）》，貴州人民出版社，1983 年，第 60～61 頁。

〔註6〕羅榮泉：《漢夜郎侯邑地理位置辨》，《夜郎考（討論文集之二）》，第 263～287 頁。

〔註7〕席克定：《漢代夜郎方位的再探索》，《夜郎考（討論文集之二）》，第 288～294 頁。

在牂牁、夜郎兩郡間。今紫雲縣有譚落村，或是談樂縣治。

廣談縣、談樂縣都是晉設，其西的談稿縣，原屬牂牁郡，晉代改屬建寧郡，在夜郎郡與建寧郡間。周國茂指出談字地名見於布依族地區，布依語的 ta：n 是山寨。布依族主要在今黔西南，這裡還有很多地名帶郎字，夜郎即布依語的寬江，布依語的 lang 是寬闊，ŋie 是江。〔註 8〕我認為談稿縣的談是山寨，因為布依語的山是 gàu，談稿正是在高原。

晉代分牂牁郡立夜郎郡，增設廣談縣、談樂縣，廣談是漢語、越語合成地名，說明漢越文化已經交融，此前應有不少漢族移民來到此地。牂牁郡增設萬壽縣、晉樂縣、丹南縣、新寧縣，全是漢名，丹南縣和汞礦有關，萬壽縣還取代且蘭縣成為郡治，說明本地經濟發展，漢文化的影響增強。《華陽國志》說萬壽縣有鹽井，貴州鹽井極少，何先龍《開陽鹽政史料五則》認為應是今開陽縣南江縣苗寨村的漢代鹽井，其西北的雙流鎮有萬壽山。因為貴州缺鹽，所以萬壽縣成為牂牁郡治。

牂牁郡的漢語地名較多，因為位置較北，靠近漢地。《宋書》說牂牁郡有 6 縣、1970 戶，夜郎郡有 4 縣、288 戶，牂牁郡縣均人口比夜郎郡多。這也是因為牂牁郡位置靠北，能夠接受較多的漢族移民。《宋書》又記寧州建寧郡有 13 縣、2563 戶，晉寧郡有 7 縣、637 戶，平蠻郡有 2 縣、245 戶，朱提郡有 5 縣、1010 戶，南廣郡有 4 縣、440 戶，建都郡有 6 縣、107 戶，西河陽郡有 3 縣、369 戶，東河陽郡有 2 縣、152 戶，雲南郡有 5 縣、381 戶，興寧郡有 2 縣、753 戶，從地圖上可以看出這些郡都在夜郎郡西北，靠近漢地，除建都郡外，縣均人口都比夜郎郡多。而在夜郎郡南部的西平郡有 5 縣、176 戶，興古郡有 6 縣、386 戶，梁水郡有 7 縣、430 戶，縣均人口都比夜郎郡少，顯然是因為地處南部熱帶，遠離漢地。所以我們從每個郡的縣均人口的地域遞變，也可以推測夜郎郡的位置在黔西南。

普安縣青山有 11 處戰國秦漢遺址，興義市、安龍縣有 20 處戰國秦漢遺址，另在興義、安龍、望謨等縣還徵集到上百件青銅器，望謨縣、貞豐縣、關嶺縣的北盤江沿岸也有多處戰國秦漢遺址。黔西南地區的遺址較多，也證明夜郎國就在這裡。

李衍垣等考古學者通過戰國秦漢之際滇東黔西的青銅文化來探索夜郎國

〔註 8〕周國茂：《夜郎是布依族先民建立的國家》，99 夜郎學術研討會論文集編輯委員會編：《夜郎研究》，貴州民族出版社，2000 年，第 164～170 頁。

的位置，認爲夜郎在南北盤江之間，也即今貴州西南部，與本文所考吻合。
張合榮既認爲夜郎國在南北盤江之間，又把夜郎國都定在今曲靖市，〔註9〕我
認爲這個定位不確，因爲曲靖在漢代屬於益州郡，晉代是建寧郡的中心，距
離夜郎有一千里，不可能是夜郎的中心。其實曲靖在南北盤江地區的邊緣，
黔西南才是這一地區的中心。

近年赫章縣可樂遺址備受矚目，也有學者認爲這裡是夜郎國中心，其實
這裡在六朝屬朱提郡，遠離牂牁江，不可能是夜郎國中心所在。但是這裡曾
經是夜郎周圍的小邑，所以文化上可能接近夜郎。

有學者認爲夜郎從冊亨、興義以北到昭通、彝良，〔註10〕我認爲此說偏
北，昭通在漢初是隔絕滇道的頭蘭所在，夜郎國的主體不可能延伸到昭通。

有學者否定夜郎在黔西南的原因是這裡偏南，且蘭在今福泉，而黔西南、
黔西北都不在福泉與昆明的交通線上，六枝的茅口、郎岱在交通線上，所以
是夜郎所在。〔註11〕我認爲這是以明代以後的貴州交通來衡量漢代，不能成
立。其實夜郎位置正是應該偏南，因爲上文已說牂牁郡治且蘭縣不在黔東，
而《漢書‧地理志》說夜郎縣是牂牁郡都尉所治，按照漢代通例，都尉與郡
治應該距離較遠。

三、央人是夜郎人

夜郎的遺民是布央人，今天主要分佈在雲南富寧、廣南與廣西那坡縣，
富寧縣布央自稱爲 pu jaang，廣南縣布央自稱爲 pa ha，那坡縣布央自稱爲 ia
rong。布是壯語詞頭，指人，所以布央就是央人。今黔西南和其南部的廣西隆
林、西林、田林縣有很多央、秧字地名，現在黔西南、廣西布依族、壯族中
有很多布央人傳說，說哪些稻田是布央人開墾，哪些村子是布央人建立又遷
走。布央人很可能是從黔西南向南遷徙，到今廣西、雲南一帶。〔註12〕

我認爲央人就是夜郎人，因爲夜郎連讀就是央，央、秧地名集中分佈在
黔西南，正是夜郎故地。今冊亨有秧壩鎮、達秧鄉、秧草、秧坪、秧望、秧

〔註9〕 張合榮：《夜郎地理位置解析——以滇東黔西戰國秦漢時期考古遺存爲主》，
《南方民族考古》第七輯，科學出版社，2011 年，第 225～254 頁。
〔註10〕 周志清：《滇東黔西青銅時代的居民》，科學出版社，2014 年，第 214 頁。
〔註11〕 田曙嵐：《關於夜郎國的都邑和族屬問題》，《夜郎考（討論文集之一）》，第 153
～172 頁。
〔註12〕 李錦芳：《侗臺語言與文化》，民族出版社，2002 年，第 309～311 頁。

慶、秧秧口、秧結、秧祐、秧干、盤秧、秧亞、者央、央友、央念、央凡、央繞、央寧、央菁，興義有秧木，安龍有秧地，興仁有秧寨。

四、自杞即牂柯

宋代在今黔西南有一個自杞國，南宋周去非《嶺外代答》卷三《通道外夷》說：「中國通道南蠻，必由邕州橫山寨。自橫山一程至古天縣，一程至歸樂州，一程至唐興州，一程至睢殿州，一程至七源州，一程至泗城州，一程至古那洞，一程至龍安州，一程至鳳村山獠渡江，一程至上展，一程至博文嶺，一程至羅扶，一程至自杞之境名曰磨巨，又三程至自杞國。自杞四程至古城郡，三程至大理國之境名曰善闡府，六程至大理國矣。」

泗城州在今凌雲縣，古城郡在今曲靖，《元史·地理志》曲靖路南寧縣：「蒙氏改石城郡。」古城是石城之形訛。善闡在今昆明，按照三程、四程的比例推算，則自杞應在今興仁。如果在今興義，則距離稍遠，而且從興義可以走陸良到昆明，不必走曲靖。

我認為自杞就是牂牁，因為自的讀音接近咱，杞、柯古音接近，所以自杞國即牂牁國，國都在今興仁，這和我上文考證位置接近。

五、夜郎為何在黔西南興起？

夜郎在黔西南興起，由地理決定。首先，這一帶的礦產資源非常豐富，黔西南的金礦為貴州之首，貞豐縣有多處特大金礦及大中型金礦。另外，興義、興仁、普安、晴隆、貞豐等縣還有鐵礦，鐵礦是當時最重要的實用金屬，掌握鐵器，才能征服四方。上文說過黔西南還有汞礦，《史記·貨殖列傳》說巴地的寡婦清因為世代佔有丹穴（汞礦），因而成為巨富。

其次，黔西南是南北盤江的交匯處，上游通往雲貴高原，下游通往兩廣及海岸，所以交通極為便利，是高原物產與沿海物產的貿易地帶，這也是本地興起的重要原因。夜郎國因為境內有大量重要的礦產，又在交通要道，所以經濟發達，成為大國。前引張合榮之文認為黔西南貧瘠閉塞，顯然沒有注意到這裡豐富的礦產與便利的水路。

興仁縣的交樂漢墓群是貴州境內結構最複雜的漢墓群，是全國重點文物保護的單位。1975 年，貴州省博物館首次對其中 5 座漢墓進行發掘，出土珍貴文物多件，1987 年、1999 年分別對編號為 14 號、19 號等 10 餘座墓葬進行

搶救性發掘，出土文物 400 餘件。同時追回被盜文物 600 餘件，多件文物被定爲國家一級文物。14 號大墓有十個墓室，非常罕見，出土了巴郡守丞鎏金印、銅車馬等很多高級文物，10 號墓出土了巨王千萬印。

我認爲交樂可能是夜郎縣重要據點，巴郡守丞印的主人是當地高層漢人，《華陽國志》牂牁郡說：「夷傅寶、夜郎尹貢，亦有名德，歷尚書郎、長安令、巴郡太守，貢至彭城相，號南州人士。」既然夜郎縣出過巴郡太守，則有巴郡守丞印也很正常，可惜尹貢生平失載。

交樂小盆地不及興義、興仁大，爲何夜郎縣設在此地呢？原來就在交樂村北不遠，就是興仁最大的鐵礦鮑家屯鐵礦，鐵是最重要的礦產。交樂所在的小盆地恰好在興義、興仁要道之旁，交通便利。從這裡到建寧郡（治今陸良），大致是一千里。夜郎國靠近牂牁江（紅水河），其國都未必在江邊，江邊反而未必有平地。交樂是否夜郎縣治，待考。

夜郎國的核心之地則包括整個黔西南，其南的雲南、廣西之交是句町國，夜郎、句町、且蘭都是說侗臺語的越人。關於夜郎、句町的族屬，我將在百越史的專著中再考證。

漢代雲南地名新考

一、貪水、僕水、勞水、來唯縣

漢代益州郡南界是益州郡來唯縣、賁古縣和牂牁郡西隨縣、進桑縣，譚其驤主編《中國歷史地圖集》第二冊畫來唯縣在今越南西北的萊州，賁古縣在今蒙自，律高縣在今彌勒，西隨縣在今雲南金平縣，進桑縣在今屏邊縣，我認爲益州南界不到今越南，譚圖有誤。

查《漢書・地理志》：

> 越巂郡青蛉縣：僕水出徼外，東南至來唯，入勞，過郡二，行千八百八十里。

> 益州郡葉榆縣：貪水首受青蛉，南至邪龍，入僕，行五百里。

> 來唯縣：從山出銅。勞水出徼外，東至麋泠，入南海，過郡三，行三千五百六十里。

> 牂牁郡西隨縣：麋水，西受徼外，東至麋泠，入尚龍溪，過郡二，行千一百六里。

> 都夢縣：壺水，東南至麋泠，入尚龍溪，過郡二，行千一百六十里。

譚其驤說僕水是發源於今巍山縣的今禮社江，貪水是禮社江的東源白岩江，青蛉縣在今大姚縣，勞水是把邊江，來唯縣在今雲南東南部。[註1] 但是《譚

〔註1〕 顧頡剛、譚其驤、侯仁之、黃盛璋、任美鍔：《中國古代地理名著選讀》第一輯，第 89〜90 頁。

圖》來唯縣改在今越南萊州，可能因爲萊州在把邊江邊，而且讀音接近。

但是此說的問題很多：

1. 勞水過三郡，按《譚圖》則是兩郡，還經過漢朝疆界之外。

2. 勞水有三千多里，而麋水僅有一千多里，但是圖上的麋水遠比勞水長。

3. 來唯縣不應遠離益州郡諸縣，圖上今雲南最南部不設縣，卻在今越南萊州設來唯縣，不合情理。

4. 侗臺民族之地的來字地名很多，不能因爲萊州有個來字就說是來唯縣，萊州地名或許晚出。

我認爲，僕水是禮社江，僕水到來唯縣入勞水，但是來唯縣卻說勞水出自徼外，我認爲這是因爲今新平以上不設縣，所以來唯縣人認爲勞水來自徼外。勞水過三郡，是益州、牂牁、交趾。來唯縣應在今建水、石屏、元江、紅河縣一帶，其東有賁古縣、律高縣。今元江、紅河縣的青銅時代墓葬、遺址很多，而其上游到巍山縣之間則特少，證明來唯縣在這一帶，其上游在漢代是徼外。

而且貪水不是今禮社江的東源，而是禮社江的上游，否則不足五百里。漢代人所說的僕水，其實是馬龍河，發源於今南華縣，正是青蛉縣的徼外，流到雙柏縣，注入禮社江。因爲古人熟悉青蛉縣一帶，所以誤以爲馬龍河是正源。雙柏縣的名字，就和僕水、濮人有關，上古音柏 bak、濮 pok 音近。

來唯應是侗臺語，《漢書・地理志》牂牁郡句町縣：「文象水，東至增食入鬱。又有盧唯水、來細水、伐水。」盧唯水、來細水的名字都和來唯縣有關，在今右江上游，說明來唯是侗臺語。現代粵語的文還是 man，所以文象其實就是現在老撾萬象 Vietiane 的同源字，唐代稱爲文單，〔註2〕證明句町是侗臺語民族。

今西林、田林一帶多有渭字地名，是壯語山溝。《太平寰宇記》卷一六九儋州風俗：「俗呼山嶺爲黎，人居其間，號曰生黎。」《越絕書》卷三《吳內傳》保留了一段珍貴的越語漢譯，說：「萊，野也。」黎 lai 就是萊，所以來唯很可能是山溝荒野，正是因爲地處益州郡邊界，人煙稀少。

〔註2〕 黃盛璋：《文單國考——老撾歷史地理新探》，《歷史研究》1962 年第 5 期。《貫耽路程「驩州通文單國道」地理與對音》，《歷史地理》第五輯，上海人民出版社，1987 年。收入黃盛璋：《中外交通與交流史研究》，安徽教育出版社，2002 年，第 369～426 頁。

益州郡賁古縣：「北採山出錫，西羊山出銀、鉛，南烏山出錫。」《譚圖》定在今蒙自，任乃強定在箇舊。〔註3〕今箇舊卡房鎮陡牛坡村發現了東漢沖子皮坡冶煉遺址，其西南的黑螞井村東漢墓出土了董輔國印章、銅胡人俑燈、弩機、箭簇等，箇舊西北倘甸鄉倘甸村的標杆坡東漢墓出土了鐵劍、鐵刀、鐵斧、銅渣等。在今蒙自到箇舊一帶，具體位置難考。

但是我們要注意到，唐代在今蒙自之東有地名褒古，音近賁古，所以賁古也可能在今蒙自一帶。

益州郡律高縣：「西石空山出錫，東南瑿町山出銀、鉛。」《譚圖》定在今彌勒，據《水經注》卷三六《溫水》，任乃強標在蒙自，〔註4〕距離太遠。《宋書・州郡志》寧州興古郡律高縣：「晉武帝咸寧元年，分建寧郡修雲、俞元二縣間流民復立律高縣。」則律高靠近修雲、俞元，俞元在今澄江縣，則律高確實應在今彌勒。今彌勒也有這些礦產，不是蒙自獨有。

漢代通過今開遠，南下蒙自、箇舊，為了開採這裡的礦產，而礦產稀少的新平以上等地直到南朝都不設一縣。禮社江就是元江、紅河，現在一江仍有三名，古代交通不便，上游稱僕水，中下游稱為勞水，很正常。而且僕水源自濮人，勞水源自僚人，上下游民族不同，則更有理由有多個名字，各民族語言不同。

方國瑜主持《譚圖》西南地域，但是因為譚其驤先已有文，所以方國瑜一些觀點未獲《譚圖》使用，方國瑜認為勞水是瀾滄江下游，來唯在今永平。〔註5〕我以為此說不確，因為瀾滄江下游在漢代尚未設郡縣，東漢才在今永平設博南縣，所以來唯不可能在今永平。

二、麋水、壺水、西隨縣、都夢縣、進桑縣

牂牁郡西隨縣麋水、都夢縣壺水，都是到麋泠縣，入尚龍溪，長度竟也非常接近，麋泠縣在今越南河內西北。

則壺水很可能是今南利河，源自硯山縣，上游稱八嘎河，到西疇縣稱雞街河，到麻栗坡縣稱南利河，下游在越南稱錦江，到宣光匯入瀘江。

而麋水是南溫河，源自硯山縣，上游稱嫁依河，到麻栗坡縣稱南溫河，

〔註3〕〔晉〕常璩著、任乃強校注：《華陽國志校補圖注》，第305頁。
〔註4〕〔晉〕常璩著、任乃強校注：《華陽國志校補圖注》，第306頁。
〔註5〕方國瑜：《中國西南歷史地理考釋》，第179～182頁。

又名盤龍河，下游稱爲瀘江或明江。這兩條河流差不多長，但是錦江稍長，所以漢代人說壺水稍長。

　　西隨縣在今文山縣到硯山縣，因爲㶚水（南溫河）源頭的硯山縣是徼外，所以不設縣。都夢縣在今西疇縣，《華陽國志》記載東晉西隨縣屬梁水郡，而都夢縣改名都唐縣，屬興古郡，說明都夢縣在東，西隨縣在西。《譚圖》誤把西隨縣標到今金平縣，於是空出的文山標爲都夢。其實西隨在今金平，不僅突出在西南，而且距離進桑縣太近，顯然不合理。《譚圖》的依據是《水經》卷三七《葉榆水》說：「入牂柯郡西隨縣北爲西隨水，又東出進桑關。」但是《水經注》顯然不可盡信，西南錯亂太多。上文說葉榆水（元江）經過賁古縣北，就是明證。正是因爲誤在蒙自之北，所以才誤在西隨縣之北。

　　任乃強把西隨縣誤標在墨江縣的通關鎮，[註6] 顯然錯誤，因爲此地偏西，不可能屬於牂柯郡。而且他的依據不足，說西隨在西南之極，是臆測的解釋，南邊地名不能用漢語望文生義。

　　問題是《水經注》又說西隨水流經進桑，所以嚴耕望認爲進桑縣也在盤龍河下游，[註7] 我認爲此說不確，按《水經注》卷三七《葉榆河》說：「進桑縣牂柯之南部都尉治也。水上有關，故曰進桑關也。故馬援言從㶚泠水道出進桑王國至益州賁古縣，轉輸通利，蓋兵車資運所由矣。自西隨至交阯，崇山接險，水路三千里。」古人不會捨直取彎，下文說：「後朱鳶雒將子名詩索，㶚泠雒將女名徵側爲妻，側爲人有膽勇將詩起賊，攻破州郡，服諸雒將，皆屬徵側爲王，治㶚泠縣，得交阯、九眞二郡民二歲調賦。後漢遣伏波將軍馬援將兵討側，詩走入金溪究，三歲乃得。」徵側逃奔金溪，我認爲很可能是錦溪，也即壺水，這一帶當時還很偏僻，說明進桑縣不可能在㶚水或壺水流域。

　　嚴耕望還認爲唐代安南和南詔之間的碼頭賈勇步（古湧步）也在盤龍河而非紅河邊，《譚圖》標在河口縣西北。我認爲在紅河邊，不可能在偏僻的盤龍河邊。我認爲賈勇步在今河口縣城附近，因爲是多條河流匯入紅河處，所以是重要碼頭，也是現在水陸路轉接處。唐代兩段史料是：

　　1.《新唐書》卷四三下《地理志七下》安南通天竺道說：「安南經交阯太平，百餘里至峰州。又經南田，百三十里至恩樓縣，乃水行四十里至忠城州。

〔註6〕〔晉〕常璩著、任乃強校注：《華陽國志校補圖注》，第305頁。
〔註7〕嚴耕望：《唐代交通圖考》，第1315～1333頁。

又二百里至多利州，又三百里至朱貴州，又四百里至丹棠州，皆生獠也。又四百五十里至古湧步，水路距安南凡千五百五十里。又百八十里經浮動山、天井山，山上夾道皆天井，間不容跬者三十里。二日行，至湯泉州。又五十里至祿索州，又十五里至龍武州，皆爨蠻安南境也。又八十三里至倘遲頓，又經八平城，八十里至洞澡水，又經南亭，百六十里至曲江，劍南地也。又經通海鎮。

2.《蠻書》卷一《雲南界內途程》說：「從安南上水至峰州兩日，至登州兩日，至忠誠州三日，至多利州兩日，至奇富州兩日，至甘棠州兩日，至下步三日，至黎武賁柵四日，至賈勇步五日。已上二十五日程，並是水路……從賈勇步登陸至矣符管一日。從矣符管至曲烏館一日，至思下館一日，至沙只館一日，至南場館一日，至曲江館一日，至通海城一日。」

3.《蠻書》卷六《雲南城鎮》說：「通海城南十四日程至步頭，從步頭船行沿江三十五日出南蠻，夷人不解舟船，多取通海城路賈勇步入真、登州、林西原，取峰州路行。」

我認為，湯泉州即今屏邊縣的熱水塘溫泉，從河口縣城到這裡差不多是一百八十里。再五十里的祿索州，或是今蘆差坡。再十五里至龍武州，或是今倮姑寨。再八十三里至倘遲頓，又經八平城，在今蒙自、箇舊。八十里至洞澡水，在今箇舊西北。又一百六十日到曲江，南亭在今建水。《蠻書》記載賈勇步到曲江五天，時間相當。伯希和認為步頭即賈勇步，在今建水，《蠻書》卷六的三十五日稍長，可能有誤。〔註8〕我認為二、三易訛，但是十四日太長，無法解釋，所以方國瑜認為步頭在今元江，賈勇步在今河口，〔註9〕此即《譚圖》由來。我認為《蠻書》記載從曲江到善闡（今昆明）才四日，所以十四日或是誤寫，但又很難解釋三十五日也是誤寫，所以步頭確實不是賈勇步，但是步頭也不在元江，伯希和、方國珍、嚴耕望考證都有錯誤。

嚴耕望說賈勇步在盤龍河，理由是《蠻書》卷六的林西原是林西、西原，西原即《新唐書》卷二二二下《南蠻傳》西原蠻，在今滇桂之交，所以賈勇步在盤龍河。我認為，嚴耕望說的有一定道理，但是取道林西州的是步頭路，不是賈勇步，二者不可能混淆。步頭路的時間比賈勇步長，所以應是盤龍河

〔註8〕 〔法〕伯希和著、馮承鈞譯：《交廣印度兩道考》，北京：中華書局，2003年，第188頁。
〔註9〕 方國瑜：《中國西南歷史地理考釋》，第566～588頁。

路。嚴耕望雖然分辨出兩條路，但是恰好顛倒了兩條路，他認為步頭在紅河邊，其實紅河路直，時間短。

方國瑜的文章開頭引《南詔德化碑》說：「安南都督王知進，自步頭路入……贊普鍾十四年春，命長男鳳迦異，於昆川置拓東城，居二詔，佐鎮撫。於是，威震步頭，恩收曲靖……東爨悉歸，步頭已成內境。」又引《蠻書》卷四：「西爨，白蠻也。東爨，烏蠻也。當天寶中，東北自曲靖州，西南至宣城，邑落相望，牛馬被野。在石城、昆川、曲軛、晉寧、喻獻、安寧至龍和城，謂之西爨。在曲靖州、彌鹿川、升麻川，南至步頭，謂之東爨，風俗名爨也……及章仇兼瓊開步頭路，方於安寧築城。」我認為，這兩則史料可以證明步頭不在紅河邊而在盤龍河邊，因為東爨的南境不可能到紅河。拓東在今昆明，曲靖還在其東北。而且原文說新開步頭路，說明步頭不在大路。

嚴耕望雖然分辨出林西和西原的關係，但是方國瑜則指出《蠻書》卷四：「棠魔蠻，去安南管內林西原十二日程。溪洞而居，俗養牛馬。比年與漢博易，自大中八年經略使苛暴，令人將鹽往林西原博牛馬，每一頭匹只許鹽一斗，因此隔絕，不將牛馬來。桃花人，本屬安南林西原七綰洞主大首領李由獨管轄，亦為境上戍卒，每年亦納賦稅。自大中八年被峰州知州官申文狀與李涿，請罷防戍將健六千人，不要味、真、登州境上防遏。其由獨兄弟所不禁，被蠻柘東節使與書信，將外甥嫁與李由獨小男，補柘東押衙。自此之後，七綰洞悉為蠻收管。」可惜，方國瑜未能考出棠魔位置。

我認為，此地出產牛馬，應在高原。棠魔即宋代的特磨，讀音接近。南宋周去非《嶺外代答》卷三《通道外夷》：「欲至特磨道，亦自橫山，一程至上安縣，一程至安德州，一程至羅博州，一程至陽縣，一程至隘岸，一程至那郎，一程至西寧州，一程至富州，一程至羅拱縣，一程至歷水鋪，一程至特磨道矣。自特磨一程至結也蠻，一程至大理界慮，一程至最寧府，六程而至大理國矣。」棠魔、特磨在唐宋兩朝都賣馬給南方，因為扼守高原通往沿海的要道。前人或以為特磨在今廣南，富州在富寧。前人或以為特磨源自彝語，我以為不確，因為廣南一帶歷史上一直是壯族之地。

林西原靠近拓東，說明林西、真、登州或許在盤龍河邊，因此步頭也在盤龍河邊。七綰洞很可能是七源州，《譚圖》標在今越南七溪諒山，我認為其管轄範圍更大。

我認爲《新唐書》卷四三下記載的羈縻州多在紅河邊，郎芒州的古勇縣
即賈勇步，應在紅河邊。我認爲賈勇很可能是觱容的同源字，紅河在今建水、
蒙自一段又名觱容江，觱容音近賈勇，唐代的觱容江之名很可能延伸到河口，
梨花江的名字顯然很晚出現。賈勇也是侗臺語，今廣西田東縣有古溶江，古
溶音近賈勇。古是壯語表示植物的詞頭，表示一棵，古溶、賈勇很可能是指
一棵大榕樹。今保山西北猴橋鎮原名古永鄉，元初設古勇縣。

所以西漢進桑縣很可能在今河口縣城，因爲進桑縣在益州郡最南，所以
東晉時期已經不能控制，《華陽國志》不載，但是仍有西隨縣，證明進桑、西
隨不可能鄰近。

進桑應是侗臺語地名，壯語地名桑是高，如西林縣有弄桑村，田林縣有
六桑村、那桑村，德保縣有隆桑鎮。

三、漏臥縣、西平郡、句町縣

漢代牂牁郡漏臥縣，《譚圖》標在今羅平縣，源自明清《一統志》，任乃
強、方國瑜也從此說。鄭珍認爲在雲南的廣西州（今瀘西、丘北、彌勒）、廣
南府（今廣南、富寧），鄒漢勳認爲在廣西州。我以爲羅臥不在盤江以北，因
爲《華陽國志》卷四說：「西平郡，刺史王遜時，爨量保盤南，遜出軍攻討，
不能克。及遜薨後，寇掠州下，吏民患之。刺史尹奉重募徼外夷刺殺量，而
誘降李逷，盤南平。奉以功進安西將軍，封遷陵伯。乃割興古盤南之盤江、
來如、南零三縣，合漏臥爲郡。」則漏臥應在盤江之南，《宋書·州郡志四》
益州西平郡：「晉懷帝永嘉五年，寧州刺史王遜分興古之東立。」則西平郡在
興古郡東，在盤江之南。

漏臥也是地方大國，《漢書·西南夷傳》：「至城帝河平中，夜郎王興與鉤
町王禹、漏臥侯俞更舉兵相攻。牂牁太守請發兵誅興等，議者以爲道遠不可
擊。」夜郎國都在今黔西南興仁、興義一帶，夜郎、漏臥、句町很可能是三
角形分佈，劉宋時漏臥又屬興古郡，西平郡有西平、溫江、都陽、晉綏、義
成，說：「晉懷帝永嘉五年，寧州刺史王遜分興古之東立。何志晉成帝立，非
也。《永初郡國》、何志並有西寧縣，何云晉成帝立，今無……案此五縣，應
與郡俱立。」《南齊書·州郡志下》多出西寧縣，這些多出的縣，應在今雲南
省最東南部和廣西最西北部，漢代未立郡縣。說明漏臥很可能在今廣西馱娘
江下游，方國瑜也認爲西平郡在今廣西。

西平郡都陽縣：「何志晉成帝立。案《晉起居注》，太康二年置興古之都唐縣，疑是。」我認爲都陽縣可能不是都唐、都夢，因爲都是常見的侗臺語地名詞頭，都夢縣在今西疇或富寧，不太可能越過句町屬西平郡。

西寧縣很可能在宋代的西寧州，在今富寧縣，此縣或是西平郡最晚設縣的縣，說明西平郡原來沿盤江南岸分佈。

則句町的位置在今廣南縣的西部，現在廣南縣發現的銅鼓主要在縣境西南，特磨去大理的路上有結也蠻，我認爲很可能是句町，因爲讀音接近。結、句古音接近，勾、結是同源字。也通它，音近町。說明句町正是在特磨之西，在今廣南縣的西部。

四、犍爲郡存馬縣

《漢書·地理志》犍爲郡有郁鄢縣（邑旁表示地名，此名出自土著語言之漢譯，不必拘泥邑旁，班固之地名喜用古文，不代表漢代實際用字，下文或簡稱爲存馬），《續漢書·郡國志》無此縣。《譚圖》第二冊標於今雲南宣威市北，《任圖》標在今四川雷波縣馬湖之旁，並在《蜀漢行政區劃》圖同一地點標出犍爲郡馬湖縣，在《西晉及成漢行政區劃》圖同一地點標出朱提郡存馬縣。

今按《譚圖》是，《任圖》和文誤，原因有三：

1. 任乃強校注《華陽國志》說漢存鄢縣在四川雷波縣，東漢荒廢，晉更置於建寧郡，用漢故名，非漢故地，在今雲南宣威。〔註10〕是一人所作兩書自相矛盾，實際上，漢代存馬縣必在今雲南。

2. 《華陽國志》卷三《南中志》建寧郡存駏縣：「雍闓反，結壘於縣山，繫馬柳柱生成林，今夷言雍無梁林。無梁，夷言馬也。」《水經注》卷三六《存水》說：「益州大姓雍闓反，結壘於山，繫馬柳柱，柱生成林，今夷人名曰雍無梁林，梁，夷言馬也。」顯然這是對石林地貌的描述，查今雷波縣和宜賓市並無岩溶地貌，而今宣威一帶有，所以存馬縣必在雲南。

3. 《晉書·地理志》建寧郡有存馬縣，《宋書·州郡志》建寧郡存馬縣：「《晉太康地志》有。」建寧郡的地域不及今雷波縣，故存馬縣必在雲南。

4. 任乃強說存馬縣在今雷波馬湖，因爲存馬指養馬。〔註11〕我以爲此說

〔註10〕〔晉〕常璩著、任乃強校注：《華陽國志校補圖注》，第 216、275～276 頁。
〔註11〕〔晉〕常璩著、任乃強校注：《華陽國志校補圖注》，第 216 頁。

是用漢語曲解南方土著民族語言。存馬出自雲南土著語言，不是指養馬，《華陽國志》明確說馬的土著語言是無梁，根本不是馬。雲南、四川一帶可以養馬的地方，不必非要在馬湖。漢代不存在馬湖縣，蜀漢才有，如果就是漢代從存馬縣，爲何要改名爲馬湖呢？

查緬語的馬是 mrang，正好翻譯爲無梁，雲南很多民族屬藏緬語族語言。今本《華陽國志》說馬是梁，但是顧觀光校本引《太平御覽》卷三五九柳字條：「今夷言無梁林。無梁，夷言馬也。」說明馬是無梁。聞宥指出，《緬甸館雜字》的馬，翻譯爲麥浪，就是無梁的異譯。〔註12〕

其實馬的馴化起源於北方草原，所以藏緬語的馬也是源自北方草原民族。今滿語是 morin，埃文基語（Evenki）是 murin，卡爾梅克語是 mörn，都是緬語 mrang 的同源字。漢語的馬 ma，無疑也是源自這一系統，但是漢語的馬脫落了第二個音節，是一種簡化。

《譚圖》定存馬縣在今宣威，根據是《水經・存水注》存水出自存馬縣。《譚圖》定存水爲今北盤江的上游革香河，下游爲豚水（今北盤江），《漢書・地理志》牂柯郡夜郎縣：「豚水東至廣鬱。」又鬱林郡廣鬱縣：「鬱水首受夜郎豚水，東至四會入海。」可知鬱水是今珠江，豚水爲珠江上游北盤江。

我認爲，豚水就是存水，古音豚是定母文部 duən，存是從母文部 dzuən，疊韻，準雙聲，讀音極其近似。所以存水就是豚水，所以上游稱爲存水，下游稱爲豚水。可能因爲上下游方言有別，可能因爲信息來源不同。上游的存馬縣存水屬建寧郡，下游的豚水屬牂柯郡。

有人說漢代存馬縣即在隋唐存馬縣（治今四川宜賓市），存水爲周水上游，即今貴州龍江。今按古人明言隋唐存馬縣不是漢存馬縣，《舊唐書・地理志》：「義賓縣，本漢南安縣，屬犍爲郡，隋改爲存馬縣。」龍江是《漢書・地理志》的鬱林郡定周縣的周水，《水經》存水：「東南至鬱林定周縣爲周水。」《酈注》：「蓋水變名也。」經、注作者都是北方人，所以誤以爲存水變爲周水。

〔註12〕聞宥：《「雍無梁林」解》，《中華文史論叢》第四輯，1980年。

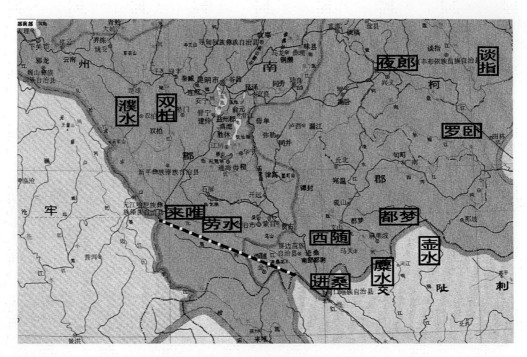

西漢益州郡、牂牁郡南部地名調整圖〔註13〕

〔註13〕底圖來自譚其驤主編《中國歷史地圖集》第二冊第 32 頁，方框與黑體字是本書添加。

嶺南篇

陸梁地是越語的河谷平地

司馬遷《史記・秦始皇本紀》說：「（嬴政）三十三年，發諸嘗逋亡人、贅婿、賈人略取陸梁地，爲桂林、象郡、南海，以適遣戍。」

陸梁地在嶺南，陸梁地的意思，前人多有爭議，未能完美解釋。陸梁是不是嶺南的總名呢？嶺南原來不是漢地，陸梁顯然源自南方土著民族語言，陸路源自哪種語言呢？其本義是什麼呢？

一、前人諸說辨正

唐代司馬貞《史記索隱》說：「謂南方之人，其性陸梁，故曰陸梁。」唐代張守節《史記正義》：「嶺南人多處山陸，其性強梁，故曰陸梁。」

這些解釋當然都是望文生義，而且是古代中原人對嶺南人的地域歧視。中國哪個地方沒有山，哪個地方沒有強悍的人？從來沒有用強暴來命名地方的例子。難道嶺南人就比中國其他地方人更強悍？中國人一向認爲南方人較弱，爲何說南方人強梁呢？更何況後世漢語中表示強暴的陸梁，很可能在當時還沒有出現，或者沒有成爲通語，先秦典籍中沒有陸梁一詞。

清代廣東學者屈大均，說嶺南人多是句踐子孫，見周朝滅亡，激憤不平，所以起兵反秦，此即陸梁的由來。〔註1〕

此說殊爲不通，嶺南從未屬周，周亡之後也不可能有幾個周人南逃到嶺南，所以嶺南人不可能爲周朝起兵。史書說東越是句踐子孫，東越起兵反秦，與南越無關，史書沒有記載秦末有嶺南人起兵反秦。民性強梁說本來是種族

〔註1〕〔清〕屈大均：《翁山文外》卷六《陸梁解》，《續修四庫全書》第 1412 冊，第 138 頁。

歧視，周人歧視蠻夷，現在的嶺南人多數是古代蠻夷的後代，屈大均肯定也有蠻夷血統，可惜屈大均早已完全漢化，忘記了自己祖先遭受周人歧視的歷史，反倒牽強附會，說自己的祖先是周人的忠臣。

清人牛運震就反對這種說法，他說：

> 陸梁，地名耳，《正義》解以為嶺南之人，多處山陸，其性強梁，甚屬迂曲。」〔註2〕

他說強梁之解是迂曲，其實就是錯誤。清人已知民性強梁說之謬，今人早已拋棄此說。不過現在還有人用漢語來解釋陸梁，本質上和民性強梁說相同，都是一種錯誤的研究法。

現代學者戴裔煊，認為陸梁即駱之緩讀，即駱越。〔註3〕但是駱是來母鐸部 lak，和陸梁的合音 lang 有區別。而且駱越只是百越的一支，為何成為嶺南的總名？所以此說恐怕難以成立。

潘光旦認為陸是駱越的駱，梁是高涼的涼，即仡佬之音轉。〔註4〕我認為這種拆解的做法不確，陸梁是一個詞。

覃聖敏認為陸是漢語山麓的麓，梁是壯語和粵語的山坡 leng，陸梁就是麓坡。〔註5〕他又認為陸的語源可能是駱，梁的語源可能是佬，陸梁也即駱佬，是南方越人的自稱。〔註6〕這種看法過於模糊，忽而用地名解釋，忽而用族名解釋，而且是否有駱佬一詞還有疑問，陸不可能是漢語的山麓，山麓就是山坡，二者意思重複，所以麓坡之說不太可能。

還有學者提出陸是駱，梁是壯族先民狼人，陸梁是駱越狼人。〔註7〕這種看法也有上述問題，而且狼人一名出現很晚，明代才有，〔註8〕又為何用狼人來指代整個嶺南地區呢？

〔註2〕〔清〕牛運震：《讀史糾謬》卷一，《續修四庫全書》第 451 冊，第 5 頁

〔註3〕戴裔煊：《僚族研究》，《民族學研究集刊》第 6 期，國家圖書館出版社影印，2010 年。

〔註4〕潘光旦：《中國民族史料彙編》，天津古籍出版社，2005 年，第 79～80 頁。

〔註5〕覃聖敏：《有關「陸梁」的幾個問題》，《文史》第 24 輯，1985 年，第 322～326 頁。

〔註6〕余天熾、覃聖敏、藍日勇等：《古南越國史》，廣西人民出版社，1988 年，第 193 頁。

〔註7〕胡起望：《陸梁小考》，《中央民族學院學報》1991 年第 1 期。

〔註8〕羅香林：《狼兵狼田考》，《百越源流與文化》，中華叢書編審委員會，1978 年，第 281～293 頁。

　　還有學者指出駱越和陸梁讀音不同，上述戴說不能成立，他又提出陸梁都是越語的馬，亦即駱。可是他說梁為馬義的材料來自《水經注》的益州存馬縣，他說這裡一直是越人所居地，〔註9〕但是沒有說明理由，所以此說不能成立。存馬縣在現在的雲南省東北部，這裡是否是越人居住地還有疑問。何況這裡遠離嶺南，所以此說過於牽強。

　　1937年～1938年，顧頡剛來往於四川和甘肅之間，他看到這裡地名多有山梁，於是他認為《禹貢》九州，以西南的梁州，山最多，所以得名為梁，梁即山梁。他在1949年油印本《浪口村隨筆》一書中還說到陸梁即陸海，因為《華陽國志》說李冰修建都江堰之後：「於是蜀沃野千里，號為陸海。旱則引水浸潤，水則杜塞水門。」《水經注》說：「世號陸海，謂之天府。」《淮南子・人間訓》講嬴政南征越地的原因是：「利越之犀角、象齒、翡翠、珠璣。」因為嶺南物產豐富，所以稱為陸海、陸梁，陸海是陸上的海，陸梁是陸上的山。〔註10〕

　　我認為此說不能成立，因為：

　　1. 梁的本義是橋樑，作為山梁的意思是很晚才有的，而且這種地名局限在中國部分地區。所以用晚出的俗語山梁來解釋上古的梁州，本來就不能成立。《禹貢》的作者是西北人，但是上古秦晉方言的梁沒有山梁之意。〔註11〕

　　2. 四川稱為陸海，原來不一定是指四川的物產豐富，而更應是指修建都江堰之後，水資源充足，所以比擬為海。

　　3. 即使四川稱為陸海指物產豐富，也不能證明嶺南稱為陸梁是因為物產豐富，因為顧先生自己也說陸梁是陸上的山，陸海是陸上的海，意義顯然不同。中國有山的地方很多，西北、西南、江南都是多山，古人不可能都稱為陸梁。

　　1955年，顧頡剛在讀書筆記中寫到陸梁亦作陸量，他讀到《資治通鑒》胡三省注陸梁，引《漢書》說，漢高祖功臣有陸量侯須無，如淳曰：「陸量，《秦始皇本紀》所謂陸梁地也。」則陸量即陸梁，和強梁無關。〔註12〕

〔註9〕谷因：《陸梁新解》，《貴州民族研究》1994年第1期。

〔註10〕顧頡剛：《顧頡剛讀書筆記》卷十六，北京：中華書局，2011年，第27～28、第41～42頁。

〔註11〕周運中：《論九州異說的地域背景》，《北大史學》第15輯，2010年。

〔註12〕顧頡剛：《顧頡剛讀書筆記》卷七，第441頁。

1962 年，黃永年寫信給顧頡剛說，《三國志・魏書・少帝紀》高貴鄉公正元元年（254 年）十月下詔說：「乃令蜀賊陸梁邊陲。」此處是強暴之意，雖然如此，陸梁的本義不是強梁，仍然是《浪口村隨筆》的山梁爲正，因爲秦軍到嶺南，要翻越五嶺。南北朝之前，南人比北人強悍，秦軍受到挫折，所以陸梁在後世轉爲強梁不馴之意。〔註 13〕我認爲此說有誤，不能說南北朝之前南方人比北方人強悍，古今南北，都有強悍和不強悍的人。也不能說秦軍在五嶺遇到挫折，就說陸梁轉爲強梁不馴之意，因爲任何一種史書都沒有記載秦軍在五嶺地區遇到重大挫折，這種沒有根據的想像不能成爲史料。

顧頡剛 1974 年的《甲寅雜記》，又說陸梁是強梁之意，因爲張衡《西京賦》說：「怪獸陸梁。」〔註 14〕其實張衡是東漢人，此時的陸梁已有強梁之意，也有可能是漢語和越語的巧合，不一定從嶺南地名而來。無論如何，不能把秦代的嶺南總名陸梁解釋爲強梁。

顧頡剛早年提出的陸梁爲山梁之說，又懷疑就是強梁之意，到他晚年，已經忘記自己的舊作，他在 1977 年的讀書筆記中說，早年的油印本《浪口村隨筆》解釋過陸梁，黃永年來信提醒他，又讀到《徐霞客遊記》提及雲南曲靖府有陸涼州，地近四川南部，梁、涼同音，或爲同源地名，當與雲南學者討論。〔註 15〕他在 1980 年去世，沒能繼續沿此正確思路探索。

前人曾經提出嶺南多有以六、陸、祿等字開頭的壯語地名，即壯語的山谷 luk，唐代樊綽《蠻書》卷八《蠻夷風俗》說：「谷謂之浪。」浪、梁音近，所以陸梁是古代越語地名的漢譯，即山谷。《史記・高祖功臣侯年表》記載有陸梁侯，侯名須毋，原文說：「陸梁，詔以爲列侯，自置吏，受令於長沙王。」長沙出土的西漢印章有「陸糧尉印」，即此陸梁侯國。〔註 16〕《漢書・高惠高后文功臣表》作陸量侯須無，此侯國在長沙國境內。又雲南省有陸良縣，也是同源地名。〔註 17〕

我認爲，周老師的考證思路是正確的，結論是成立的，所以我們應該按照這個思路，繼續補充說明。

近有人提出陸梁的梁指水中捕魚的魚梁，原來多是石質堤壩，陸梁是把

〔註 13〕顧頡剛：《顧頡剛讀書筆記》卷十二，第 14～15 頁。
〔註 14〕顧頡剛：《顧頡剛讀書筆記》卷十四，第 308 頁。
〔註 15〕顧頡剛：《顧頡剛讀書筆記》卷十四，第 277 頁。
〔註 16〕楊其民：《長沙西漢「陸暴尉印」應爲「陸梁尉印」》，《考古》1979 年第 4 期。
〔註 17〕周振鶴：《「陸梁地」解》，《地名知識》1985 年第 2 期。

橫亙的南嶺比喻爲一道陸上的魚梁，梁字從刃，是因爲魚梁猶如水上的創口。〔註18〕

此說大謬，錯誤如下：

1. 用漢語來解釋上古嶺南地名本來就是一種落後的錯誤做法，上古嶺南無漢族，亦無漢語。

2. 中國南方到處是山，五嶺和周圍的山脈相連，所以不可能把南嶺單獨比喻爲魚梁。

3. 我們看不到把山脈比喻成魚梁的例子，至於晚近在西部出現的山梁，源自梁字的引申義房梁、梁架，不是魚梁。

4. 秦朝攻佔的是嶺南陸梁地，不是南嶺陸梁地！用南嶺去解釋陸梁，豈不是無的放矢嗎？

5. 南嶺本來不是橫亙的一道山嶺，南嶺之名確實容易使人誤解，但是歷史地理學者不應不明常識。五嶺之中的越城嶺、萌渚嶺都是南北走向，騎田嶺、大庾嶺也是東北西南走向。

五嶺不僅不是東西走向，中間還有不少很寬的缺口。南宋曾經親身到嶺南的周去非《嶺外代答》卷一《五嶺》說：「自秦世有五嶺之說，皆指山名之。考之，乃入嶺之五途耳，非必山也……全、桂之間，皆是平陸，初無所謂嶺者，正秦漢用師南越所由之道。」周去非說桂林一帶根本是寬闊的河谷，寬平到可以挖靈渠，周去非又說：「桂林氣候，與江浙頗相類……桂林嘗有雪，稍南則無之。」〔註19〕因爲河谷寬闊，所以桂林容易受到北方氣流影響。除了寬闊的桂林河谷，大庾嶺等山口也不高。另外湖南江永縣、江華縣與廣西富川縣之間的山路也很便利，江華縣南即萌渚嶺。

6. 梁字的起源，恐怕也不是因爲形如水上的傷口，水面不可能有傷口，所謂抽刀斷水水更流。梁字的音符是刃，但是梁本義與刃的本義無關。梁的本義也不是堤壩，而是橋樑，許慎《說文》：「梁，水橋也。」所以從木，木頭做的一般是橋樑，而非堤壩。試問世上有多少木頭堤壩？能防水嗎？說梁出自石質魚梁，是忽視了梁字的形符。魚梁是梁字的晚出引申義，因爲捕魚不必在橋樑堤壩，但是有人利用橋樑堤壩捕魚，才有了魚梁之名。正是因爲

〔註18〕 辛德勇：《陸梁名義新釋——附說〈禹貢〉梁州與「治梁及岐」之梁》，《舊史輿地文錄》，第96～129頁。

〔註19〕 〔宋〕周去非著、楊武泉校注：《嶺外代答校注》，北京：中華書局，1999年，第11、149～150頁。

魚梁晚出，所以稱爲魚梁，特指捕魚的梁。

　　所以此說根本不能成立，漢語解釋的思路就是歷史的錯誤倒退，說南嶺類似魚梁更是令人匪夷所思。不僅不明南嶺地理，而且不通文字之學。不僅純屬牽強附會，而且是多重牽強。

二、陸梁爲越語說新證

　　陸梁無疑出自嶺南的古越語，也即侗臺語系語言，我在此繼續提出兩方面的新證：

　　第一，現在的嶺南地區仍然有很多和陸梁同源的小地名，讀音非常接近，根據我不完全統計如下：

　　1. 廣西博白縣有陸良村、鹿浪村

　　2. 緊鄰博白縣界的有廣東省化州市的六垌尾村

　　3. 廣西北流縣有六垌村

　　4. 廣西永福縣有鹿浪村

　　5. 廣西隆林各族自治縣有陸浪村

　　6. 廣西陸川縣有六良村

　　7. 廣西上林縣有六浪村

　　8. 雲南省文山壯族苗族自治縣有六良菁村

　　9. 雲南省丘北縣有陸良村

　　10. 海南省陵水縣黎安鎮南灣半島的東南角有六量山

　　這些地名所在地區以壯族爲主，或者原來是壯族等侗臺語系百越民族分佈區，遍佈各種以陸、六、那等字開頭的壯語地名，所以陸梁一定是越語地名。海南島的東南部雖然是黎族聚居地，但是黎族和壯族本來同源，都是侗臺語系民族，語言接近，歷史上也有來往，海南島的北部原居民臨高人使用接近壯語的臨高語，所以海南島上的六量也可能是同源字。以上是不完全統計，同源的地名應該還有一些。

　　第二，古代湖南境內有陸梁侯，侯名須毋，無疑是南方土著。前引覃聖敏先生之文認爲陸梁侯嶺南的百越君長，我認爲陸梁侯肯定是越人，但是不一定就是嶺南人。陸梁是通用越語，也有可能是跟隨長沙王吳芮從鄱陽一帶走出的越人君長，所以封在長沙國境內。

　　前人說陸梁侯國位置不可考，我認爲或許可考，因爲《漢書·地理志》

武陵郡說：「義陵，鄜梁山，序水所出，西入沅。」鄜，音從鹿，鹿是來母屋部 lok，陸是來母覺部 luk，雙聲旁轉，鄜梁與陸梁是同源地名。序水即今漵水，鄜梁山在今洪江市和漵浦縣之間，所以陸梁侯國很可能在此附近。此地在湘西，不在長沙國腹心，正是最有可能封建侯國之地。不過考慮到陸梁是通名，所以也有可能在湖南境內的其他地方。

陸梁既然是一個南方地名通名，而且廣泛見於越人分佈區，所以應該是用越語來解釋。

我認為：陸的語源，應即壯語的 lueg，指山谷、谷地、坡谷或谷地的田。梁的語源，或許是壯語的 langx，意思是大水窪，〔註20〕即壯語地名中常見的埌字，也有寫成朗、楞等字。〔註21〕還有寫成良、浪、郎等字，比如廣西那坡縣有果郎村、明浪村、規良村，天等縣有朗明村，寧明縣有那浪村、呑良村。比如陸川縣的陸、良地名很多，陸字地名有陸選、陸龍、六潘、陸坡、陸因、陸落、陸洪、陸河、陸透、六燕、六鳳等，良字地名有良厚、大良、良田、子良、良塘等。《宋書·州郡志四》越州有百梁郡，在今廣西合浦。百是越語的口 bak，梁即陸梁的梁。

壯語另有 langh，表示寬闊，〔註22〕讀音接近梁，如果陸梁源自此字，則是寬闊的山谷，但是此說的問題是秦軍攻佔的山谷未必都很寬闊。

壯語的山間平地是 lungh、ljung，一般音譯為龍、弄、峎，〔註23〕讀音接近梁，但是此說的問題是讀音和梁仍有差異。

壯語的梁是 lieng，不過這可能是受到漢族姓氏梁的影響出現，秦代的嶺南或許還未出現梁姓。

唐代樊綽《蠻書》記載的單字很少，向達先生說其中有外來語。〔註24〕不過南詔的建立者是白族，其國內民族多數也是藏緬語族語言的民族，侗臺語系的越人不多，所以《蠻書》記載的山谷稱浪很可能也是藏緬語，不是越語。浪、梁讀音還有差異，而且浪是山谷、陸也是山谷，不太可能重複。

〔註20〕 廣西壯族自治區少數民族語言文字工作委員會壯漢英詞典編委會：《壯漢英詞典》，民族出版社，2005 年，第 736、693 頁。

〔註21〕 張聲震主編：《廣西壯語地名選集》，廣西民族出版社，1988 年。

〔註22〕 廣西壯族自治區少數民族語言文字工作委員會壯漢英詞典編委會：《壯漢英詞典》，第 695 頁。

〔註23〕 李錦芳：《侗臺語言與文化》，民族出版社，2002 年，第 291 頁。《壯漢英詞典》第 1009 頁寫作 rungh，另外第 738 頁有 luengq，是水溝。

〔註24〕 〔唐〕樊綽撰、向達校注：《蠻書校注》，北京：中華書局，1962 年，第 217 頁。

古代的長江流域，特別是湖南，有很多使用苗瑤語族語言的先民，陸梁也有可能是苗瑤語，但是我檢查之後，沒有找到對應的苗瑤語。苗語的黔東方言有 lot dlongs 一詞，指山口，lot 是口，dlongs 是山坳。〔註25〕但是這個詞不可能是陸梁，因爲 lot 和陸的讀音有別，陸以 k 收聲，dlongs 和梁的差別也很大，dlongs 應和洞字有關，古代漢籍用洞指南方的山谷。而且山口不太可能成爲嶺南地區的總名，秦軍穿過五嶺地區，還要佔領廣大的嶺南地區，不太可能用山口來稱呼整個嶺南地區。

廣西花山岩畫遠眺（周運中攝於 2018 年 10 月 20 日）

三、古代湖南境內的越人

秦代的陸梁一名，可能在戰國已經出現。楚人南下到五嶺，早已瞭解嶺南。由於楚國的政治中心在湖北，所以楚國在湖南的勢力勝過江西。而且從湘江到灕江的通道最爲便利，所以楚人應該是通過湖南的南部瞭解到嶺南。

〔註25〕張永祥主編：《苗漢詞典：黔東方言》，貴州民族出版社，1990 年，第 99、302 頁。

上文說的陸梁侯國在湖南境內，酈梁山在湘西。

湘西和湘南原來也都是侗臺語系的越人的分佈區，證據有六：

第一、湖南里耶秦簡 J1（12）10 說秦始皇：「廿六年六月癸丑，遷陵拔訊榬、蠻、衿……之：越人以城邑反，蠻、衿害弗智。」說明湘西有越人，

第二、湘西南原有駱越，《逸周書》卷七《王會》記載四方民族到成周朝貢，其中南方部分說到：

> 禽人：菅。路人：大竹。

> 長沙：鱉。其西魚復：鼓鍾，種牛。

> 蠻揚：之翟。倉吾：翡翠，翡翠者，所以取羽。

禽人，其實就是黔人，因爲禽、黔二字的上古音極近，禽是群母侵部 giəm，黔是群母談部 giam，侵談旁轉，這一點劉師培已經發現。黔人可能是侗族，因爲侗族自稱爲 kam，讀音接近。原來沅水上游的主要民族不是苗族，而是侗族。後來苗族在江漢平原受到漢人的擠壓，於是不斷西遷。

路人，即駱越，朱右曾已經指出，可惜他引劉朐之說，認爲駱越在今廣西南寧。何秋濤又說閩越、東甌有駱氏，福建武平縣有露溪，陳漢章又引《史記・南越傳》西甌駱《索隱》引《廣州記》謂駱越在交趾。〔註26〕他們都沒有注意到《王會》的上下文，既然禽人是黔人，夾在黔人和長沙之間的路人就在今天的湘西南，因爲《漢書・地理志上》零陵郡說：「都梁，侯國。路山，資水所出，東北至益陽入沅，過郡二，行千八百里。」資水的源頭是路山，即路人之山，即駱越，路、駱二字同音。下文的魚復在今重慶市奉節縣，蠻揚就是揚越，倉吾即蒼梧，都在湖南或附近。

至於都梁，和陸梁無關，因爲《水經注》卷三八《資水》說：「俗謂蘭爲都梁，山因以號，縣受名焉。」都梁是蘭花，都和陸，讀音不近。

第三、《太平寰宇記》卷一二二沅溪縣說：「漢鐔成縣地。」其實鐔城縣秦代已有，《淮南子・人間訓》說嬴政南攻百越之前：

> 乃使尉屠睢發卒五十萬，爲五軍，一軍塞鐔城之嶺，一軍守九
> 疑之塞，一軍處番禺之都，一軍守南野之界，一軍結餘干之水。

秦漢的鐔城縣，前人認爲治今湖南省靖州縣南部，越過山嶺，就是廣西境內的潭水（今融江），我認爲鐔成縣也有可能就在融江流域，詳見本書《秦攻百

〔註26〕黃懷信、張懋鎔、田旭東：《逸周書彙校集注》，上海古籍出版社，2007 年，
第 893～894 頁。

越路線與嶺南置郡考》。湘西南的文化和廣西連爲一體，今廣西壯族多覃姓，而湖南多譚姓，都是越人之後。東漢湘西北蠻族有覃氏，〔註 27〕《後漢書》卷八六《南蠻傳》巴郡南郡蠻有曋氏。

第四、前人多注意到嶺南的烏滸人，其實湘西南也有烏滸人，《太平寰宇記》卷一二二沅州引盛弘之《荊州記》說：「舞陽有詹辰、新豐二縣，烏滸萬餘家，噉蛇鼠之肉，能鼻飲。」此地在今懷化，烏滸是重要的越人支系，我將在百越史專著中詳考。

第五、湘東南原來也有俚人，《漢書·地理志上》桂陽郡：「郴，耒山，耒水所出，西至湘南入湘。項羽所立義帝都此。」此郡又有耒陽縣，即今耒陽縣，包山楚簡有豐易君，前人指出即耒陽的封君。〔註 28〕耒陽縣因爲在耒水之陽得名，鄂君啓節銘文說：「內灉，就郴。」即進入耒水，到達郴（今郴州）。

耒山、耒水因耒人得名，耒人即俚人，上古音俚是來母之部，耒是來母微部，雙聲通轉，讀音很近。今粵語耒、黎、裏同音：lai。粵語的這種特點，源自江西與江淮。我曾經考證，彭蠡澤是江南的彭澤和江北的蠡澤，蠡澤即雷池，今龍感湖、大官湖區。〔註 29〕至今江蘇淮安等地方言仍然如此，清代迮朗《淮陰竹枝詞》之四說：「磊李紛紛辨不明。」注：「淮人謂李曰磊。」盛大士《淮陰竹枝詞》之五說：「夜潮好趁風帆利。」注：「淮人呼利曰累。」〔註 30〕

長沙馬王堆出土的西漢《地形圖》，有豐君、雷君，在今江華、藍山縣境，即耒人的君長。另有蛇君，越人崇拜蛇，可能也是越人君長。

湘東南接近粵北，而廣東原來都是俚人之地。《宋書》卷九二《徐豁傳》始興郡（今韶關）：「遏接蠻、俚。」卷五四《羊玄保傳》：「（羊）希以沛郡劉思道行晉康太守，領軍伐俚。」晉康郡治，在今德慶。《南齊書·州郡志上》廣州：「俚獠猬雜。」又有吳春俚郡，在今廣東吳川。俚不是今天海南島的黎

〔註 27〕譚其驤：《近代湖南人中之蠻族血統》，《長水集》上冊，第 387～389 頁。
〔註 28〕湯餘惠：《包山楚簡讀後記》，《考古與文物》1993 年第 2 期。徐少華：《包山楚簡釋地六則》，《簡帛研究 2001》上冊，廣西師範大學出版社，2001 年。收入徐少華：《荊楚歷史地理與考古新探》，北京：商務印書館，2010 年，第 265～267 頁。
〔註 29〕周運中：《彭蠡澤名由來與彭氏、雷氏》，《地方文化研究》2016 年第 2 期。
〔註 30〕趙明、薛維源、孫珩編著：《江蘇竹枝詞集》，江蘇教育出版社，2001 年，第 54～55 頁。

族，俚、黎都是山野，《太平寰宇記》卷一六九儋州風俗：「俗呼山嶺為黎，人居其間，號曰生黎。」《越絕書》卷三《吳內傳》保留了一段珍貴的越語漢譯，說：「萊，野也。」黎 lai 就是萊，說明俚、黎指山野之人。根據分子人類學的檢測，海南島的黎族和大陸越人很早就分化。瑤族、佘族也有雷姓，來源待考。

第六、衡山原名岣嶁，疑即仡佬。

北宋樂史《太平寰宇記》卷一一四潭州湘潭縣說：「衡山，一名岣嶁山。」又說：「岣嶁峰，有響石，如人共語，而不可解，但唱岣嶁，猶言拘留也。」所謂根據響石的聲音類似岣嶁得名，當然是後人附會。仡佬族屬於侗臺語系，即古越人之後，越人又名獠。《太平寰宇記》卷一百二十黔州有葛獠，即仡佬。

原來住在湘西的越人就是侗族的祖先，至於現在湘西最多的苗族是從北方南下的，苗族原來在江漢平原，後來受到漢族移民南下的影響，不斷向西南遷徙。原來住在湘東南的黎族，後世不斷漢化。後世居然忘記上古時期在湖南境內的最大一個族群是越人，他們的分佈區至少到達沅水、資水、湘江中游地區，而湘西北原來就是土家族的祖先巴人分佈區，所以原來苗瑤語族的苗族和瑤族在湖南境內的分佈區不僅不大，而且非常偏北。

四、結論

所以陸梁一詞來自古代越人的越語，原義應是河谷平地。秦始皇佔領陸梁地的意思是佔領嶺南的河谷和平地，此時北方人剛來到嶺南，只能沿河深入，佔據河谷兩側，不能進入深山老林。《漢書》卷六四《嚴助傳》記載，漢武帝建元六年（前 135 年），淮南王劉安上書說：「臣聞長老言，秦之時嘗使尉屠睢擊越，又使監祿鑿渠通道。越人逃入深山林叢，不可得攻。留軍屯守空地，曠日引久，士卒勞倦，越出擊之。秦兵大破，乃發適戍以備之。」說明很多越人逃入深山老林，秦軍攻佔的僅有河谷平地。

越人本來也主要集中在河谷平地，《淮南子‧原道訓》說：「九疑之南，陸事寡而水事眾。於是民人被髮文身，以像鱗蟲。短綣不絝，以便涉遊。短袂攘卷，以便刺舟，因之也。」《三國志》卷三十《倭人傳》：「夏后少康之子封於會稽，斷髮文身，以避蛟龍之害。今倭水人好沉沒捕魚蛤，文身亦以厭大魚水禽，後稍以為飾。」

　　漢代人說越人住在溪谷，《漢書・嚴助傳》淮南王劉安說：「臣聞越非有城郭邑里也，處溪谷之間，篁竹之中，習於水鬥，便於用舟，地深昧而多水險，中國之人不知其勢阻而入其地，雖百不當其一。得其地，不可郡縣也。攻之，不可暴取也。以地圖察其山川要塞，相去不過寸數，而間獨數百千里，阻險林叢弗能盡著。」地圖上很近的兩個地方，走起來很遠，主要是因為需要走水路，而不能走直線山路，往往山環水繞。

　　其實漢朝在嶺南建立的縣城仍然都是在河谷地帶。前人對漢代嶺南縣城的位置考證多有錯誤，下文將再作考證。

廣西花山岩畫局部（周運中攝於 2018 年 10 月 20 日）

秦攻百越路線與嶺南置郡考

秦代攻佔嶺南，《秦始皇本紀》：「三十三年，發諸嘗逋亡人、贅婿、賈人略取陸梁地，爲桂林、象郡、南海，以適遣戍。」此處記載太簡，對此次南征時間、地點、人物、過程缺乏詳細描述，令人遺憾，前人爭論很多。

此次南征首次把嶺南納入中原王朝統治，對中國影響深遠。現在廣東是中國常住人口最多的省，加上原屬廣東省的香港、澳門，人口更多，珠三角已經成爲中國重要的經濟中心。海南省不僅有海南島，還有自古以來屬於中國的南海諸島和廣闊的海疆。此次南征，秦軍還進入福建，爲福建和臺灣成爲中國重要地區奠定了基礎。

一、秦軍南攻始於嬴政三十年

關於秦軍南征時間，《史記》嬴政三十三年這句話可能是後來追溯，因爲古人撰寫史書，往往是某事成功時，再追記其起源。所以很可能是在嬴政三十三年，攻佔嶺南時，才追記其起源。

荊州博物館所藏的新出漢簡記載，嬴政三十年蒼梧尉徒唯攻陸梁，這個徒唯正是《淮南子·人間》記載秦攻嶺南統帥尉屠睢，《淮南子》說他三年不解甲，說明秦軍正是從嬴政三十年南攻嶺南。〔註1〕

越南人陶維英說在嬴政二十九年，理由是《秦始皇本紀》三十年無事，〔註2〕也是推測而已。

〔註1〕 趙曉斌：《秦蒼梧郡考》，荊州博物館編《荊州博物館建館五十週年紀念論文集》，文物出版社，2008 年，第 310～314 頁。
〔註2〕 〔越〕陶維英著、劉統文、子鉞譯：《越南古代史》，北京：商務印書館，1976年，第 206 頁。

《史記·南越傳》說：「秦時已并天下，略定楊越，置桂林、南海、象郡，以謫徙民，與越雜處十三歲。」《集解》徐廣曰：「秦併天下，至二世元年十三年。併天下八歲，乃平越地，至二世元年六年耳。」徐廣看見下文任囂說陳勝作亂，因有此語。我認爲十三年可能源自司馬遷的錯誤推算，他把秦軍從江南向南嶺推進的時間算在內了。

有人從民國的廣東《樂昌縣志》找出秦二世三年趙佗築城之說，判斷任囂卒於此年，說秦攻嶺南是十三年前的嬴政二十八年。〔註3〕此說竟用民國縣志，不合歷史研究的基本規範，自然不可信。又有人從任囂所說的十三年，推出是嬴政二十七年南征，〔註4〕也缺乏堅實證據。

明代郭棐《廣東通志》和法國鄂盧梭誤以爲嬴政二十六年秦軍南征，清代仇巨川《羊城古鈔》誤以爲二十五年，近有人重提此說。〔註5〕我認爲不確，《史記·秦始皇本紀》二十五年：「王翦遂定荊江南地，降越君，置會稽郡。」《白起王翦列傳》：「虜荊王負芻，竟平荊地爲郡縣，因南征百越之君。」百越分佈極廣，從江南到今越南，都是百越分佈地。《漢書·地理志下》顏師古注引臣瓚曰：「自交趾至會稽七八千里，百越雜處，各有種姓。」不能把江南的百越和嶺南的百越混淆，王翦在秦始皇二十五年所降服的越君，在江南的會稽郡。

二、柳江道與灕江道

《史記》卷一一二《平津侯主父列傳》嚴安上書：

> 又使尉屠睢將樓船之士，南攻百越。使監祿鑿渠運糧，深入越。越人遁逃，曠日持久，糧食絕乏。越人擊之，秦兵大敗。秦乃使尉佗將卒以戍越。當是時，秦禍北構於胡，南掛於越，宿兵無用之地，進而不得退。行十餘年，丁男被甲，丁女轉輸，苦不聊生，自經於道樹，死者相望。

《淮南子》卷十八《人間訓》：

> 秦皇挾錄圖，見其傳曰：「亡秦者，胡也。」因發卒五十萬，

〔註3〕余天熾：《秦統一百越戰爭始年諸說考訂》，《百越民族史論叢》，廣西人民出版社，1985年，第303～311頁。林劍鳴：《秦漢史》，上海人民出版社，2003年，第82頁。

〔註4〕王雲度、張文立主編《秦帝國史》，陝西人民教育出版社，1997年，第55頁。

〔註5〕辛德勇：《王翦南征百越戰事鈎沉》，《舊史輿地文錄》，第79～95頁。

使蒙公、楊翁子將，築修城。西屬流沙，北擊遼水，東結朝鮮，中國內郡輓車而餉之。又利越之犀角、象齒、翡翠、珠璣，乃使尉屠睢發卒五十萬，爲五軍，一軍塞鐔城之嶺，一軍守九疑之塞，一軍處番禺之都，一軍守南野之界，一軍結餘干之水。三年不解甲馳弩，使監祿無以轉餉。又以卒鑿渠而通糧道，以與越人戰，殺西嘔君譯吁宋。而越人皆入叢薄中，與禽獸處，莫肯爲秦虜。相置桀駿以爲將，而夜攻秦人，大破之。殺尉屠睢，伏屍流血數十萬，乃發謫戍以備之。

這一段記載不見於正史，但是因爲敘事詳確，而且作者離秦朝不遠，還可以和《史記》呼應，所以歷來爲學者徵信，是研究早期嶺南史地甚至秦漢史的最寶貴史料。呂思勉竟不信《淮南子》的這段珍貴記載，說秦和嶺南來往僅有橫浦、陽山、湟溪三道。〔註6〕其實《史記·南越傳》說趙佗後來才兼併桂林、象郡，說明這三道僅是南海郡北部道路，不包括桂林、象郡北部道路，呂思勉的懷疑自然不能成立。

這裡說秦南征百越，分兵五路：鐔城之嶺、九疑之塞、番禺之都、南野之界、餘干之水。前四個地方是出兵南越之地，餘干水是出兵東越之地。

南野之界應在秦漢南野縣南界，此縣治今江西省大餘縣池江鎮長江村，〔註7〕此路南下湞水，再下北江。

餘干之水即今信江，此路東入閩江，攻閩越。

以上兩條路線，無爭議，需要考證的是鐔城、九疑、番禺三路。

鐔城之嶺應在秦漢鐔城縣，前人或以爲此縣城在今湖南省靖州縣南部。此說或不確，《漢書·地理志》武陵郡鐔城縣：「康谷水，南入海。玉山，潭水所出，東至阿林入鬱，過郡二，行七百二十里。」潭水是今柳江，鐔城因爲潭水得名，應在柳江上游。

康谷水是洛清江，其實不是獨立入海，但是古人誤以爲獨立入海，《山海經·南次二經》禱過山：「泿水出焉，而南流注於海。」《水經注》卷三七《泿水》：「泿水出武陵鐔城縣北界沅水谷，《山海經》曰：禱過之山，泿水出焉，而南流注於海是也。」既然洛清江的源頭在鐔城縣北界，則鐔城縣城在今柳江上游，不可能在湖南。

〔註6〕 呂思勉：《呂思勉讀史箚記》，上海古籍出版社，1982年，第614～616頁。
〔註7〕 張小平：《大余縣發現西漢南野古城址》，《南方文物》1984年第2期。

值得注意的是，里耶秦簡未發現明確表示鐔城縣屬於洞庭郡的證明，〔註8〕說明鐔成縣很可能屬象郡，印證了《山海經・海內東經》：「沅水出象郡鐔城西。」證明此縣很可能在嶺南。

鐔城道很偏僻，但又不是誤記，因為《山海經・海內東經》附錄的秦代《水經》說：「沅水出象郡鐔城西，東注江，入下雋西，合洞庭中。」說明秦代鐔城屬象郡，則鐔城道無誤。

五道之中，竟無灕江道。番禺似乎在今廣州，不應列在五道之中。或許原文有誤，或許另有原因。下文又說鑿渠而通糧道，無疑是指靈渠。如果灕江一路已經率先歸順，不應再興三路之軍。如果未曾歸順，不應不派軍隊。

或許是因為原來楚國在南嶺駐軍，秦軍除了要面對越人，還要面對楚國南逃的殘軍。趙國宗室曾經逃到代，燕王喜逃往遼東，魏國末年遷都到豐（今江蘇豐縣），楚國也應該有不少殘軍，南逃到嶺南的深山老林之中。所以秦軍未正面攻擊，而是繞道到其西北的鐔城，出其不意，包抄楚軍殘部。所以五路大軍中，不提灕江，而有偏遠的鐔城。所以唯獨九嶷山一路說守九嶷之塞，說明其南面有強勁的敵人，很可能是楚人或越人軍隊。

不過如果我們想到鐔城在柳江上游，而桂林縣在柳江下游，桂林郡的名字可能源自桂林縣，則鐔城一路或許就是從柳江南下。所以鐔城的問題，可能比較複雜，現在缺乏史料，難以解釋清楚。

三、五路與五嶺

秦始皇南攻越人的五條線路，有一條在江西，攻東越，剩下四條在南嶺，攻南越。四條之中，僅有三條在後世所說的五嶺路上，所以這五條路線不能完整對應南嶺的五嶺。但是前人經常對比秦軍五路和五嶺道路，先有法國學者鄂盧梭的考訂，又有岑仲勉的考訂。五嶺問題，非常重要，直接牽涉秦人南征路線，不應忽視。

鄂盧梭列舉五嶺各種說法，今按岑仲勉修訂的時間順序，排列如下：

1.《史記》卷六《秦始皇本紀》，《正義》引《廣州記》云：「五嶺者，大庾、始安、臨賀、揭楊、桂陽。」卷八九《陳餘傳》，《索隱》引裴氏即裴淵《廣州記》云：「大庾、始安、臨賀、桂陽、揭陽，斯五嶺。」

〔註 8〕 游逸飛：《里耶秦簡所見的洞庭郡——戰國秦漢郡縣制個案研究之一》，《中國文化研究所學報》第 61 期，2015 年。

2.《漢書》卷三二，顏師古注引鄧德明《南康記》曰：「大庾領一也，桂陽騎田領二也，九眞都龐領三也，臨賀萌渚領四也，始安越城領五也。」又引服虔說：「山領有五，因以爲名。交趾、合浦界有此嶺。」

3.《史記》卷六《秦始皇本紀》，《正義》顧野王《輿地志》云：「一曰臺嶺，亦名塞上，今名大庾，二曰騎田，三曰都龐，四曰萌諸，五曰越嶺。」

4.《水經注》卷三八《溱水》：「山即大庾嶺也，五嶺之最東矣，故曰東嶠山。」卷三九《耒水》：「耒水又西，黃水注之。水出縣西黃岑山，山則騎田之嶠，五嶺之第二嶺也。」《鍾水》：「都山即都龐之嶠也，五嶺之第三嶺也。」卷三八《湘水》：「越城嶠水，南出越城之嶠，嶠即五嶺之西嶺也。秦置五嶺之戍，是其一焉……馮水又左，合萌渚之水。水南出於萌渚之嶠，五嶺之第四嶺也。」

5.《太平御覽》卷五四引《南康記》曰：「秦始皇略定揚越，謫戍五方，南守五嶺：第一塞上嶺，即南康大庾嶺是。第二騎田嶺，今桂陽郡臘嶺是。第三都龐嶺，今江華郡永明嶺是。第四畟渚嶺，亦江華郡白芒嶺是。第五越城嶺，即零陵郡南臨源嶺是也。」

鄂盧梭說，五嶺中不應有在今越南的九眞郡都龐縣的都龐嶺，這是混淆了兩個同名的地名，眞正的都龐嶺在湖南和廣西之間。他認爲都龐嶺不太重要，由連州入北江。《廣州記》的五嶺排序，不按東西順序。《廣州記》無都龐嶺，有揭陽嶺，揭陽嶺在今廣東揭陽之西。〔註9〕

岑仲勉指出鄂盧梭混淆了兩種《南康記》，一種是《漢書》卷三二《陳餘傳》顏師古引鄧德明《南康記》，一種應是唐代天寶《南康記》，不是一本書。他說五嶺不固定，隨交通文化而轉移。所以九眞郡的都龐嶺不是錯誤，反映了漢族在交趾的勢力強盛。唐代在交趾的勢力退縮，才補充了永明嶺爲都龐嶺。鄂盧梭以爲鄧德明《南康記》大庾嶺、騎田嶺、都龐嶺、萌渚嶺、越城嶺是從東向西排序，岑仲勉否認有這種順序。

岑仲勉認爲鄂盧梭的表格還應加上秦始皇南攻五路，又把鄂盧梭的地理次序，改爲文獻時間次序。〔註10〕我認爲，鄂盧梭的地理視角很好，岑仲勉的文獻考證極佳，應該結合二者的優點，縱欄按照岑仲勉考證的文獻時間次

〔註9〕 〔法〕鄂盧梭撰、馮承鈞譯：《秦代初平南越考》，上海古籍出版社，2014年，第12～20頁。

〔註10〕 岑仲勉：《中外史地考證》，北京：中華書局，2004年，第48～53頁。

序，橫欄按照鄂盧梭發現的東西位置次序，本文修訂的表格如下：

《淮南子》	鐔城之嶺	九疑之塞	番禺之都	南野之界	餘干之水
裴淵《廣州記》	始安	臨賀	桂陽	大庾	揭陽
鄧德明《南康記》	始安	臨賀萌渚嶺	桂陽騎田嶺	大庾嶺	——九眞都龐嶺
《水經注》	越城	萌渚	騎田	大庾	——都龐
顧野王《輿地志》	越城	萌諸	騎田	大庾、臺嶺、塞上	——都龐
天寶《南康記》	越城嶺：零陵郡臨源嶺	屺渚嶺：江華郡白芒嶺	騎田嶺：桂陽郡臘嶺	塞上嶺：南康大庾嶺	——都龐嶺：江華郡永明嶺

　　如果按照岑仲勉的這張表，則番禺之都的一路，似乎就是出桂陽郡騎田嶺，則是從連江，下北江。我認為此說合理，下文還有論證。

　　如果按照這樣對應，鐔城嶺就是越城嶺，但是鐔城縣在柳江上游，而越城嶺在桂林之北，不能對應。如果按照上文解釋，則勉強能結合。

　　岑仲勉的對比給我們不少啓發，他的文章是在鄂盧梭的基礎上寫成，主要是改正了鄂盧梭考證古籍的錯誤。

　　但是岑仲勉對鄂盧梭的兩個地理考證的批判，則不能成立。因為都龐嶺不是唐代才移到湖南，酈道元《水經注》卷三九《鍾水》說：「鍾水出桂陽南平縣都山……都山即都龐之嶠也，五嶺之第三嶺也。鍾水即嶠水也。」南平縣在今湖南藍山縣，都龐嶺在其南，不是今天地圖上江永縣西北部的都龐嶺。《太平寰宇記》卷一一七郴州藍山縣：「黃蘗山，今謂之都龐嶺，在縣南九十里，與連州分界。山南有洭水南流，即是五嶺從東第三都龐嶺是也。」

　　都龐嶺錯到今天地圖上的位置，是宋元以來的事。北宋《九域守令圖》和南宋末年《輿地圖》僅畫出大庾嶺、越城嶺，南宋蘇州《地理圖》還有騎田嶺、永明嶺，都不畫都龐嶺了。北宋《華夷圖》僅有大庾嶺，唯有北宋《禹跡圖》畫出五嶺和桂嶺，但是圖上的都龐嶺錯到了萌渚嶺之西。〔註11〕明代朝鮮人在中國元代地圖上繪製的《混一疆理歷代國都之圖》，有大庾嶺、越城

<hr />

〔註11〕曹婉如等編《中國古代地圖集（戰國——元）》，文物出版社，1990年，圖55～圖72。

嶺、臘嶺（騎田嶺）、桂嶺，賀州之北有一嶺字，缺名，不畫都龐嶺。

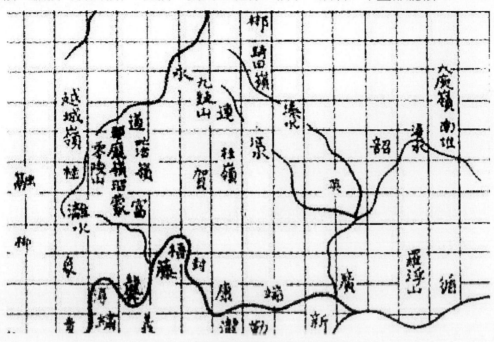

宋代《禹跡圖》南嶺附近

　　其實今天藍山縣南部仍然有都龐嶺這個小地名，就在湖南 216 省道經過的湖南、廣東省界南風坳村的東北，位置符合。說明酈道元時代早已有都龐嶺之名，不是唐代才有。而且都龐嶺就是秦軍南征時，九嶷之塞的一路，說明這條路非常重要，不可能是唐代才有。

　　我認爲，都龐嶺的都字，應是山，《山海經·海內東經》末尾所附的一篇秦代《水經》，第 2 條是：「浙江出三天子都，在其東，在閩西北。入海、餘暨南。」第 15 條是：「贛水出聶都東山，東北注江，入彭澤西。」當時皖南、贛南最有名的兩個大山，一個叫三天子都，一個叫聶都，都以都字結尾，當時的南方以都字結尾的山肯定不止這兩座山，所以都字很可能就是越人對大山的稱呼，被華夏學者記爲山的專名了。

　　漢代的豫章郡還有一個雩都縣，延續了兩千多年，就是今天江西省的於都縣的前身。這個縣在贛州市東部，地處山區，古代的轄境比今天大得多，包括今天的寧都、會昌、瑞金等縣，山區比例更大。雩都縣不可能因爲什麼都城或者大城市得名，雩都原來也是得名於一座叫做雩都的大山。《太平寰宇記》卷一百八雩都縣說：「雩山，在縣北二十五里，耆老相傳云昔人祈雨於此山下，往往

感應，故曰雩山。」可見雩都得名於雩山，但是所謂祈雨得名是漢化之後的附會，原來應是越語地名。另外，廣西容縣有都嶠山，大化縣有都陽山。

都龐嶺在今藍山縣南部，所以鄧德明《南康記》的五嶺確實嚴格按照從東到西的順序排列，鄂盧梭不誤，而岑仲勉錯誤。我認爲，因爲南康郡在今贛州，所以《南康郡》所說五嶺自然是從東到西，從南康郡開始，由近到遠。鄂盧梭說都龐嶺之所以錯到九眞郡，因爲九眞郡有個都龐縣。我認爲此說比岑仲勉的轉移說要好得多，唐代在交趾的勢力雖然不及漢代，但是不可能突然把都龐嶺從嶺南最南移到嶺南最北。五嶺既然都在嶺南的最北，就不可能有九眞郡的一個嶺，所以九眞郡的都龐嶺自然不存在。服虔說五嶺在交趾、合浦郡界，在今中國邊境，完全錯誤，不足爲據。

揭陽嶺在西晉時突然出現在五嶺之列，我以爲源自孫吳用兵揭陽嶺。《三國志》卷六十《鍾離牧傳》裴注引《會稽典錄》曰：「又揭陽縣賊率曾夏等眾數千人，歷十餘年，以侯爵雜繒千匹，下書購募，絕不可得。牧遣使慰譬，登皆首服，自改爲良民。」秦漢在今澄海龜山的揭陽縣，六朝消失，孫吳在今江西寧都縣南出現了一個新的揭陽縣，《太平寰宇記》卷一百八虔州虔化縣：「廢陂陽縣，在縣東一百五十里，吳嘉禾五年置揭陽縣，晉太康五年改爲陂陽縣，以陂陽水爲名，隋開皇十三年廢入寧都縣。」所以新揭陽縣很可能是因爲孫吳平定揭陽之亂而北遷，孫吳來往揭陽嶺，所以西晉時期忽然有名。

需要補充說明的是，有人說嶺南一名在漢代尚未出現，〔註12〕其實不對，因爲司馬遷《史記・貨殖列傳》說：「天下物所鮮所多，人民謠俗，山東食海鹽，山西食鹽鹵，領南、沙北，固往往出鹽，大體如此矣。」此處的領南，就是嶺南，古人習用通假字，嶺經常寫成領。

四、番禺之都在連江上游

番禺之都的都或許是山的通名，如聶都、雩都等。或是鄣之誤，《山海經・海內東經》附錄秦代《水經》說：「廬江出三天子都，入江彭澤西。一曰天子鄣。」鄣、都形近易誤，如果是番禺之鄣，指番禺西北的鄣塞，在北江上游。

或是番禺之渚的通假，《戰國策・秦策一》：「秦與荊人戰，大破荊，襲郢，取洞庭、五都、江南。」《史記・蘇秦列傳》：「漢中之甲，乘船出於巴，乘夏

〔註12〕趙世瑜：《「嶺南」的建構及其意義》，《四川大學學報（社會科學版）》2016年第5期。

水而下漢，四日而至五渚。」《集解》引《戰國策・秦策一》作五渚，五都應作五渚。但是粵北和湖南交界處山險較多，上游河窄而急，洲渚不多，所以番禺之渚可能性不大。也不能是今廣州，秦不大可能有一支水軍從今浙江直搗廣東。如果當時有如此長距離的海軍出征，不可能不記。

李錦芳指出番禺的番就是原始侗臺語的村寨 ban，泰語、西雙版納泰語、武鳴壯語 baan⁵，老撾語、布依語、毛南語 baan⁴，德宏傣語 maan³。〔註 13〕鄭偉認爲番禺的禺是原始侗臺語的大、長大 ŋəm，泰語爲 jai⁵，老撾語是 ŋai⁵，西雙版納傣語是 jai⁵，德宏傣語是 jauu⁵，臨高語 ŋɔ³，所以番禺的原義是大村。〔註 14〕我認爲此說可信，很多城市起源於比較大的村寨，廣州在珠江三角洲的中心，因而從村落變成城市。所以番禺原來是個通名，則粵北也有可能有番禺。

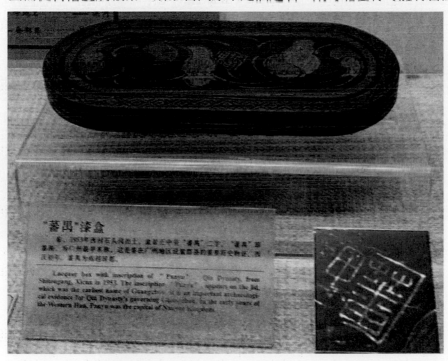

1953 年廣州西村石頭崗出土秦代「蕃禺」漆盒
（周運中 2011 年 7 月 27 日攝於廣州市博物館）

曾昭璇先生認爲番禺的番是越語的村子，但是他認爲禺是鹹水，因《越絕書》卷八說：「朱餘者，越鹽官也。越人謂鹽曰餘。」餘、禺相通，所以禺

〔註 13〕李錦芳：《侗臺語言與文化》，民族出版社，2002 年，第 292 頁。
〔註 14〕鄭偉：《漢語音韻與方言研究》，上海三聯書店，2012 年，第 150 頁。

是鹹水，番禺是鹹水村。我認爲此說不能成立，因爲上古的番禺固然靠海，但是番禺周圍還有無數靠海的村子，所以不可能把一片海岸村落中的一個稱爲鹹水村，除非此地在鹹淡水結合部，但是如此，則更應是淡水充足之地才可能發展爲城市。

曾先生又認爲，番禺之都是因爲上古已有番禺城，就是吳國的南武城。〔註15〕我認爲此說毫無依據，吳國疆域不可能到達廣東。番禺建城的最早記載，出自秦代，上古不可能找到番禺建城的記載。

吳國的南武城，其實在今江蘇崑山。《越絕書》卷二《記吳地傳》說：「婁北武城，闔廬所以候外越也，去縣三十里。今爲鄉也。」婁門是姑蘇城東面的北門，因爲正對婁縣（治今崑山）得名，婁縣北面三十里還有一個武城，即今崑山市巴城鎮潭村的武城，三重護城河環繞三重城牆。有人誤以爲該城在蘇州市跨塘鎮、唯亭鎮間，這是把去婁縣三十里當成去吳縣三十里，《漢書·地理志》會稽郡婁縣明確說：「有南武城。」常州湖塘鎮春秋時期的淹城，也是三重城牆各有護城河環繞。〔註16〕

明清時期廣東崛起，廣東人很想從上古典籍中找到廣東的上古記載，於是明清廣東的一些地方志，把西漢在今廣東的南武侯織與江蘇的南武城牽強附會。其實南武是常見的越語地名通名，各地都可以有。南是越語的水 nam，和漢語的濫、瀾 lam 是同源字。武是越語的山，今天廣西地名還常見武字。語言學家指出，武的漢語上古音可擬爲 mpla，對應侗臺語的石山，如泰語、老撾語 pha、龍州壯語 phja、邕寧壯語 phla、武鳴壯語、拉珈語 pla、柳江壯語、布依語 pja。〔註17〕所以南武其實是有水的高地，南武城是三重城牆環水，正是有水的高地。

粵北的番禺，還有兩個證據，那就是《山海經·南次三經》最末：

> 又東五百八十里，曰禺稿之山，多怪獸，多大蛇。

> 又東五百八十里，曰南禺之山，其上多金玉，其下多水。有穴焉，水出輒入，夏乃出，冬則閉。佐水出焉，而東南流注於海，有鳳皇、鵷雛。

〔註15〕曾昭璇、曾憲珊：《番禺及番禺城考》，《歷史地理》第十二輯，上海人民出版社，1995 年。

〔註16〕國家文物局主編《中國文物地圖集·江蘇分冊》，上冊第 175、210 頁，下冊第 257、459 頁。

〔註17〕鄭偉：《漢語音韻與方言研究》，第 146～147 頁。

南禺山之下多水，春入，夏出，冬閉，是典型的岩溶地貌，〔註18〕確切地說是一個消溢水洞（estavalle）。〔註19〕南 nam 即越語的水，禺是越語的大，則南禺即大水口，即大的水洞口，南禺山名就是地貌的描寫。

南禺山出佐水，東南流入海，佐水應是今連江，流入北江，北江原來是今三水縣獨立入海。上古人還不熟悉嶺南地理，誤以爲連江獨立入海。今江華一帶沒有岩溶地貌，但是到了連州一帶，又是岩溶地貌。

古代的連江上游有桂陽縣，所以連江原名應是桂水，音轉爲怪水，佐水是怪水的形訛。桂爲見母支部 kyue，怪爲見母物部 koət，雙聲。

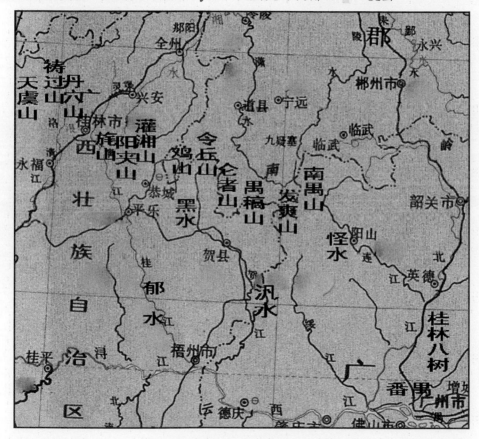

《南次三經》示意圖〔註20〕

〔註18〕中國科學院自然科學史研究所地學史組主編：《中國古代地理學史》，科學出版社，1984年，第54頁。

〔註19〕袁道先主編：《岩溶學詞典》，地質出版社，1988年，第24頁。

〔註20〕底圖來自譚其驤主編《中國歷史地圖集》第一冊第46頁，黑體字是《山海經》地名，是本書添加。

南禺山，應在連江源頭，在今廣東連南縣北部的大霧山（海拔 1659 米）。南禺山就在禺槀山東南，因此得名。我已經指出，《南次三經》從桂林的西北部，一直向東南延伸到廣東的西北部，正是楚國的南界。〔註 21〕關於《山海經》諸山考證，我另有《山海經》專著。

從粵北的禺山、南禺山的名字可以發現，粵北也有很多地名帶有禺字，所以不排除粵北也有番禺這個地名。或許番禺之都，就是南禺之都之誤，後人不明南禺，誤以為是番禺之誤，而擅改為番禺。《山海經·海內南經》說：「桂林八樹，在番隅東。」桂林在番禺之西很遠，為何在番禺之東？我以為此處的桂林是古桂陽縣（今連州），番禺就是連州西北的南禺。如果在今連州的南禺是南禺，則這一路秦軍就是走桂陽縣（今連州），下連江，入北江。

五、湟溪關和陽山關

桂陽很重要，漢代桂陽郡原治桂陽縣。連江也很重要，《史記·南越傳》說趙佗開始獨立：「佗即移檄告橫浦、陽山、湟溪關曰：「盜兵且至，急絕道聚兵自守！」因稍以法誅秦所置長吏，以其黨為假守。」湟溪即今連江，又名洭水，洭、湟音近。《集解》引徐廣曰：「在桂陽，通四會也。」《索隱》：「《漢書》作湟溪，音皇。又《衛青傳》、《南粵傳》云，出桂陽，下湟水是也。」

橫浦關前人多認為在今南雄和江西交界處，〔註 22〕陽山關在西漢陽山縣（治今陽山東南）北。〔註 23〕

湟溪關，清代錢坫說即洭浦關，洭浦關在湟水（連江）注入北江處，今英德連江口鎮。〔註 24〕楊守敬、王先謙、丁謙則認為在連江發源處，認為此處是南越國北界。馬王堆《地形圖》證明桂陽縣（今連州）屬漢，不屬南越國，所以連江發源處之說不確。〔註 25〕

〔註 21〕 周運中：《〈山經〉南方諸山考》，《長江文化論叢》第 4 輯，中國文史出版社，2006 年。

〔註 22〕 王元林：《秦橫浦關考》，《歷史地理》第十九輯，上海人民出版社，2003 年。

〔註 23〕 唐李吉甫《元和郡縣志》卷二九連州陽山縣：「為南越置關之邑，故其關在縣西北四十里茂漢口……今陽山北當騎山嶺路，秦於此立陽山關，漢破南越以為縣。」《太平寰宇記》卷一一七連州陽山縣作茂溪口，應是茂溪。

〔註 24〕 唐李吉甫《元和郡縣志》卷三四廣州湞陽縣：「洭浦故關，在縣西南四十五里，山谷深阻，實禁防之要地也。」湞陽縣城在今英德，西南四十五里正是江口嘴村。

〔註 25〕 譚其驤：《馬王堆漢墓出土地圖所說明的幾個歷史地理問題》，《長水集》下冊，第 265 頁。

　　有人以爲湟溪關不是洭浦關，又引《陽山縣志》說銅鑼寨有湟溪關題字，又說陽山關在銅鑼寨，說湟溪關在茂溪口，又說在銅鑼寨找不到湟溪關的題字。〔註26〕此說違背縣志陽山關即湟溪關的原義，晚近的地方志未必爲信，銅鑼寨的湟溪關題字不知出自何時。此說把趙佗所守三關，變成了四關，違背了史書原文。

　　還有人說，陽山縣東北的嶺背鎮蘆洲村發現漢墓，證明這條路重要，陽山關就在這條路上。我認爲此說未必成立，因爲是東漢墓，〔註27〕不是秦到西漢前期的墓。東漢時期，南嶺新開很多道路，漢人進入深山老林。但在秦代，漢人是從水路進入嶺南，不能進入越人的山林，所以陽山關不在今陽山縣東北。甚至還有今陽山縣人說趙佗所守的三關都在陽山縣境內，這都是用晚近的形勢去衡量上古。

　　趙佗所守的陽山關在茂溪口，在今陽山縣北的小江鎮，此處在陽山縣與連州交界處是峽谷南口，所以設關。說明秦代的桂陽縣南界或許就在此處，秦代的桂陽或許就屬嶺北而非嶺南。

　　有人說，茂溪是漣溪，在今陽山縣的西北界。我以爲此說毫無根據，茂、漣字形不近，不能因爲現在找不到茂溪就說是漣溪。如果在今陽山縣的西北界，則距離桂陽縣城（今連州）太近。趙佗處於守勢，不是攻勢。趙佗守住峽谷南口即可，那時中原人難以進入嶺南，所以不需把防線推進到峽谷北口。趙佗在湟溪下游還有湟溪關，即洭浦關，所以是兩重防線。

　　如果番禺之都一路是南禺之都，也即連江道。則秦軍未從武水南下，武水道或許不及連江重要。武水之所以不及連江重要，主要是行船更難，武水的上游，稱爲瀧水，有九瀧十八灘，瀧是急流。

　　有一則有趣的傳說，《初學記》卷十六鼓引王韶之《始興記》曰：「秦鑿楊山，桂楊縣閣下鼓，便自奔逸。息於臨武，遂之始興、洛陽，遂名聖鼓，今臨武有聖鼓城。」銅鼓是越人首領權力象徵，秦開鑿陽山，桂陽縣的銅鼓跑到臨武，實質是反映越人遷徙。《水經注》卷三九《洭水》：「洭水又南逕陽山縣故城西，耆舊傳曰，往昔縣長臨縣，輒遷擢超級，太史逕觀言地勢使然。

〔註26〕余天熾：《廣東秦關考訂》，中國秦漢史研究會編《秦漢史論叢》第二輯，陝西人民出版社，1983 年，第 317～327 頁。

〔註27〕國家文物局主編《中國文物地圖集》廣東分冊，廣東省地圖出版社，1989 年，第 180、491 頁。

掘斷連岡，流血成川，城因傾阤，遂即傾敗。閣下大鼓，飛上臨武，乃之桂陽，追號聖鼓，自陽山達乎桂陽之武步驛，所至循聖鼓道也。其道如塹，迄於鼓城矣。洭水又逕陽山縣南。」這個傳說不提秦事，已非原貌。聖鼓道在陽山、桂陽二縣間，南端是鼓城，說明秦開陽山道就在陽山關。

武水道是東漢光武帝劉秀建武年間，由桂陽太守衛颯開通，《後漢書》卷七六《衛颯傳》：「先是含洭、湞陽、曲江三縣，越之故地，武帝平之，內屬桂陽。民居深山，濱溪谷，習其風土，不出田租。去郡遠者，或且千里。吏事往來，輒發民乘船，名曰傳役。每一吏出，徭及數家，百姓苦之。颯乃鑿山通道五百餘里，列亭傳，置郵驛。於是役省勞息，奸吏杜絕。流民稍還，漸成聚邑，使輸租賦，同之平民。」

第二次大規模開通武水道，是東漢章帝建初八年（83年）鄭弘主持，《後漢書》卷三三《鄭弘傳》說：「舊交阯七郡貢獻轉運，皆從東冶泛海而至，風波艱阻，沉溺相繫。弘奏開零陵、桂陽嶠道，於是夷通，至今遂為常路。」前人指出，零陵、桂陽嶠道是在零陵郡東南和桂陽郡之間，不是零陵郡西南的灕江水路，桂陽嶠道是從桂陽郡向南的連江路。〔註28〕

武水道逐漸重要，《後漢書》卷四《和帝紀》末說：「舊南海獻龍眼、荔支，十里一置，五里一候，奔騰阻險，死者繼路。時臨武長汝南唐羌，縣接南海，乃上書陳狀……由是遂省焉。」武水道、洭水道都要經過臨武縣。

第三次大規模開通武水道是東漢靈帝熹平三年（174年）桂陽太守周憬主持，現存《神漢桂陽太守周府君功勳紀銘》石刻說：「乃命良吏、將帥、壯夫，排頹磐石，投之窮壑，夷高填下，鑿截回曲，弭水之邪性，順導其經脈……由是小溪平直，大道允通，利抱布貿絲，交易而至，升涉周旋，功萬於前。」〔註29〕

其實周憬開武水道在史書有記載，《太平御覽》卷五六隴引《始興記》：「盧水合武水甚險，名曰新隴，有太守周昕廟，即始開此隴者。行者放雞散米以祈福，而忌著濕衣入廟。」周昕即周憬，隴是瀧之誤。

〔註28〕 王元林：《秦漢時期南嶺交通的開發與南北交流》，暨南大學歷史地理研究中心編《中國歷史地理研究》第5輯，西安地圖出版社，2013年，第286～305頁。

〔註29〕 宋會群：《周疏鑿武溪考》，郭聲波、吳宏岐主編《南方開發與中外交通》，西安地圖出版社，2007年，第102～112頁。

六、九嶷一路出賀江

如果番禺之都一路，指在今連州西北的南禺山和藍山縣都龐嶺之間的道路。則九疑之塞一路，應是從江華縣南下賀江的道路。

九嶷山，今在寧遠縣、藍山縣、江華縣交界處，《山海經‧海內東經》附錄的一篇秦代《水經》說：

> 湘水出舜葬東南陬，西環之，入洞庭下。一曰東南西澤。

湘江出自舜葬的九嶷山東南，向西流，環繞九嶷山，無疑是指今江華縣的沱江，正是發源於九嶷山東南，再向西北流，環繞九嶷山。因為澤、環字形接近，別本有誤，所以古人說一本曰東南西澤，其實是東南西環之誤。

沱江（瀟水）是湘江真正的源頭，九嶷山是湘江正源。因為廣西興安縣恰好是平原，修建了溝通湘江和灘江的零渠，所以很多人誤以為湘江源出此處。直到今天，地圖上的湘江源頭還標在廣西興安、全州境內。其實源出九嶷山的瀟水更長，這才是真正的湘江源頭。所以湘陵很可能在此處，九嶷山又名蒼梧，秦設蒼梧郡。楚人崇拜舜，稱為湘君，所以才把湘江源頭的九嶷山說成是舜的葬地。

楚國在南嶺設莫敖，北京故宮藏有一方楚國官璽：湘陵莫敖（如圖），[註30] 莫敖是楚國軍官，《左傳》桓公十二年、十三年，楚國莫敖屈瑕伐絞、伐羅，隨州曾侯乙墓簡文記載楚國有大莫敖。

湘陵在湘水源頭，《山海經‧海內南經》說：「桂林八樹，在番隅東。伯慮國、離耳國、雕題國、北朐國皆在鬱水南。鬱水，出湘陵南山。」《海內東經》附錄的秦代《水經》說又說：「鬱水出象郡，而西南注南海，入須陵東南。」

既然湘水源頭是今江華縣北的九嶷山，則湘陵也在此處。則湘陵之南的鬱水，很可能是賀江。上古中原人不熟悉嶺南地理，誤以為西江的源頭是賀

〔註30〕羅福頤主編：《古璽彙編》，文物出版社，1981年，第28頁。

江。賀江是西南流，所以《山海經》附錄的《水經》說鬱水西南流。而灕江、連江、綏江明顯是東南流，所以不是鬱水。鬱水，對應《山海經‧南次三經》育遺，《南次三經》說旄山之尾：「其南有谷，曰育遺，多怪鳥，凱風自是出。」上古音，育是以母覺部 jiuk，鬱是影母職部 iuək，鬱是影母物部 iuət。旄山，可能是萌渚嶺，讀音接近。

1974 年廣西平樂銀山嶺採集秦代「屏陵」矛頭
（周運中 2016 年 9 月 13 日攝於廣西博物館）

1974 年平樂銀山嶺 4 號墓出土戰國「江魚」銅戈
（周運中 2016 年 9 月 13 日攝於廣西博物館）

廣西博物館藏有一件秦代矛頭，上有屏陵二字，類似的矛頭在咸陽城和秦始皇陵俑坑也有出土。屏陵是楚地，漢代還有屏陵縣，在今公安縣西，但

是這個矛頭很可能屬於秦軍。說明秦軍在今平樂有過戰爭，銀山嶺在平樂和鍾山縣之間，在灕江和賀江流域之間。不過關於秦軍具體的行軍路線，因為缺乏史料，所以不能考證。

七、秦南攻路線與嶺南置郡

秦攻嶺南的四路，一路是從鐔城縣，下柳江，這一條路就是桂林郡的前身，漢代的桂林縣就在柳江流域的象州縣。

番禺（南禺）路走連江，南野路走湞水，兩路會合到北江，到今廣州，這兩條路是南海郡的前身。北江路最為重要，因為珠江三角洲平原最大，人口最多，所以需要兩路大軍。

九嶷山一路下賀江，這一條路就是漢代蒼梧郡的前身。南越設蒼梧王，蒼梧郡扼守灕江、賀江口，位置重要。

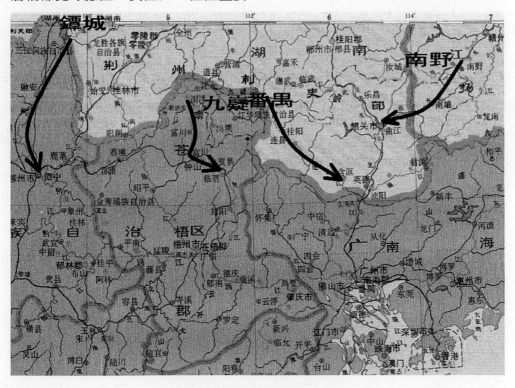

秦攻南越四條路線圖〔註31〕

〔註31〕底圖來自譚其驤主編《中國歷史地圖集》第35～36頁，黑體字和路線是本書
添加。

所以漢代在嶺南最主要的三個郡：南海、鬱林、蒼梧，都源自秦代的三個主要進攻路線。唯獨合浦郡在嶺南的嶺南，是漢代新設。因為合浦郡的位置偏南，所以秦代尚不能在合浦郡之地立足，合浦郡是趙佗南越國開拓。《三國志》卷五三，薛綜說：「秦置桂林、南海、象郡，然則四國之內屬也，有自來矣。趙佗起番禺，懷服百越之君，珠官之南是也。漢武帝誅呂嘉，開九郡，設交阯刺史以鎮監之。」

這種基於行軍路線設郡的情況在後世還有類似的現象，比如元代的江西行省包括廣東，湖廣行省包括廣西，江浙行省包括福建，就是源自元代三支軍隊南下的路線。元朝甚至有征東行省的名稱，類似唐代的某某道行軍大總管，道在唐代逐漸成為政區。

八、秦攻嶺南與漢滅南越路線對比

賀江流域在西漢設縣最多，反映出這一條路很重要，人口很多，但是蒼梧郡治還是在灕江口，說明灕江道後來居上。而賀江流域人口較多，可能因為湖南移民遷入較多。時至今日，梧州市的地位仍然高於封開縣。漢代不在賀江口設縣，古代的封川縣城甚至也不在賀江口。1952 年，封川、開建二縣合併為封開縣，反映了封開道的衰落。1958 年，封開縣城從封川鎮移到了賀江口所在的江口鎮，延續至今。

《史記·南越傳》說：「元鼎五年秋，衛尉路博德為伏波將軍，出桂陽，下匯水。主爵都尉楊僕為樓船將軍，出豫章，下橫浦。故歸義越侯二人為戈船、下屬將軍，出零陵，或下離水，或抵蒼梧。使馳義侯因巴蜀罪人，發夜郎兵，下牂柯江：咸會番禺。」

匯水是洭水的形訛，因為匯、洭讀音不近。或下離水、或抵蒼梧，此處有兩個或字，應是兩路。一般認為蒼梧郡治廣信縣城在灕江口的梧州，則下灕江就是抵蒼梧。所以此處的抵蒼梧，可能是指下賀水，包抄蒼梧。

漢滅南越的南嶺四條路和秦攻嶺南的五條路線相比，最重要的變化是增加了賀江路，而漢代在嶺南設縣最多的就是賀江流域，反映了秦漢之際賀江通道的興起。賀江通道的興起，基礎還是在秦漢之際。其實在南越國時期，已經開始重要起來。下文將論證，趙佗北侵，就是從賀江越過萌渚嶺。

賀江介於灕江、連江之間，萌渚嶺的山口不高，從江華縣、江永縣進入富川縣，非常便利。這條通道所在的馮水（今江華縣西河）因為原來比較偏

僻，所以在秦代初占嶺南時還不太重要。但是隨著秦人對南嶺認識的深入，隨著秦軍對這條道路的控制加強，很快發現這條通道可以直下賀江，因而賀江越來越重要。西漢在賀江流域有富川縣（在今鍾山縣）、臨賀縣（在今賀州）、封陽縣（在今賀州東南）三縣，灕江流域僅有始安縣（在今桂林）、廣信縣（在今梧州）兩縣，說明賀江道比灕江道重要。前人指出，在今富川縣西嶺山（服嶺）沿線發現了大批古墓群，證明了秦漢以來瀟賀古道的繁榮。〔註32〕

徐聞出土漢代「宜官」墓磚（周運中 2017 年 10 月 18 日攝於徐聞博物館）

〔註32〕韋浩明：《瀟賀古道及其岔道賀州段考》，周長山、林強主編《歷史·環境與邊疆——2010 年中國歷史地理國際學術研討會論文集》，廣西師範大學出版社，2012 年，第 93 頁。

趙佗北侵服嶺與馬王堆軍事地圖

　　長沙馬王堆三號漢墓 1973 年出土的西漢地圖《地形圖》上，嶺南唯一標出的地名是封中，整理者認爲是西漢封陽縣，[註1] 此說太過拘泥，陳乃良指出封中即封水（賀江）流域，類似漢中、吳中、閩中等。[註2] 西漢在今賀州南部設封陽縣，顧名思義在封水之陽，封水即賀江。前人雖然已有文章強調封水（賀江）的重要性，但是仍未引起很多人應有重視。

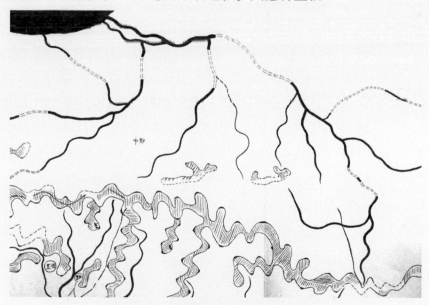

馬王堆《地形圖》嶺南水系和封中

〔註 1〕馬王堆漢墓帛書整理小組：《長沙馬王堆三號漢墓出土地圖的整理》，《文物》1975 年第 2 期。《古地圖・馬王堆漢墓帛書》，文物出版社，1977 年。

〔註 2〕陳乃良：《「封中」試析——封水歷史地理問題初探》，《歷史地理》第六輯，上海人民出版社，1988 年。

一、封中就是封水流域

有人說，封中是封陽、中宿的合稱。〔註3〕我認爲此說不明中國地名演變大勢，兩個縣級地名的首字合成一個新地名，是現代才有，中國古代基本找不到這樣的例子。而且西漢封陽縣在今賀州之南，其北還有臨賀、富川縣，中宿縣北還有含洭、陽山縣，則封陽、中宿不是漢與南越的邊界地名，爲何單獨列出這兩個縣呢？可見此說不能成立。

有人說，封中不是封水流域，理由是封中二字在連江、綏江之間，圖上不應標出封水而不標陽山關（在今陽山縣西北），所以封中指封疆之中，指嶺外也有一些地方屬長沙國。〔註4〕

我以爲此說不確，自相矛盾，如果按照此說，圖上的封中在連江、綏江之間，那麼可能屬長沙國嗎？連江、綏江之間是今清遠、廣寧等地，古代是中宿縣，長沙國自然不可能到達此處。

所謂封疆之說，顯然不可能成立。首先是古代地圖上找不到這樣的體例，而且如果是指封疆之中，爲何這兩個字孤立在南嶺之外，而不在圖上的核心之地？封的本義是邊界線，不是疆域，所以封中二字顯然不能成立，否則要解釋爲邊界線之中。也有人解釋爲邊界之中，〔註5〕但是圖上顯然不是邊界。

其實不但封中不可能屬長沙國，而且這幅圖恰好說明封水（賀江）在漢初非常重要。前人往往看到《史記》記載趙佗守陽山關，就以爲洭水（連江）上陽山關最重要，而不知封水（賀江）在秦漢之際逐漸重要起來。

前人早已指出，馬王堆《地形圖》上的連江方向有誤，從東南流，誤爲西南流。〔註6〕我以爲，圖上未畫連江，圖上西南流的是北江。不管是誤畫，還是漏畫，都說明作者不重視或不熟悉桂陽縣所在的連江。

圖上的嶺南水系都不標名稱，但是很清楚分爲三個水系，東邊一系直接入海，而且有兩個入海口，顯然是北江水系。西邊一系，在萌渚嶺之南，顯然是賀江水系。中間一系，流域面積比東西兩水系較小，而且位置偏南，其

〔註3〕 何介鈞：《馬王堆漢墓》，文物出版社，1982 年。張修桂：《馬王堆出土的若干歷史地理問題探討》，《歷史地理》第五輯，上海人民出版社，1986 年。

〔註4〕 婁雨亭：《釋馬王堆〈地形圖〉之「封中」》，《中國歷史地理論叢》1991 年第 2 期。辛德勇：《歷史的空間與空間的歷史》，第 260 頁。

〔註5〕 傅舉有：《有關馬王堆古地圖的幾個問題》，《文物》1982 年第 2 期。

〔註6〕 譚其驤：《二千一百多年前的一幅地圖》，《古地圖論文集》，文物出版社，1975 年，第 20 頁。又見譚其驤：《長水集》下冊，第 256 頁。

源頭處的山脈在嶺南而非五嶺，顯然是綏江水系。

圖上的封中二字，寫在綏江附近。而非封水〔賀江〕的旁邊，說明作者雖然不熟悉封水〔賀江〕，但是認可其地位重要。

前人已經指出馬王堆軍事地圖本身就是爲了防衛南越國北侵而畫。〔註7〕但是前人未能考證一個重要地名：服嶺，這個地名恰好牽涉到封水〔賀江〕和馬王堆軍事地圖，本文再作考證。

二、服嶺是符靈岡

今按《史記・南越傳》說：

> 高后時，有司請禁南越關市鐵器。佗曰：「高帝立我，通使物，今高后聽讒臣，別異蠻夷，隔絕器物，此必長沙王計也，欲倚中國，擊滅南越而并王之，自爲功也。」於是佗乃自尊號爲南越武帝，發兵攻長沙邊邑，敗數縣而去焉。高后遣將軍隆慮侯灶往擊之。會暑濕，士卒大疫，兵不能逾嶺。歲餘，高后崩，即罷兵。

此次趙佗北侵，打敗長沙國的數縣，《索隱》案：「此嶺即陽山嶺。」我以爲不確，雖然陽山嶺比較險要，設有陽山關，但是《史記》、《漢書》記載漢文帝隨即安撫趙佗，《漢書・兩粵傳》錄漢文帝與趙佗書曰：

> 乃者聞王遺將軍隆慮侯書，求親昆弟，請罷長沙兩將軍。朕以王書罷將軍博陽侯，親昆弟在眞定者，已遣人存問，修治先人冢。前日聞王發兵於邊，爲寇災不止。當其時，長沙苦之，南郡尤甚，雖王之國，庸獨利乎！……朕欲定地犬牙相入者，以問吏，吏曰：「高皇帝所以介長沙土也。」朕不得擅變焉。吏曰：「得王之地不足以爲大，得王之財不足以爲富。」服領以南，王自治之。

顯然，趙佗侵犯的地方是服嶺，不是陽山關，漢文帝說，服嶺之南，趙佗治理，希望趙佗退出服嶺以北。注引蘇林曰：「山領名也。」如淳曰：「長沙南界也。」

《鹽鐵論》卷七《備胡》說：

> 往者，四夷俱強，並爲寇虐：朝鮮逾徼，劫燕之東地；東越越東海，略浙江之南；南越內侵，滑服令；氐、僰、冉、駹、巂唐、

〔註7〕 張修桂：《馬王堆古地圖作者》，《中國歷代地理學家評傳》第一卷，山東教育出版社，1990年。收入張修桂：《中國歷史地貌與古地圖研究》，第501～518頁。

　　昆明之屬，擾隴西、巴、蜀。今三垂已平，唯北邊未定。

滑服令，章巽指出即侵擾服嶺。《資治通鑑》卷十三，注：「服嶺者，自五嶺以南，荒服之外，因以稱之。」〔註8〕這個注解反映了宋人學問空疏，漢人說服嶺是一個山嶺的名字，不可能是指荒服之外山嶺。否則漢在西南、東南的山嶺都可以稱爲服嶺，但是我們沒有看到這樣的地名。

　　我以爲，服嶺是符靈岡，《水經注》卷三八《漓水》：

　　　　漓水又南，左合靈溪水口，水出臨賀富川縣北符靈岡，南流逕
　　其縣東，又南注於漓水也。

靈溪是今思勤江，符靈岡是思勤江源，在古富川縣（治今鍾山縣）北，在今富川、恭城、江永、鍾山四縣交界處，是一片高山。江永縣西南源口鄉有扶靈瑤，源自附近的符靈岡。符靈岡應是服嶺岡，岡是晚出的漢語地名用字，原名就是服嶺，加了岡字，嶺就訛爲靈。

　　富川縣名，就源自符靈川。《太平寰宇記》卷一六一賀州富川縣：「《輿地志》曰：『漢舊縣，屬蒼梧郡。吳黃武五年，改爲臨賀郡，縣有富水，因爲縣名。』富水，在縣西五十里。源出浮蓋山下，南流入富州思勤縣。」

　　上古音的服是並母職部 biək，符不是入聲，但是浮蓋的蓋恰好補足了韻尾的 k，所以名稱還是貼切。富是幫母職部 piuək，證明符靈岡確實是服嶺，因爲富是入聲。

　　服嶺之名，可能源自民族。《太平寰宇記》卷一一六道州風俗：「別有山傜、白蠻、倮人三種類，與百姓異居，親族各別。」白蠻不是雲南的白族，而是濮人，上古音的白是並母鐸部 bak，濮是幫母屋部 pok，讀音都很接近服。服嶺就是濮人居住的山嶺，濮人是比越人還早的土著。上古濮人在南方分佈最廣，稱爲百濮。濮人受到越人的擠壓，退入山嶺，所以才有服嶺的專名。道州的民族眾多，反映此處正是交通要道。

　　趙佗越過服嶺，即越過符靈岡，進入謝沐、馮乘縣。謝沐縣城在今江永縣西南，《水經注》卷三八《漓水》：

　　　　漓水又西逕平樂縣界，左合平樂溪口，水出臨賀郡之謝沐縣南
　　歷山，西北流逕謝沐縣西南，西南流至平樂縣東南，左會謝沐眾溪，
　　派流湊合，西逕平樂縣南。

〔註8〕〔漢〕桓寬撰、王利器校注：《鹽鐵論校注》，北京：中華書局，2015 年，第500 頁。

平樂溪，今下游稱茶江，上游稱恭城河，源出江永縣西南，謝沐縣城在河的東北，一說在今夏層鋪鎮上甘棠村。《漢書‧地理志下》蒼梧郡謝沐縣：「有關。」謝沐關應在今江永縣界。光緒《永明縣志》卷九說永明縣（今江永縣）西南有謝沐鄉，即謝沐縣城所在，謝沐關是鎮峽關。

謝沐可能在楚國時已經是南嶺上的重要市場，鄂君啓節的舟節說：「入湘，庚〔見枼〕，庚洮陽。」〔見枼〕，史書不載，譚其驤以爲是《水經注‧湘水》錫口戍，〔註9〕這是他的猜測。湘江沿岸似乎無地名對應，我以爲此地應即謝沐，謝是邪母鐸部，枼是以母葉部，音近。

馮乘縣城在今江華縣西南，《元和郡縣志》卷二九道州江華縣：「本漢馮乘縣地，故城在縣南七十里，至隋不改。武德四年，分馮乘縣，置江華縣。」此時江華縣城在今沱江鎮，其南七十里在今濤圩鎮。《太平寰宇記》卷一六一賀州富川縣：「廢馮乘縣，在州北一百二十里……皇朝廢入富川縣。秦山，在縣北三十里。」宋代富川縣城在今鍾山縣，其北一百二十里在今江華縣西南角。秦山今名秦岩，在今白芒營鎮，其南三十里的馮乘縣城在今濤圩鎮，具體位置待考。

唐代人說周灶駐軍桂林，《元和郡縣志》卷三七桂州全義縣：「故越城，在縣西南五十里。漢高后時，遣周灶擊南越，趙佗據險爲城，灶不能逾嶺，即此也。」此說尤不可信，全義縣治今興安縣，西南五十里是靈渠西口的秦城，地當河口，交通最爲便捷，不存在逾嶺的問題。唐代人把秦城附會爲越城，又附會爲趙佗北侵之地，實在可笑。

三、馬王堆軍事地圖與趙佗北侵服嶺

我們再來看著名的馬王堆地圖，《地形圖》的核心正是九嶷山北營水流域，圖上畫出了營浦、泠道、南平、桂陽、觀陽、桃陽、舂陵、齕道八縣，未見《漢書‧地理志》的營道縣。《駐軍圖》上的軍隊番號，最中心有兩個周字，說明很可能周灶的軍隊。都尉的級別低於周灶，可能是周灶的下屬。〔註10〕

前人復原了《地形圖》、《駐軍圖》，看到《駐軍圖》在今江華縣東南，又寫有桂陽軍三個字，就論證趙佗是從陽山關北侵。〔註11〕

〔註9〕 譚其驤：《鄂君啓節銘文釋地》，《長水集》下冊，第214頁。

〔註10〕 曹學群：《關於馬王堆古地圖及其相關的幾個問題》，《考古》1994年第4期。

〔註11〕 張修桂：《趙佗犯長沙的路線與齕道縣的廢置年代》，《歷史地理》第六輯。收入張修桂：《中國歷史地貌與古地圖研究》，第555～566頁。

　　我以爲此說不確，因爲《駐軍圖》上的桂陽軍（在今連州）顯然屬漢地，《地形圖》唯一在嶺南畫出的就是古桂陽縣（今連州），說明趙佗未能侵犯到古桂陽縣（今連州）。如果圖上的桂陽軍是漢軍收復，則漢軍不應仍然駐紮在嶺北。如果這幅圖反映的是周灶退到嶺北的情況，則違背史書原文，史書明確說周灶的軍隊不能越嶺。

　　我以爲，趙佗不會選擇出陽山關，因爲陽山關在連江的中游，趙佗要逆水而上，穿過險要的峽谷，仰攻古桂陽縣（今連州），顯然很不利。漢軍如果堅守城池和山嶺，趙佗很難取勝。南越軍如果失敗，連退路都沒有，精於用兵的趙佗不可能出此下策。自古以來用兵講求出奇制勝，趙佗不可能正面強攻古桂陽縣（今連州）。

　　即使趙佗攻佔桂陽縣（今連州），其北還有在今藍山縣南的古都龐嶺，都龐嶺之北還有九嶷山。所以這一條路，有重山峻嶺，趙佗費力，肯定得不償失，他不會選擇這一條路。

　　而南越軍如果出符靈岡（服嶺），出其不意，順流而下，反有優勢。如果迂迴到九嶷山北，可以包抄更多地方。從萌渚水（今西河）順流而下，到今江華縣城西北，就有銅山嶺有色金屬礦，這個礦有鐵、錳、鉛、鋅、銀等多種礦，史書明確說趙佗這次北侵，是爲了求得鐵器。湖南省南部的兩個最大鐵礦在今汝城、祁東縣，《漢書·地理志》桂陽郡郴縣有耒山，在今汝城縣，《後漢書》卷七六《衛颯傳》說：「耒陽縣出鐵石，他郡民庶常依因聚會，私爲冶鑄，遂招來亡命，多致奸盜。颯乃上起鐵官，罷斥私鑄，歲所增入五百餘萬。」《續漢書·郡國志四》桂陽郡耒陽縣：「有鐵。」雖然趙佗不能攻入耒水，但是很想到嶺北，獲得私鑄的鐵器。

　　趙佗從賀州進入富川縣，再進入江永縣、江華縣，山口很寬很矮，非常容易，兩縣地勢很平，可以得到很多人口和資源，很容易北出湘江。

　　周灶率領的漢軍處於劣勢，所以龜縮在今江華縣。他們之所以要進軍今江華縣東南角，主要是應對趙佗北攻，必須堅守此處，否則古桂陽縣（連州）肯定被趙佗包抄陷落。或許是想進軍古桂陽縣，進攻陽山關，圍魏救趙。如果正面攻打在今江永縣的南越軍，未必獲勝。這種敵對雙方都想迂迴包抄的局面，是戰爭中的常見景象。

　　因爲漢軍集中在今江華縣東部，遠離封水（賀江），所以《地形圖》竟把封中寫在了綏江之旁。說明這幅圖是漢軍初到前線所畫，時間在呂雉末年。

這幅圖出自馬王堆三號墓,墓主是利蒼之子,下葬時間在文帝十二年（前 168年）。因爲戰爭過去很久,所以地圖隨葬墓中。

曹學群對比《地形圖》和《駐軍圖》,認爲《地形圖》時間較早,在高帝五年（前 202 年）到呂雉七年（前 181 年）,《駐軍圖》是南越入侵之後所繪。〔註12〕我以爲此說合理,《地形圖》稍早。

因爲符靈岡（服嶺）越來越重要,這也能解釋,漢滅南越時有賀江路,《史記・南越傳》說:「故歸義越侯二人爲戈船、下屬將軍,出零陵,或下離水,或抵蒼梧。」抵蒼梧的一路,就是從賀江南下。

這也能解釋,爲何西漢時期的謝沐縣、馮乘縣雖然在嶺北,但是屬於嶺南的蒼梧郡,這是嶺南的郡唯一突出在嶺北的地方。我以爲,正是因爲趙佗時期就已經佔領此地,漢朝因襲不改。漢文帝安撫趙佗,爲趙佗在眞定的祖墳設守邑,歲時祭祀,還給趙佗在老家的堂兄弟封官,厚賞恩寵。說明趙佗此次北侵的勢頭很猛,漢朝不能還擊。趙佗佔有謝沐、馮乘二縣很久,陸賈南使,趙佗獻上很多珍寶,但是不提歸還漢邊諸縣。可能正是南越國長期佔有此地,所以西漢也就因襲不改,否則不會容忍嶺南的郡佔有嶺北之地。

四、《地形圖》西南的障城和山口

這也能解釋,爲何《地形圖》的範圍很大,西面到達湘江上游,而《駐軍圖》的範圍卻局限在江華縣東南角,還把賀江的位置畫得偏北。我認爲這很可能是因爲趙佗的軍隊已經侵入馮乘縣、謝沐縣,所以這幅圖上竟不畫馮乘、謝沐二縣。趙佗佔領的數縣,應該就是馮乘、謝沐等縣。

尤其值得注意的是,《地形圖》的右上角,也即所畫區域的東南部,畫出一個地名,現在僅能看出第二個字是障,障是邊界地名,說明《地形圖》的東南部確實是邊界,這就證明了這個障外的馮乘縣、謝沐縣屬於南越。如此重要的歷史,前人竟未解釋,因爲他們未考證服嶺。

細看《地形圖》,這個障在部水中游的一個支流注入部水的河口北側,部水很長,譚其驤早已指出是今江永縣的永明河,障城附近的支流是瀑帶河,部水之北的深水支流是營水,正對營道縣（治今道縣）,即今道縣之西的營水。

〔註12〕 曹學群:《論馬王堆出土古地圖的繪製年代》,湖南省博物館編《馬王堆漢墓研究文集——1992 年馬王堆漢墓國際學術討論會論文選》,湖南出版社,1994年,第 175～182 頁。

部水的上游，深水支流臨水口處有一個很大的圓框，寫有深平二字，《駐軍圖》上的深平，改為方框，寫有深平城三字，譚其驤認為臨水是今江華縣西河，深平在今江華縣城沱江鎮，是駐軍大本營，所以建議定名《地形圖》為「西漢初期長沙國深平防區圖」。〔註13〕

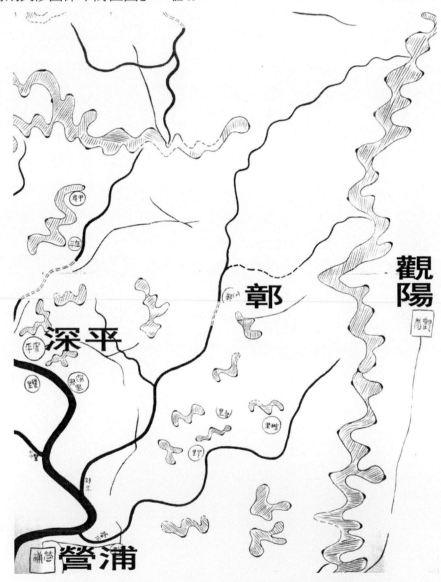

馬王堆出土《地形圖》東南部地名（黑體大字是本文添加）

〔註13〕譚其驤：《二千一百多年前的一幅地圖》，《古地圖論文集》，第18頁。又見譚其驤：《長水集》下冊，第254頁。

障城在瀑帶河和馬河交匯處之北，正是在今江永縣城附近，說明江永縣雖然是唐代武德四年（621年）才移永陽縣來置縣，但是因為位置重要，很早就興起了。圖上障城西南是一片空白，說明其西南的謝沐縣已經被南越佔領。圖上屬於漢地的桂陽縣雖然在嶺南，仍然畫出。說明圖上空白的今江永縣地，正是被趙佗北侵的服嶺之北的謝沐等地。

而且這幅圖上的南嶺，唯一的缺口就在謝沐縣的那片空白，反映作者認為謝沐縣的山口最寬闊，正是趙佗北侵的服嶺北口。

所以《地形圖》完整地反映了趙佗北侵後漢軍的地理測繪範圍，前人或盛讚這幅圖的高妙。我認為這表達了我們過去看不到漢代地圖的興奮之情，其實這幅圖也有很大的局限，未能畫出敵軍也即南越軍的佈防，甚至連被南越侵佔的謝沐縣等地名也未畫出。當然這可能是因為漢軍剛開到，我們看到的僅是漢軍初來時的地圖。

圖上有蛇君、雷君、蠱君、深君里等地名，源自南方土著的君長之名。〔註14〕越人崇拜蛇，今雷姓主要分佈在華南，雷、蠱通俚、黎，說明是越人。深和潭都是侵部，審定鄰紐，義通，是同源字。〔註15〕所以深通覃，壯族多覃姓，深君即覃君。郴是透母侵部，郴州也是源自覃。圖上畫出的是漢境內的越人部落，南越境內肯定也有，所以漢人進入南越境內的南嶺測繪山水，實屬不易。所以我們既應該看到這幅圖的局限，也不能苛求古人。

〔註14〕 曹學群：《關於馬王堆古地圖及其相關的幾個問題》，《考古》1994年第4期。
〔註15〕 王力：《同源字典》，北京：商務印書館，1987年，第513頁。

秦漢嶺南縣城位置新考

秦攻百越，在嶺南設南海、桂林、象郡。趙氏南越割據嶺南，拓廣疆域，設交趾、九眞二郡。漢滅南越有七郡，南海、象郡仍在，桂林郡分爲鬱林、蒼梧二郡，增設合浦郡。〔註1〕

秦及趙氏南越國的嶺南諸縣難考，漢代的嶺南諸縣見於兩漢書等書記載，非常清楚，但是郡縣的位置則仍有研究餘地，楊守敬《水經注圖》、譚其驤主編《中國歷史地圖集》（以下《譚圖》）嶺南諸縣位置多有失誤。

我此前曾經糾正《譚圖》漢代江淮諸縣位置之誤，〔註2〕此前也有很多學者糾正了《譚圖》其他地區漢代郡縣位置之誤。因爲《譚圖》在特殊年代編纂，條件艱苦，或有失誤，實屬正常，但是我們今天必須糾正。

一、南海郡中宿縣

楊守敬《水經注圖》、《譚圖》中宿縣城在今清遠市西北，明顯有誤，中宿縣得名於中宿峽，中宿峽是北江的重要峽谷，所以設縣，《太平寰宇記》卷一五七廣州清遠縣：「中宿峽，在縣東三十五里。譚子和修《海嶠志》云：二月、五月、八月，有潮上二禺峽，逐浪返五羊，一宿而至，故曰中宿峽。」此處的中宿釋名未必可信，但是中宿峽在清遠城東三十五里可以確定，看地形圖可以發現清遠城東有突出的峽谷，今名飛來峽，即古代的中宿峽，所以中宿縣即在中宿峽的東口。

〔註1〕周振鶴：《西漢政區地理》，第 181～205 頁。
〔註2〕周運中：《漢代縣治考：江淮篇》，《秦漢研究》第四輯，陝西人民出版社，2010年。

而且《水經注》卷三八《溱水》說：「溱水又西南，逕中宿縣，會一里水，其處隘，名之曰觀岐。連山交枕，絕崖壁竦，下有神廟，背阿面流。」可見中宿縣就在中宿峽的東口，此處恰好有琶江注入溱水（北江），有江口村，中宿縣即在今清遠市江口村附近。

在江口村北部的石角村還有一座東漢時期的墓葬，這是清遠市唯一的漢墓，出土有銅鏡三面，上有銘文「長宜子孫」，還出土有瑪瑙、綠松石首飾八件，〔註3〕瑪瑙、綠松石是來自海外的珍品，說明此墓規格較高，中宿縣城就在此附近，漢代縣城附近往往是漢墓集中地。

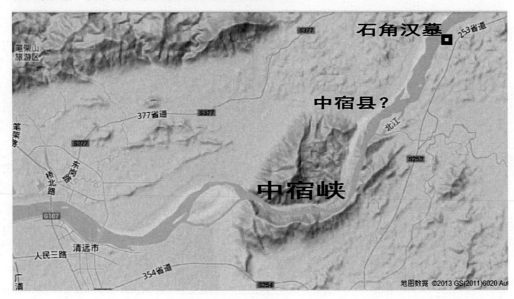

清遠市與中宿峽、中宿縣

二、揭陽縣

楊守敬《水經注圖》、《譚圖》揭陽縣城在現在的揭陽，其實不對，今揭陽市的前身揭陽縣是南宋紹興十年（1140 年）才重新設立，是用古代縣名，早已不是漢代揭陽縣地，漢揭陽縣見於《三國志》卷六十《鍾離牧傳》裴松之注引《會稽典錄》曰：「又揭陽縣賊率曾夏等眾數千人，歷十餘年，以侯爵雜繒千匹，下書購募，絕不可得。牧遣使慰譬，登皆首服，自改為良民。」但不見於《晉書·地理志》及南朝記載，可能廢於孫吳或東晉。

〔註3〕國家文物局主編《中國文物地圖集·廣東分冊》，第 173、477 頁。

揭陽縣城必在海邊，《東越列傳》：「至元鼎五年，南越反，東越王余善上書，請以卒八千人從樓船將軍擊呂嘉等。兵至揭揚，以海風波為解，不行，持兩端，陰使南越。」說明東越、南越之間通過海路往來，揭揚即揭陽縣。《水經注》卷三七《浪水》說：「員水，又東南一千五百里，入南海。東歷揭陽縣，王莽之南海亭，而注於海也。」則揭陽縣在員水（韓江）入海處。

汕頭市澄海區上華鎮龜山村有漢代大型建築群遺址，面積 2 萬平方米，發現筒瓦、板瓦、瓦當、石柱礎、陶片、五銖錢、銅簇等。〔註4〕漢代大型遺址在潮汕地區罕見，此地又在海口，而且文物等級較高，不是一般的軍事堡壘。據說原來還有一條城牆，後來被毀，因此邱立誠先生認定這裡就是揭陽縣城。〔註5〕

三、蒼梧郡高要縣

楊守敬《水經注圖》、《譚圖》把高要縣城畫在現代的肇慶市區，明顯錯誤，因為《水經注》卷三七《浪水》說：「鬱水又逕高要縣，《晉書‧地理志》曰：縣東去郡五百里，刺史夏避毒徙縣水居。」可見漢代的高要縣不是晉代的高要縣，是晉代或晉代之前不久為了夏天躲避瘴氣才遷居到近水地帶，即今肇慶市區，肇慶市區三面是西江，北面還有巨大的湖泊區，顯然是水居之地。

漢代的古高要縣在山區，故名高要，在今肇慶市西江南岸的山麓，《太平寰宇記》卷一五九端州高要縣：「高要峽，《南越志》云：郡東有零羊峽，一曰高要峽，山高百丈，江廣一里，華翠之樹，四時蔥蒨。」可見古高要縣城在羚羊峽西一里，不是今肇慶市區。

四、廣信縣

廣信為蒼梧郡治，但是《元和郡縣圖志》、《太平寰宇記》說封州封川縣、梧州蒼梧縣都是漢廣信縣地，所以有學者提出漢代的廣信縣城在今封開縣，而非梧州市，封開縣的漢代墓葬有南豐鎮利羊墩、江口鎮蛇沖山。〔註6〕

〔註4〕 國家文物局主編《中國文物地圖集‧廣東分冊》，第 246 頁。
〔註5〕 邱立誠：《從澄海龜山遺址論及漢代之揭陽》，《粵地考古求索——邱立誠論文選集》，科學出版社，2008 年，第 424～433 頁。
〔註6〕 邱立誠：《從封開地區史前期考古文化看廣信作為嶺南首府的歷史背景》，《粵地考古求索——邱立誠論文選集》，第 65～71 頁。

　　《譚圖》廣信縣標在梧州市，我認爲應在梧州市，因爲《太平寰宇記》卷三七又說：「自漢迄陳不改。」而卷三四封州無此語，《宋書·州郡志》蒼梧郡封興縣：「《永初郡國》有，及何志並屬晉康，徐志度此。」此縣應在封水（賀江）流域，原屬晉康郡，晉康郡即東面的原端溪縣，封興很可能就是封川縣的前身之一，此時的封水流域大多屬於臨賀郡。

　　《隋書·地理志下》蒼梧郡封川縣：「梁曰梁信，至梁信郡。平陳，郡廢，十八年改爲封川，大業初又廢封興縣入焉。」又蒼梧縣：「舊置蒼梧郡，平陳，郡廢。」梁信之名可能源自廣信，於是更使人誤以爲是漢代的廣信。梧州市也是漢墓分佈的密集區，市區曾發掘多座兩漢大墓，數量比封開縣多，這也是廣信縣城在梧州市的證明。

五、猛陵縣、龍山、合水

　　楊守敬《水經注圖》、《譚圖》猛陵縣在今梧州市西的西江北岸，但是《太平寰宇記》卷一六四梧州戎城縣說：「廢孟陵縣，在州北九十里，本漢猛陵縣，屬蒼梧郡，蕭銑僭號於此，改置孟陵縣。」

　　如果把猛陵縣置於梧州之北的灕江岸邊，則可以塡補荔浦縣到廣信縣之間的縣治空白，比較合適。但是如此一來，則無處安置廣信縣的漓水關，《漢書·地理志》說廣信縣有漓水關，《譚圖》置漓水關於廣信縣城附近。

　　我認爲漓水關應在廣信縣西北，正好塡補廣信縣和荔浦縣之間的大片空白。西漢在今陽朔、荔浦、昭平的灕江沿岸不設一縣，很不正常。

　　其實酈道元《水經注》卷三八《灕江》：「瀨水出縣西北魯山東逕其縣西，與濡水合。水出永豐縣西北濡山，東南逕其縣西，又東南流入荔浦縣注於瀨溪，又注於漓水，漓水之上，有關。漓水又南，左合靈溪水口。」顯然漓水關，在瀨水口（荔浦河口）、靈溪水口（思勤江口）之間，正是在今平樂縣、昭平縣之間。灕江在這一段恰好進入峽谷，所以必須設關。

　　所以我們應該把梧州市西北的孟陵縣，看成是隋唐時期的移治，漢猛陵縣應在今藤縣，正好塡補廣信縣和阿林縣之間的空白。

　　南朝時期的廣信縣就在今梧州市，因爲《初學記》卷六引劉宋沈懷遠《南越志》說：「廣信江、始安江、鬱林江，亦爲三江，在越也。」始安郡治今桂林市，始安江即灕江，鬱林江即鬱江及其下游的潯江，廣信江無疑是灕江、潯江合流形成的西江，因爲在廣信縣會合，所以稱爲廣信江。

《漢書·地理志》猛陵縣：「龍山，合水所出，南至布山縣入海。」《譚圖》把合水定爲平南縣西部的一條小河，遠離大海。其實合水就是南流江，下游有合浦縣，在今廣西合浦縣。合浦即合水之浦，所以說南入海。

因爲布山縣在今貴港市，龍山在布山縣、猛陵縣、合浦縣交界處，從北流江到南流江有一條古道。龍山即今大容山，容縣因此得名。

就在今北流縣勾漏鄉印塘村增勁塘屯村，有增勁塘漢代古城址，黃土夯築而成，呈長方形，東西長約 150 米，南北寬 130 米，〔註7〕此城很小，顯然不是縣治，而是一個軍事堡壘。此城之西南不遠就是南流江、北流江的分水嶺，所以此城是控制猛陵、合浦古道的堡壘。

調整過的布山、猛陵、合水（黑框）、郡界（虛線）與阿林、中留（☆）

合浦縣城所靠的廉江就是合水，這是漢代海外商品向北方輸送的要道，《後漢書》卷三三《鄭弘傳》說：「舊交趾七郡貢獻轉運，皆從東冶泛海而至，風波艱阻，沉溺相繫。弘奏開零陵、桂陽嶠道，於是夷通，至今遂爲常路。」說明還有陸路連接內地。而貴港市羅泊灣漢墓出土的大量西洋奇珍，無疑是從合浦廉江向北運送。

〔註7〕 李珍、覃玉東：《廣西漢代城址初探》，周敏等編：《廣西博物館文集》第二輯，
　　　　廣西人民出版社，2005 年，第 46 頁。

1988 年 11 月合浦紅嶺頭 34 號墓出西漢深藍色玻璃杯、
1990 年合浦母豬嶺 4 號墓出土漢代串珠

2003 年合浦風門嶺 26 號墓出土玻璃串
（周運中 2017 年 10 月 14 日攝於合浦漢墓博物館）

六、鬱林郡臨塵縣

《水經》卷三六《溫水》：「又東至領方縣東，與斤南水合。」酈道元注：「縣有朱涯水，出臨塵縣，東北流，驪水注之。水源上承牂牁水，東逕增食縣，而下注朱涯水。朱涯水又東北逕臨塵縣，王莽之監塵也。縣有斤南水、侵離水，並逕臨塵，東入領方縣，流注鬱水。」楊守敬《水經注圖》朱涯水定為武鳴河，驪水在武鳴河和紅水河間，是一條不存在的河，源自《水經注》之誤。又定鬱林郡臨塵縣在今崇左東北，鬱水定為右江，侵離水定為明江，斤南

水定爲奇窮河。〔註8〕《譚圖》臨塵縣在今崇左，驪水定爲崇左西北的黑水河。

前人指出鬱水不是右江，《山海經・海內東經》所附先秦《水經》說：「鬱水出象郡，而西南注南海。」漢代人對西江上游瞭解更多，於是鬱水之名上延，《漢書・地理志》牂柯郡鐔封縣：「溫水東至廣鬱，入鬱。」說明廣鬱縣在溫水、鬱水相交處，而鬱水、溫水是西江不同河段，《漢書・地理志》鬱林郡廣鬱縣：「鬱水首受夜郎豚水，東至四會入海，過郡四，行四千三十里。」豚水是北盤江，溫水是南盤江，鬱水是南北盤江合流成爲紅水河的新名。〔註9〕我認爲鬱水確實不是右江，但也不是紅水河，應是今邕江、鬱江，鬱江之名即來自古代的鬱水，詳見下文布山縣條。

既然右江不是鬱水，則是驪水，因爲右江的上游馱娘江在今田林縣境內，距離南盤江僅有三十里，所以古人或因地圖繪製不精，誤以爲右江從南盤江分出，所以《水經注》說驪水的水源上承牂柯水。驪水不可能是黑水河，黑水河的上游距離南盤江很遠，古人不可能混淆二者。

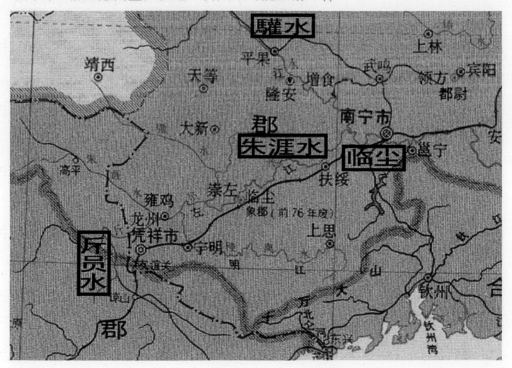

調整過的驪水、朱涯水、斤員水、臨塵縣（黑框）

〔註8〕 〔清〕楊守敬等編繪：《水經注圖》，第 554、575～576、591～592 頁。
〔註9〕 周振鶴：《漢書地理志匯釋》，安徽教育出版社，2006 年，第 430 頁。

酈道元說驪水注入朱涯水，才到臨塵縣，則臨塵縣在左右江合流處之東，即在今南寧市附近。南寧的地位重要，是漢代以來就是如此。

《譚圖》把斤員水定爲左江，並把龍州縣的水口河定爲朱涯水的上游。我認爲左江應該定名爲朱涯水，而斤員水，應是越南境內的左江上游奇窮河，因爲《漢書‧地理志》鬱林郡臨塵縣說：「朱涯水入領方，又有斤員水，又有侵離水，行七百里。」領方縣說：「斤員水入鬱。」說明斤員水、朱涯水都是左江下游，《水經》卷四十《斤江水》說：「斤江水出交趾龍編縣，東北至鬱林領方縣，東注於鬱。」斤員水出自交趾郡龍編縣，在今越南。斤江即斤員水，雖然是左江上游，但是過於偏僻，所以左江下游有時稱爲斤員水，有時稱爲朱涯水。斤員、奇窮，讀音接近，不知是否是同源地名。

七、中留縣、阿林縣、布山縣

布山縣是鬱林郡治，楊守敬《水經注圖》標在貴縣（今貴港）東南，接近正解。《譚圖》標在今桂平西，在鬱江、黔江合流處之間的夾角區，有誤，因《水經注》卷三六《溫水》說：「潭水又逕中留縣東、阿林縣西，右入鬱水。」《譚圖》把中留縣標在武宣縣南，把阿林縣標在桂平市東南，如果二者中間還有一個布山縣，而且是郡治，更加靠近鬱江、黔江合流處，爲何酈道元不在合流之處說到布山縣呢？可見布山縣城不可能在今桂平市境內。

黔江注入鬱江之前，是著名的大藤峽山區，西口就是中留縣，今武宣縣三里鄉勒馬村東南約 100 米，黔江與東鄉河交匯處有一處漢代古城，東南緊鄰大藤峽口，東西長約 350 米、南北寬約 60 米，出土文物很多，城址的東、北、西三面分別有勒馬、七星堆、灣龍、尊頭、上坪嶺、下坪嶺、金崗、營盤山等漢墓群，此城即中留縣城。〔註10〕

阿林縣扼守大藤峽的東口，在今桂平市東部的尋旺鄉大塘城村西有西漢墓葬，出有瑪瑙串珠，等級較高，窯址所發現的板筒瓦與興安縣秦城城址、廣東澄海龜山漢代遺址所出的相同，〔註11〕從地名來看，原來很可能有城址，此地正對鬱江和黔江交匯處的水口，此地即阿林縣城。因爲大藤峽極爲重要，所以在其東西設置兩縣，不可能再有一個布山縣在此附近。

〔註10〕李珍、覃玉東：《廣西漢代城址初探》，第 46 頁。

〔註11〕廣西壯族自治區文物工作隊、桂平市博物館：《廣西桂平大塘城漢代墓葬和窯址的發掘》，《廣西博物館文集》第二輯，第 285～290 頁。

中留縣、阿林縣與大藤峽

其實布山縣在今貴港市一帶，因爲《水經注·溫水》說牂牁水：「又東，驪水出焉。又逕鬱林郡廣鬱縣，爲鬱水。又東北逕領方縣北，又東逕布山縣北，鬱林郡治也……又逕中留縣南，與溫水合。」牂牁水就是溫水，所謂與溫水合，指的是驪水，驪水（右江）到了南寧，和朱涯水（左江）合流，成爲鬱水，經過領方縣北、布山縣北，布山縣在鬱江之南，在今貴港市南部。

今貴港市所治，後世一直稱爲鬱林縣，即此地爲古鬱林郡治之明證。《太平寰宇記》卷一六六貴州鬱林縣說：「藉細布，一號鬱林布，比蜀黃潤，古稱筍中黃潤，一端數金。」因爲布山縣產一種名貴的細布，故名布山縣。有人說現代的壯語把人稱爲布，所以布山的布來自壯語，此說大謬，首先上古音的布不是現代的 bu，而是幫母魚部〔pa〕，而且侗臺語系的修飾詞置於詞首，山又是漢語，不太可能出現一個漢越拼合的詞彙，又用了越人的詞彙，又按照漢語的語序。

《太平寰宇記》鬱林縣又說：「顯朝岡，孫權統事，陸績爲奏曹椽，以直道見憚，出爲鬱林太守，加偏將軍。績意在雅儒，雖有軍事，而著述不輟，每造此岡，製渾天圖。」這也說明貴港市就是鬱林郡治布山縣所在。

考古發掘證明了這一點，在貴港市區周圍有一個很大的漢代古墓群，有漢墓 500 多座，出土各類文物一萬多件。而且羅泊灣一號、二號西漢前期大型墓車馬坑出土了銅車馬器、夫人玉印、家嗇夫印封泥及金、銀、玉石、瑪瑙、琉璃器，還有殉葬坑及記載隨葬物品名目的木牘，考古學者認爲墓主是

王侯級別，但是沒有說明為何貴港市區周圍有如此大的漢墓群。〔註12〕黃展岳認為羅泊灣墓主是南越國管轄的西甌君與夫人，〔註13〕根據本文考證，大墓證明了鬱林郡治布山縣城在此附近。羅泊灣一號漢墓還出土了兩件寫有布山二字的漆杯，這更是布山縣在貴港市的鐵證。或在南越國時已經興起，或是西漢的鬱林郡時期。

在今貴港市南部的鬱江對岸，有一個南江村古城址，此城原來很清楚，1934年《貴縣志‧布山續考》說：「鬱林郡故城，在縣東南三里，鬱江當前，南山後峙，與《水經注》鬱水東逕布山縣北，鬱林郡治也之語若合符契。故城相傳為吳太守陸績所築。」有學者懷疑此地現在沒有城址，我認為城址還有待調查，不能說貴港市附近就沒有城址。陳小波認為布山縣在桂平，不在貴港，〔註14〕此說不能成立，上文已經說過，桂平已有阿林縣城，不可能再有布山縣城，而且布山的布，上古音不是 bu，而是幫母魚部〔pa〕，所以桂平說絕對不能成立。藍日勇反駁說，布山的山不是壯語，布山不是壯語。桂平連一座西漢早期墓也沒發現，漢墓的等級和數量、密度都無法和貴港相比，布山顯然是在貴港而非桂平。〔註15〕

認為布山在桂平的學者往往過分強調河流交匯處的重要性，殊不知河流交匯處固然很重要，所以漢朝在今桂平市設阿林縣，但是決定邊疆某縣是否成為郡治的一個最重要因素是周圍是否有大片平原，如果雖然是河流交匯處，但是地形過於逼仄，不能聚集很多農業人口，則很難成為漢人聚集區，桂平市周圍的平原顯然過於狹窄，而貴港市周圍的平原較大，所以布山縣成為鬱林郡治。

因為鬱林郡治布山縣在今貴港市，安廣縣在今橫縣，臨塵縣在今南寧市，所以鬱林郡各縣一定是通過鬱江來往，所以合浦郡不可能越過分水嶺，佔有

〔註12〕熊昭明：《廣西漢代考古的回顧與展望》，《廣西考古文集》第二輯，科學出版社，2006年，第62頁。

〔註13〕黃展岳：《關於貴縣羅泊灣漢墓的墓主問題》，《南越國考古學研究》，第251～261頁。

〔註14〕陳小波：《布山縣治考》，廣西博物館編：《廣西博物館文集》第三輯，廣西人民出版社，2006年，第117～128頁。陳小波《布山縣治貴港說質疑》，廣西博物館編：《廣西博物館文集》第四輯，廣西人民出版社，2007年，第153～164頁。

〔註15〕藍日勇：《布山縣治桂平說引證上的若干問題》，廣西博物館編：《廣西博物館文集》第四輯，廣西人民出版社，2008年，第99～107頁。

鬱江沿岸之地。《譚圖》合浦郡有一塊地方越過分水嶺，甚至越過鬱江，把鬱林郡的主要通道鬱江攔腰截斷，這絕不可能，也沒有依據。

合浦郡各縣都在南方海岸，直到南朝初期，合浦郡與鬱江流域之間的分水嶺還是蠻荒之地，《南齊書・州郡志上》越州：「鎮臨漳郡，本合浦北界也。夷獠叢居，隱伏岩障，寇盜不賓，略無編戶。宋太始中，西江督護陳伯紹獵北地……啟立為越州。」越州治所臨漳郡原是合浦郡北界，本是王化不及的山林，劉宋太始年間才設郡，則漢代的合浦郡不可能越過分水嶺而佔有鬱江流域之地。

八、定周縣

《漢書・地理志》鬱林郡定周縣：「〔周〕水首受無斂，東入潭，行七百九十里。」清《一統志》及《譚圖》皆以周水為龍江，定周縣畫在今宜州市。此說不確，因《水經注・溫水》說潭水：「周水自西南來注之，潭水又東南流，與剛水合，水西出牂牁毋斂縣。」顯然是潭水先合周水，再合剛水。楊守敬《水經注圖》剛水定為龍江，周水定為都柳江，本來正確。而《譚圖》改剛水為都柳江，改周水為龍江，顛倒酈道元所說的順序，都柳江、龍江的源頭本來鄰近，也即漢代的牂牁江毋斂縣地，所以剛水、周水都可以說源自毋斂縣。

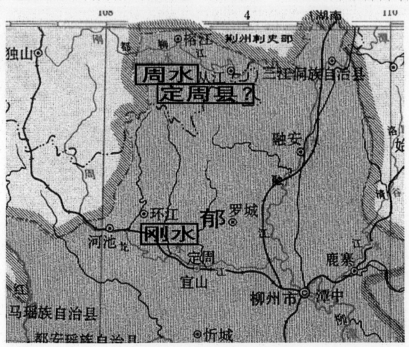

調整過的周水、剛水、定周縣

周水先注入潭水，應是都柳江，而剛水應是龍江，則定周縣在今廣西三江縣到貴州榕江縣一帶。

其實周水就是都水，因為周的上古音是照母幽部 tjiu，音近都。都柳江的上游，唐代設都尚縣，清近稱都江，又取柳江之名，合稱都柳江。都字是侗臺語系語言的常見地名詞頭，《太平寰宇記》卷一六八宜州天河縣有都感場（在今羅城縣），唐代廣西有邕州武緣縣都稜鎮（在今邕寧）、述昆州都隴縣（今宜州西北）、為州都龍縣、思廓州都寧縣等，今廣西仍有都安縣。所以都江是本名，而周是漢人的簡譯，所以都柳江的名字就是周水。

九、臨允縣

《譚圖》把合浦郡林允縣定在今新興縣，但是《太平寰宇記》卷一五八春州銅陵縣說：「本漢臨允縣地。」則今陽春市北部也是臨允縣地，卷一六三新州風俗說：「銀山出銀，《爾雅》曰，白金謂之銀，其美者謂之鐐，盧循採之。」此條出自晉代的新寧郡，但是今新興縣不產銀，陽春市產銀。所以臨允縣很可能在陽春市北部，因為在分水嶺之南，因此屬於合浦郡。

《爾雅·釋器》說：「黃金謂之，其美者謂之鏐。白金謂之銀，其美者謂之鐐。」而《漢書·地理志》說：「臨允，牢水北入高要入鬱，過郡三，行五百三十里。」牢水即今新興江，鏐、牢都是來母幽部，陽春市產金，牢水很可能因為運輸金礦得名。

陽春市北部的春灣鎮東北 2 千米古舊塘村，北面的南蛇湖山，發現有漢代建築基址，邱立誠先生推測可能是臨允縣城。〔註16〕不過此處遺址沒有經過正式發掘，所以邱先生也說他的看法僅是推測，所以臨允也可能在恩平縣。

我認為新會縣原名盆允，或與臨允可能有關，盆即番禺的番，《山海經》：「桂林八樹在賁禺東。」賁禺即番禺，番是侗臺語系的村子 ban。臨允即臨允水，則允水很可能就是恩平江，恩平即恩水平定。恩水即允水，恩、允音近。《宋書·州郡志四》：「高涼太守，二漢有高涼縣，屬合浦。漢獻帝建安二十三年，吳分立，治思平縣，不知何時徙。」思平即恩平之形訛。

〔註16〕邱立誠：《廣東秦漢時期建築遺址初探》，《粵地考古求索——邱立誠論文選集》，第 383 頁。

結論

綜上所述，漢代嶺南諸縣基本全在江岸，也即秦代所謂的陸梁地之內，陸是山谷，梁是平地。因爲漢人最早來到越地，是通過水路交通，不能開闢深山老林。嶺南縣名絕大多數是漢名，而非越語地名音譯。

前人誤把很多縣城標在遠離江岸的深山，位置不確，從交通來看：

1. 北江流域：從臨武縣順武水東下，到韶關市，武水、東溪（今滇水）合流爲北江，設有曲江縣，順北江而下，到英德市，滇水（今瀹水）注入，設有滇陽縣，再下有洭水注入，合流處有洭浦關，洭水上游有桂陽、含洭二縣。北江流到中宿峽，設有中宿縣。經過四會縣，到番禺縣。

2. 西江下游：封水（賀江）流域有富川、臨賀、封陽三縣，灕江流域有始安、荔浦、猛陵三縣，灕江注入西江處有蒼梧郡治廣信縣，灕江口、賀江口很近，故僅設一縣。沿江而下，南江口有端溪縣，羚羊峽口有高要縣。

3. 西江中游：左江、右江流域各有增食、雍雞縣，合流爲邕江，設臨塵縣，其東有領方縣，爲鬱林郡都尉治，經安廣縣，到郡治布山縣，注入西江處有阿林縣，此縣也在大藤峽東口，西口有中留縣。潭水（融江）流域有潭中縣，周水（都柳江）流域有定周縣，此爲聯繫牂牁郡水路。

桂平在漢代就是阿林縣，南寧在漢代是臨塵縣，曾經是象郡治，貴縣在漢代是布山縣，是鬱林郡治，這些地方在後世都很重要，漢代已經興起，根本原因是位於交通要衝。

蒼梧、鬱林兩郡和合浦郡的邊界應即西江流域南部的分水嶺，而非《譚圖》所繪邊界。合浦郡是沿海開闢的郡，五縣全在沿海，《譚圖》把朱盧縣畫在玉林市，可能偏北，臨允縣位置也不在新興縣，而在陽春市。當然，蒼梧、鬱林二郡諸縣治全在西江及其支流岸邊，各縣其實未必能有效控制山區，所以這二郡與合浦郡的邊界可能僅是象徵性地以分水嶺爲界。

秦代的柳江流域設桂林郡，漢代此路衰落，桂林郡改爲鬱林郡。漢代廣西的北部通道逐漸東移，但是灕江仍然佔有重要地位，到了隋代則完全被賀江取代，所以隋代的蒼梧郡治東移到了賀江口的封川縣。唐代的灕江、賀江通道被北江取代，所以梧州衰落，嶺南五管已經沒有梧州。特別是江西到廣東的梅嶺道更加重要，反映了中國重心的東移。元代梧州路的地位超過封州，明清梧州地位更加重要，明代梧州是兩廣總督所在。

唐代的廣西形成了桂州（今桂林市）、邕州（今南寧市）、容州（今容縣）

三個中心，現在容州的中心已經衰落。桂州管轄西江以北，西江以南有兩個中心，而漢代的西江之南僅有布山縣（貴港市）一個中心，這是因爲廣西南部重心逐漸南移，所以貴港的一個中心分化爲兩個中心，分別位於貴港東南的容縣和貴港西南的南寧。

秦代象郡在今廣西新證

　　秦始皇在嶺南設桂林、象、南海三郡,《史記‧秦始皇本紀》:「三十三年,發諸嘗逋亡人、贅婿、賈人略取陸梁地,爲桂林、象郡、南海,以適遣戍。」南海郡境大致在今廣東,桂林郡境大致在今廣西,大體上並無爭議。

　　但是象郡的位置,前人的看法差異很大。一派認爲在漢代的日南郡,也即今越南。一派認爲在今廣西,而且兩種看法在地域上不重合。所以歷代爭議很大,難以確定。

一、越南說和廣西說的爭議

　　越南說的主要證據是:

　　1. 東漢班固《漢書‧地理志下》日南郡說:「故秦象郡,武帝元鼎六年開,更名。」

　　2.《史記‧秦始皇本紀》集解引孫吳韋昭注象郡:「今日南。」

　　3. 北魏酈道元《水經注‧溫水》:「應劭《地理風俗記》曰:日南故秦象郡,漢武帝元鼎六年開日南郡……壽泠水自城南,東與盧容水合,東注郎究究水,所積下潭爲湖,謂之狼湖浦口。有秦時象郡,壚域猶存……自四會南入,得盧容浦口。晉太康三年,省日南郡屬國都尉,以其所統盧容縣,置日南郡,及象林縣之故治。《晉書地道記》曰:郡去盧容浦口二百里,故秦象郡,象林縣治也。」

　　最早反駁日南說的是越南阮朝嗣德末期的史臣武範啓,他說秦代的越南是安陽王國,秦不可能在其地設郡,而且秦在廣西的統治還很薄弱,不可能

再向南設郡，即使侵入也僅限一二地方。〔註1〕

法國著名學者馬伯樂（Henri Maspero）一反象郡日南說，提出象郡在今廣西，他的證據是：

1.《山海經·海內東經》：「沅水出象郡鐔城西，東注江，入下雟西，合洞庭中……鬱水出象郡，而西南注南海，入須陵東南。」

2.《漢書·高帝紀下》注引臣瓚曰：「《茂陵書》：象郡治臨塵，去長安萬七千五百里。」

3.《漢書·昭帝紀》元鳳五年：「秋，罷象郡，分屬鬱林、牂柯。」

以上三條史料的時間不僅很早，而且早於象郡日南說的史料時間，可見象郡原在漢代鬱林、牂柯之間，治臨塵縣，前人多認為在今廣西崇左，鐔城縣曾屬象郡，前人多認為在今湖南靖州縣。〔註2〕

法國學者鄂盧梭（L. Aurousseau）認為馬伯樂所說不確，他說《山海經》不可信，《茂陵書》臨塵是林邑之訛，《昭帝紀》也不可信。《秦始皇本紀》說疆域：「南至北向戶。」北向戶就是日南，在今越南。〔註3〕

這種反駁自然毫無道理，簡單粗暴地否定《山海經》的珍貴價值，毫無根據地說臨塵是林邑之訛，其實臨塵、林邑除了臨、林音近之外，讀音和字形的差別很大。《漢書》正文的記載自然也不能輕易否定，本紀的出處時間早於班固、韋昭、酈道元，地位也遠在韋昭、酈道元等人注文之上。

馬伯樂又回應鄂盧梭說，《山海經》、《漢書·昭帝紀》、《茂陵書》等原本不相干的文獻都說象郡在廣西，《漢書·地理志》也有錯。不過馬伯樂說象郡地跨廣西、貴州，象郡早已被南越國送給漢朝，又否定安陽王傳說的價值，這些觀點值得商榷。〔註4〕

勞幹認為，秦代象郡在今越南，漢代象郡在今廣西，兩不相干。〔註5〕似乎調和了兩說，但是不能解釋為何漢代的象郡和秦代的象郡毫無關係。趙佗

〔註1〕〔越〕陶維英：《越南古代史》，第276～278頁。

〔註2〕〔法〕馬伯樂著、馮承鈞譯：《秦漢象郡考》，《西域南海史地考證譯叢》，北京：商務印書館，1962年，第四編第48～53頁。

〔註3〕〔法〕鄂盧梭著、馮承鈞譯：《秦初平南越考》，上海古籍出版社，2014年，第25～32頁。

〔註4〕〔法〕馬伯樂著、伭曉笛、盛豐譯：《馬伯樂漢學論著選譯》，北京：中華書局，2014年，第243～262頁。

〔註5〕勞幹：《秦漢帝國的領域及其邊界》，《現代學報》第1卷第4～5期，1947年。勞幹：《象郡牂柯和夜郎的關係》，《歷史語言研究所集刊》第14本，1949年。

的疆域到達今越南，漢有南越疆土，爲何漢代的象郡忽然換了一個地方？

越南學者陶維英認爲，象郡不在今越南。日南說的錯誤根源可能是因爲西漢的日南郡有一個象林縣，所以漢代人誤以爲是秦代象郡所在。〔註6〕

我認爲，所謂安陽王率領雒越、西甌抵抗秦軍，史書不載。陶維英的根據是晚到明代才出現的越南傳說集《嶺南摭怪》，此書出現太晚，摻雜大量編造成分，很多內容來自中國古籍，混淆時代，說南詔是趙佗的後代。陶維英的書說越南古代疆域到達中國長江流域，顯然不能成立。

蒙文通的書駁斥了陶維英的妄言，他認爲象郡在今廣西，古人之所以誤以爲象郡在日南，是因爲混淆了北戶和日南。《茂陵書》臨塵縣到長安的距離可能是多寫了一個萬字，去掉萬字是七千多里，大致吻合。〔註7〕

童書業曾寫信給顧頡剛，說到象郡應從馬伯樂說，在今廣西等地而不在越南，因爲秦人在嶺南尚且大敗，難以控制嶺南，不可能更向南到越南。〔註8〕

余天熾認爲象郡在今越南，理由是，《山海經·海內東經》是寫河流，順帶提到象郡，《漢書》記載在今越南的交趾、九眞、日南郡到長安超過萬里，象郡更遠，一定在今越南，《漢書·昭帝紀》是孤證。〔註9〕

我認爲這三條辯駁在邏輯上就不能成立，《水經注》說象郡在今越南，也是寫河流順代提到，也不能成立嗎？象郡到長安的距離未必不可信，我們現在不知漢代人是如何測算，用哪一條線路測算。如果按照前人研究，象郡在漢武帝時屬益州刺史部，如果象郡到長安的距離是從西南測算，自然可以多出四千里，畢竟從廣西到西南的交通不便。即使距離不可信，就能說其治所就不可信嗎？畢業數字容易抄錯，而臨塵不容易錯。我曾經研究過《漢書·西域傳》的道里，我認爲很多問題都出在測算路徑的選擇，不必像岑仲勉那樣隨便改字，也能解釋，原文錯誤很少。所謂《昭帝紀》的孤證也不能成立，難道《史記》、《漢書》每一條記載都能在原書找到另一條印證嗎？

覃聖敏認爲象郡在今廣西，說西甌即駱越，說越南發現很多秦代文物，說趙佗割據嶺南之前就攻打安陽王，說陶維英的推測毫無證據。〔註10〕我認

〔註6〕〔越〕陶維英：《越南古代史》，第289～290頁。

〔註7〕蒙文通：《越史叢考》，人民出版社，1983年，第58～62頁。

〔註8〕童書業：《童書業歷史地理論集》，北京：中華書局，2004年，第325頁。

〔註9〕余天熾：《秦象郡南界的辨正》，《印度支那研究》1982年第3期。

〔註10〕覃聖敏：《秦代象郡考》，《歷史地理》第三輯。收入余天熾、覃聖敏、藍日勇等：《古南越國史》，第42～56頁。

爲，趙佗所用的兵器就是秦代兵器，不能說明問題。所謂趙佗割據嶺南之前就攻打安陽王純屬臆測，他說陶維英之說是推測，自己也是推測。

周振鶴先生認爲，象郡在今廣西，王隱、酈道元等人的時代距離秦代已經很久，所說未必可信，特別是《水經注》所說的漢代政區，錯誤很多。而《漢書》的《地理志》、《昭帝紀》自相矛盾，所以《地理志》說象郡在日南郡也不可信。他又考證漢武帝滅南越，所置九郡，應是十郡，其中有象郡，所以《昭帝紀》說象郡在鬱林、牂牁之間可信。北向戶指在北回歸線以南之地，不能證明在今越南。秦軍所殺西嘔君未必在交趾郡西于縣，因爲地名可以流動，同名地名很多，徐中舒就說西甌是被安陽王驅逐到廣西，《太平御覽》卷一七一引《郡國志》曰：「鬱林爲西甌。」《史記・南越傳》云：「桂林監居翁，諭告甌、雒四十餘萬口降。」可見，西甌在廣西。〔註11〕

我認爲，漢代交趾郡有西于縣，即西甌，說明交趾有西甌人。這些西甌人是南遷到交趾的西甌人，人口很少，集中在西于縣，所以才有西于縣之名。如果交趾到處都是西甌人，就不可能有一個西于縣。這也說明西甌在廣西，駱越在越南，二者不能混淆。

王妙發認爲，《爾雅・釋地》：「觚竹、北戶、西王母、日下，謂之四荒。」說明先秦已有北向戶，《尙書大傳》：「南方之極，自北戶南至炎風之野。」說明秦代知道北戶更南之地，唐代段公路《北戶錄》的北戶指嶺南，所以北向戶是泛指嶺南，不必解釋爲北回歸線以南。鄂盧梭說，安陽王國在前 210～208年建立，前 208～207 年爲趙佗攻滅，則安陽王國僅有 3 年，不太合理。沒有證據表明，安陽王國是在秦象郡基礎上建立。安陽王國的滅亡，可能是前 208年或前 180 年，到象郡設立的前 214 年，象郡存在最多 7 年，沒有證據表明其間象郡擴展到今越南。〔註12〕

我認爲，《爾雅》根據今人研究，成書於戰國秦漢之際，北向戶未必是先秦地名，如果是先秦地名，就不能用唐代的看法，因爲唐代人經常模糊使用漢代地名，未必是漢代原義。北向戶確實不能等同日南郡，仍應以北回歸線以南的解釋爲妥。安陽王國確實不太可能僅有 3 年，可以反駁象郡在日南說。但是象郡其實從秦延續到漢代，不是僅有 7 年。

〔註11〕 周振鶴：《象郡考》，《中華文史論叢》1984 年第 3 期。周振鶴：《秦漢象郡新考》，《學臘一十九》，山東教育出版社，1999 年，第 29～54 頁。

〔註12〕 王妙發：《關於秦代象郡地望問題的討論》，《歷史地理研究》第 1 輯，第 267～278 頁。

　　張榮芳認爲象郡在今越南，除了以上的理由，又説越南發現了秦代文物，接近中國文物。説《茂陵書》是赤眉軍發掘漢武帝陵所得，《茂陵書》也不可信，因爲《漢書・武帝紀》注引臣瓚曰《茂陵書》説，珠崖郡治瞫都縣去長安七千三百一十四里，儋耳郡去長安七千三百六十八里，象郡治臨塵縣去長安不可能有一萬七千五百里。趙佗進軍交趾，説明交趾原屬秦。〔註13〕

　　我認爲這三點在邏輯上就不成立，文物問題，上文已經説過。《茂陵書》的時間遠在《漢書》、《水經注》之前，象郡到長安距離比儋耳、珠崖郡多出四千里，其實仍然是距離測算方法的問題，上文已經説過。趙佗難道就不能進攻邊界之外的地方嗎？趙佗進攻交趾，顯然不能證明交趾原屬秦。趙佗爲了對抗漢朝，很可能開疆拓土，這是中國歷史上邊疆政權的常態。孫權就曾經攻打海南島，出征夷洲（臺灣）。

　　李龍章認爲秦漢象郡在今廣西，他説考古學的證據不能簡單比附，廣州南越王在漢武帝時代，但很多器物風格接近秦代，因爲邊疆變化緩慢。漢武帝平南越的五路大軍，有一路是下牂牁江（珠江），很可能是這一路攻佔了象郡，所以象郡改屬益州刺史部。象郡人口主要不是漢族，所以漢昭帝退出海南島上的儋耳、珠崖郡，又罷象郡。〔註14〕

　　辛德勇提出，秦代象郡在今越南，但是全文未有一條新的鐵證，全是推測，他説秦代在今越南設象郡，但是還用土著王侯統治，《水經注》卷三七《葉榆水》引《交州外域記》曰：「交阯昔未有郡縣之時，土地有雒田。其田從潮水上下，民墾食其田，因名爲雒民。設雒王、雒侯，主諸郡縣。縣多爲雒將，雒將銅印青綬。後蜀王子將兵三萬，來討雒王、雒侯，服諸雒將，蜀王子因稱爲安陽王。後南越王尉佗舉眾攻安陽王。」〔註15〕

　　這段話中的主諸郡縣四個字，是他主張秦已在今越南設郡縣的唯一證據。但是這條記載僅是傳説，而且從頭到尾不提象郡。即使秦代給雒王、雒侯頒發銅印，即使在今越南設置郡縣，何以證明就是象郡呢？事實上，所謂郡縣，很可能是後人誤記，因爲《交州外域記》時間很晚。秦朝在兩廣的統治都很困難，還能在今越南設郡縣？

〔註13〕　張榮芳、黃淼章：《南越國史》，廣東人民出版社，1995年，第74～85頁。
〔註14〕　李龍章：《秦漢象郡辨析》，《秦俑秦文化研究》，陝西人民出版社，2000年。
〔註15〕　辛德勇：《秦漢象郡別議》，《中國學術》第36輯，北京：商務印書館，2016年。

　　而且《史記·南越傳》說：「高后崩，即罷兵。佗因此以兵威邊，財物賂遺閩越、西甌、駱，役屬焉，東西萬餘里。」《索隱》引姚氏案《廣州記》：「交趾有駱田，仰潮水上下，人食其田，名爲駱人。有駱王、駱侯。諸縣自名爲駱將，銅印青綬，即今之令長也。後，蜀王子，將兵討駱侯，自稱爲安陽王，治封溪縣。後，南越王尉他，攻破安陽王，令二使，典主交趾、九眞二郡人。」

　　我們需要注意，《史記》原文說的是趙佗以財物役屬閩越、西甌、駱，不是眞正的統治，而是一種貿易朝貢體制。而且《廣州記》說，趙佗派兩個使者，主管交趾、九眞二郡，不是正式統治。

　　漢朝佔領交趾、九眞的歷史，《水經注》卷三七《淹水》引《交州外域記》說：「越王令二使者，典主交趾、九眞二郡民。後漢遣伏波將軍路博德討越王，路將軍到合浦。越王令二使者，賚牛百頭、酒千鍾及二郡民戶口簿，詣路將軍，乃拜二使者爲交趾、九眞太守，諸雒將主民如故。」

　　此處所記，大可懷疑，南越國在交趾、九眞未曾設郡，僅有使者，也未設縣，仍用雒將管轄地方，但是居然有戶口簿。而且此時南越已滅，越王不能命令二郡使者，可見《交州外域記》疑點很多，虛實參半，不能全信。

　　辛文找不到任何新史料，也沒有任何新方法，不僅未在象郡問題上有任何突破，反而回到了錯誤的說法。事實證明，今人研究，如果沒有新史料、新方法，很容易回到古人錯誤的說法。

　　其實還有不少資料爲前人忽略，本文從《淮南子》中找到一則前人未曾提到的秦朝疆域南界記載，證明南界在桂林郡而非象郡。本文又從揚雄《方言》中找到一則西甌的記載，證明西甌在今廣西境內。本文又結合民族語言學，指出甌對應侗臺語系仡央語支族群，西甌主要在今中國境內，而駱越分佈偏南，在廣西到越南一帶。

二、秦代南界在桂林郡

　　其實前人都未用到一條資料，《淮南子》卷十三《氾論訓》說：

　　　　秦之時，高爲臺榭，大爲苑圃，遠爲馳道，鑄金人，發適戍，

　　　入芻槁，頭會箕賦，輸於少府。丁壯丈夫，西至臨洮、狄道，東至

　　　會稽、浮石，南至豫章、桂林，北至飛狐、陽原，道路死人以溝量。

這一段話是西漢初年人所寫，自然最接近秦代。說到的秦代地名，都是四方邊疆。前人一般注意到《史記·秦始皇本紀》說：

　　　地東至海暨朝鮮，西至臨洮、羌中，南至北鄉戶，北據河爲塞，

　　並陰山至遼東。

臨洮在今甘肅岷縣，狄道在今臨洮縣，是最西部的縣。洮水就是羌地，所以說是羌中。《淮南子》、《史記》臨洮，完全符合。

　　再看《淮南子》所說秦東界會稽浮石，史書不載，無疑是今浙江或福建東部的海島地名，也是最東部的地方。浙東、福建的海島其實和遼東郡最東部在差不多的經度，所以《淮南子》所說也很合理。

　　浮石是能浮在水中的石頭，東晉著名方士葛洪《抱朴子‧仙藥》說到浮石水蜂窠化，〔註16〕浮石因爲多孔，又名蜂巢石。《藝文類聚》卷八交廣諸山引劉欣期《交州記》曰：「浮石山，海中而峙，高數十丈，浮在水上。」浮石山是海中地名通名，會稽浮石山在東海。

　　再看《淮南子》所說秦北界飛狐、陽原，陽原在今河北陽原縣，在代郡北部，靠近長城。飛狐口在代郡之南，代郡北部還在陰山的北方，《淮南子》所說更爲合理。

　　最關鍵的是，《淮南子》說秦的南界在豫章、桂林，而根本不提象郡！如果秦代象郡在今越南，豈不是在最南？爲何《淮南子》不提象郡呢？說明秦代象郡不在最南，最南的是桂林郡！

　　上古氣候遠比今日濕熱，漢人在秦朝之前，未能大規模進入嶺南。嶺南和越南的氣溫、濕度、植被、民族都有差異，如果漢人在秦朝已經在今越南設郡，會遇到比嶺南更多的困難，爲何秦漢的史書不留下記載呢？其實秦朝在嶺南的統計都很困難，經常遭遇越人的強烈反抗，豈能輕易進入越南？

　　譚其驤主編《中國歷史地圖集》西漢蒼梧郡猛陵縣，在今梧州市西的西江北岸，《漢書‧地理志》猛陵縣：「龍山，合水所出，南至布山縣入海。」《譚圖》把合水定爲平南縣西部的一條小河，遠離大海，顯然錯誤。其實合水就是南流江，下游有合浦縣，在今廣西合浦縣。合浦即合水之浦，所以說南入海。因爲布山縣在今貴港市，龍山在布山縣、猛陵縣、合浦縣交界處，從北流江到南流江有一條古道。龍山即今大容山，容縣因此得名。今北流縣勾漏鄉印塘村增勁塘屯村，有漢代古城，東西長約 150 米，南北寬 130 米，

〔註16〕　〔晉〕葛洪著、王明校釋：《抱朴子內篇校釋》，北京：中華書局，1985 年，第 204 頁。

〔註17〕此城很小，顯然不是縣治，而是一個軍事堡壘。此城之西南不遠就是南流江、北流江的分水嶺，所以此城是控制猛陵、合浦古道的堡壘。合浦郡因爲合水（南流江）得名，合水是合浦通往內地的最重要陸路，所以我們不難推測，廣西的南部在秦代屬桂林郡。

另有一個證據，《鹽鐵論》卷一《力耕》：「珠璣犀象出於桂林。」眾所周知珍珠出自合浦郡，此條證明合浦郡原屬桂林郡。同書卷一《通有》又說：「荊、揚南有桂林之饒，內有江湖之利。」奇怪的是，此時的嶺南已有很多郡，但是此處僅說桂林的富饒，我認爲很可能也是因爲桂林郡原來包括合浦郡，至少在此時仍然轉運合浦郡的海外商品，所以特地強調桂林的富饒。

唯一的問題是豫章郡，秦代在今閩西、粵東、贛南的資料奇缺，可能未能實行有效統治，所以古人誤以爲這一帶屬豫章郡，或許這一帶在名義上就屬豫章郡。因爲秦漢在今浙江台州設回浦縣，在今福州設冶縣，在今廣東澄海設揭陽縣，這三個沿海的據點構成一條海路，聯結江南和嶺南。這三個東南沿海縣管不到內陸，內陸和豫章郡的聯繫更爲密切，所以豫章郡的實際勢力範圍可能到達福建、廣東沿海，所以《淮南子》說豫章郡也是秦的南界。

其實西漢初年的閩粵贛交界處，既遠離閩越的都城冶（今福州），也遠離南越的都城番禺（今廣州），屬於三不管地帶，所以有本地的越人首領南武侯織被劉邦封爲南海王，牽制閩越和東越。南海王後來被淮南王征服，遷到上淦，也即贛江上游的今贛州境內，我在下文詳考。南海國和豫章郡關係密切，也證明豫章郡有通往東南沿海的道路。

三、桂林郡或是象郡從析出

秦代的雷州半島應屬桂林郡，而不屬象郡。譚其驤主編《中國歷史地圖集》第二冊秦代桂林郡在今廣西東北部與廣東肇慶、陽江、茂名一帶，而象郡畫得極其曲折，從鐔城開始向西南延伸，經過貴州省南部，再到白色西部的狹長地帶，再拐到廣西的西南部。

這樣的象郡，顯然極不合情理，所經之地都很偏僻，根本無法聯絡。即使在今天，廣西的南部和貴州南部也不方便通過廣西的西部聯絡，必須要經過廣西的東部，何況兩千多年前呢？而且貴州的開闢很晚，貴州遲到明代才

〔註17〕李珍、覃玉東：《廣西漢代城址初探》，周敏等編：《廣西博物館文集》第二輯，廣西人民出版社，2005年，第46頁。

設省。此前的貴州主要通過四川聯繫中原，不是通過湖南。所以秦代的象郡，不可能從湖南、貴州延伸到廣西。

其實這種根本不能存在的象郡畫法，就是爲了把《山海經》所說是象郡鐔城和《茂陵書》所說的象郡臨塵，強行拉到一起。

我認爲，漢代有桂林縣在今廣西象州縣，秦代桂林郡應在今廣西的東部，而象郡應在今廣西的西南部。

象郡的鐔城和臨塵之間，爲桂林郡隔斷，而且還有一個桂林縣，說明郡治最早也在象郡之間。

我認爲，之所以出現這種情況，或許因爲象郡先設，大致就是今日廣西，南海郡大致就是今日廣東。而後，才分象郡，新設桂林郡。而《秦始皇本紀》說在嶺南設三郡，是司馬遷後來用秦末的情況來追溯。這種追溯的記載，在中國古代史書很常見。司馬遷記載秦郡極爲簡略，既不在《史記》設《地理志》，也不列秦三十六郡名，基本不提郡縣，可見他對政區很不關心。

我之所以推測原來廣西僅有象郡，因爲《山海經·海內東經》附入的秦代《水經》說：

鬱水出象郡，而西南注南海，入須陵東南。

而《山海經·海內南經》說：

桂林八樹，在番隅東。伯慮國、離耳國、雕題國、北朐國皆在鬱水南。鬱水，出湘陵南山。

鬱水出象郡，即珠江的西江，湘陵南山在鬱水源頭。上古中原人對嶺南的認識還在探索過程，此處的鬱水源頭不可能是今日的珠江源頭。

湘陵應在湖南、廣西之交，《海內東經》附有一篇原來不屬於《山海經》的秦代的水經，說：「湘水出舜葬東南陬，西環之，入洞庭下。一曰東南西澤。」湘江出自舜葬的九嶷山，因爲廣西興安縣恰好是平原，修建了溝通湘江和灕江的零渠，所以很多人誤以爲湘江源出此處。其實源出九嶷山的瀟水更長，這才是眞正的湘江源頭。所以湘陵很可能在此處，九嶷山又名蒼梧，秦設蒼梧郡。楚人崇拜舜，稱爲湘君，所以才把湘江源頭的九嶷山說成是舜的葬地。

北京故宮藏有一方楚國官璽：湘陵莫敖，〔註18〕印證了《山海經·海內南經》鬱水出湘陵南山的說法。楚國在今桂林一帶設莫敖，說明很重要。

如果《海內東經》所附《水經》鬱水是灕江，則其源頭屬象郡，則整個

〔註18〕 羅福頤主編：《古璽彙編》，第 28 頁。

廣西的北部曾經都是象郡之地。

秦軍進入嶺南，因爲是北方人，初入熱帶，損耗太大，後來才從湘江、灕江之間，開通靈渠。所以說：「三年不解甲馳弩，使監祿無以轉餉，又以卒鑿渠而通糧道。」《史記》卷一一二《主父偃傳》記載徐樂上書，說秦始皇：「又使尉屠睢將樓船之士南攻百越，使監祿鑿渠運糧，深入越，越人遁逃。曠日持久，糧食絕乏，越人擊之，秦兵大敗。秦乃使尉佗將卒以戍越。」

所以桂林郡很可能是秦開通靈渠之後才設，爲了居中轉運。《漢書·南粵傳》說：「粵桂林監居翁，諭告甌、駱四十餘萬口降。」可見桂林的地位極其重要，可能是南越國對西部的總監所在。

我以爲桂林郡後設，還有一個原因，因爲西甌人在廣西的中部激烈抵抗，《淮南子》說秦軍殺西嘔君譯吁宋，越人夜攻秦人，殺尉屠睢，伏屍流血數十萬。西嘔君即西甌君，西甌的核心在今黔江與紅水河一帶。1974 年，武鳴縣馬頭鄉全蘇村出土了商代晚期的銅卣、銅戈。1985 年，馬頭鄉元龍坡發現西周到春秋墓葬 350 座，安等秧發現了戰國墓葬 86 座，出土青銅器、陶器、鐵器、玉器等。又在陸斡鄉覃內村岜馬山的 6 個岩洞中發現岩洞葬，出土商周時期的陶器、石器、玉器等。賓陽縣武陵鎭療寨村木榮屯發現西周早期銅罍、蘆圩鎭、新賓鎭下河村涼水坪發現節齒紋銅鐘，甘棠鎭上塘村韋坡屯戰國墓出土了鼎、劍、矛、甬鍾、斧刮刀等青銅器。忻城縣大塘中學出土西周中期的乳釘紋銅鐘，有學者認爲大明山是駱越都城。〔註 19〕都安縣百旺鄉八甫村那浩屯北大嶺遺址出土了一批玉環、玉、玉管，時代是商周到戰國時期，主人是西甌人。〔註 20〕

我以爲，文獻明確記載駱越在越南，所以大明山一帶不可能是駱越核心區。紅水河一帶是西甌核心區，因爲西甌人激烈抵抗秦軍，所以秦軍在柳江與黔江交匯處設桂林縣，又升爲郡，重兵防守。桂林縣以上，西漢仍然不設一縣，而邕江流域設七縣。說明紅水河一帶以土著居民爲主，而且勢力強大，所以漢朝勢力無法深入這一帶。所以直到南越國滅亡時，仍有西甌王。

到了南越國，僅在桂林設監，不設太守，說明土著勢力更加強大。漢代正式撤銷桂林郡，改在布山縣設鬱林郡，布山縣在今貴港。因爲邕江流域的

〔註 19〕 覃聖敏：《西甌駱越新考》，《百越研究》第一輯，廣西科學技術出版社，2007年，第 1～19 頁。

〔註 20〕 林強、謝廣維：《廣西都安北大嶺遺址出土的玉器及其族屬的初步探討》，《百越研究》第一輯，第 188～193 頁。

漢人勢力較大，漢朝無法在紅水河推進，索性撤了桂林郡，改而經營邕江。

因為桂林郡南遷為鬱林郡，靠近象郡的治所臨塵縣，所以象郡自然也就沒有必要再存在。所以《漢書・昭帝紀》記載元鳳五年：「罷象郡，分屬鬱林、牂牁。」改屬牂牁的地方在右江上游，也即句町之地。

四、駱越（雒越）在廣西的南部到越南

文獻記載秦軍的主要作戰對象是西甌，不是駱越。蒙文通指出駱越的主體在越南，《史記・南越列傳》：「（趙）佗因此以兵威邊，財物賂遺閩越、西甌、駱役屬焉。」《索隱》：「姚氏按《廣州記》云：交趾有駱田，仰潮水上下，人食其田，名為駱人。有駱王、駱侯。諸縣自名為駱將，銅印青綬，即今之令長也。後蜀王子將兵討駱侯，自稱為安陽王，治封溪縣。後南越王尉他，攻破安陽王，令二使典主交阯、九真二郡人。尋此即甌駱也。」古人引書，有時又加上自己按語，不加標點，往往混淆。蒙文通說這是姚氏認為駱人是甌駱，而非《廣州記》原文，交阯、九真的土著是駱人，我以為此說合理。

駱、雒同音，雒、雄形近，雒常誤為雄，所以劉宋沈懷遠《南越志》把雒越誤為雄越。後世也有中國與越南學者誤寫為雄越，根據駱越可以斷定雒是正字，雄是誤寫。

所謂駱越因為駱田得名之說，不過是六朝時期漢族的一種說法，未必可信。我以為駱田是因為駱越得名，正如戉是因為越人得名，正如瓷器因為來自中國所以就叫 china。一般而言，都是器物因為民族得名，而很難找到民族因為器物得名的例子。正如很多人誤以為越人來自戉，也有古人誤以為駱越源自駱田。關於越的原義，我另有考證。

現在廣西的拉珈人自稱 lak ca，意思是山上人，駱、雒的上古音是來母鐸部 lak，所以駱的意思就是人。很多學者不知駱、雒的上古音是 lak，誤以為是 lok 或 luk，因此誤考為侗臺語的鳥或山谷。

有人質疑蒙文通的看法，認為廣西也有駱越。《漢書・南粵傳》說：「粵桂林監居翁，諭告甌、駱四十餘萬口降。」蒙文通認為居翁所轄是西漢鬱林、合浦二郡，其中有駱越，蒙文通又說駱越在越南，所以蒙文通是自相矛盾。〔註21〕

〔註21〕邱鍾崙：《駱越三題——對〈越史叢考〉有關駱越考證的異見》，中國百越民族史研究會、雲南省民族事務委員會編：《百越史論集》，雲南民族出版社，1989年，第362～373頁。

我以爲駱越主要在廣西南部到越南，居翁所監之地或許主要在今廣西，但是居翁諭告之地或許還包括越南。廣西在廣東與越南之間，廣東與越南交通要經過廣西。居翁是桂林監，地位比交趾、九眞的二使高，或者與之相當，可以諭告。廣東是南越國的核心，漢軍已占廣東，廣西和越南的南越國人顯然無法抵抗，居翁自然要諭告交趾、九眞二郡一起降漢。

據《漢書·地理志》，西漢末年的鬱林、合浦、交趾、九眞四郡人口有 106 萬多，此時距漢滅南越已有一百多年。如果我們認爲居翁諭告的甌、駱四十餘萬口，包括越南境內的人口，一百多年人口增加兩倍多，符合常理。如果居翁諭告的甌、駱四十多萬人不包括越南境內的人口，僅是鬱林、合浦二郡人口，就無法解釋爲何到西漢末年，鬱林、合浦兩郡僅有 15 萬多。漢朝統治一百多年，人口應有較高增長，不可能減少三分之二。即便是因爲居翁諭告的越人未被漢朝納入人口統計範圍，也不可能在一百多年之後減少三分之二。

蒙文通未能察覺這個問題，黃展岳指出蒙文通的錯誤，但是又認爲《漢書·地理志》記載的人口數字有誤。我認爲《漢書》人口數字無誤，因爲西漢末年的零陵郡才 13 萬多人，桂陽郡才 15 萬多人，南海郡才 9 萬多人，所以鬱林、合浦合計 15 萬多人是正常數字。雖然蒙文通誤以爲居翁諭告的甌、駱四十餘萬口不包括越南境內的駱越，但是他說駱越包括在今越南境內的人口還是正解。

南宋周去非《嶺外代答》卷三《五民》說：「欽民有五種：一曰土人，自昔駱越種類也。居於村落，容貌鄙野，以唇舌雜爲音聲，殊不可曉，謂之蔞語。二曰北人，語言平易，而雜以南音。本西北流民，自五代之亂，占籍于欽者也。三曰俚人，史稱俚獠者是也。此種自蠻峒出居，專事妖怪，若禽獸然，語音尤不可曉。四曰射耕人，本福建人，射地而耕也，子孫盡閩音。五曰蜑人，以舟爲室，浮海而生，語似福、廣，雜以廣東、西之音。」蔞語即獠語，即今壯語，卷四《方言》說：「乃若廣西之蔞語，如稱官爲溝主，母爲米囊，外祖母爲低，僕使曰齋捽，吃飯爲報崖，若此之類，當待譯而後通。」前人已經指出，此處記載的幾則蔞語詞彙都和現代壯語吻合。俚語雖然也屬侗臺語系，但是蔞語是南部壯語，而俚語則是原本在今廣東的侗臺語系語言。

我還有一個證據，我此前曾經指出東漢郭憲《漢武帝別國洞冥記》記載的蔞過國即今老撾，〔註22〕老撾即僚，則蔞可通僚，蔞語即僚語。

〔註22〕周運中：《漢武別國考》，《暨南史學》第 13 輯，廣西師範大學出版社，2017 年。

《淮南子》說秦殺西嘔君，西嘔即西甌，不提駱越，但是《史記‧南越列傳》說南越：

> 佗因此以兵威邊，財物賂遺閩越、西甌、駱，役屬焉……其東閩越千人眾號稱王，其西甌、駱、裸國亦稱王……越桂林監居翁諭甌、駱屬漢，皆得爲侯。

第一句的西甌、駱應該分讀，第二句的甌、駱也應分讀，但是有人說其東、其西對應，所以甌駱應該連讀。不知是何邏輯？其東、其西自然對應，但是不能證明甌駱應該連讀，這完全是兩個問題。甌、駱就是西甌、駱，廣西的甌就是西甌，本來就是相對浙江的東甌而言，可以叫甌，也可以叫西甌。而且原文很可能應該是其西西甌、駱，因爲古人追求簡略，或理解錯誤而誤刪一個西字，這不是很正常嗎？

太湖古名具區，有學者指出《逸周書‧王會》排在於越、姑妹之下的且甌，應是具甌，即具區，具字誤寫爲且，區、甌同音。具甌的上古讀音是 ka-o，而木佬人自稱是 qa-ɣo，讀音極爲接近。羿人自稱 gau，仡佬族也有一支自稱qau，讀音也很接近具甌。總之，具甌都是對應仡央語支人群，我在越史專著中另有詳細論證。所以甌是一種民族，對應語言學上的仡央語支，自然主要分佈在中國境內。史書說秦人殺西甌君，說明佔領廣西，不是越南。

前人討論西甌，都未引用西漢揚雄《方言》卷一：

> 允、訦、恂、展、諒、穆，信也。齊魯之間曰允，燕代東齊曰訦，宋衛汝潁之間曰恂，荊吳淮汭之間曰展，西甌、毒屋、黃石野之間曰穆。眾信曰諒，周南召南衛之語也。

西甌因爲在廣西，所以方言被記載。駱越主要在廣西到越南一帶，更加偏僻，所以揚雄《方言》全書不提駱越。

駱越分佈在廣西到越南，也是現在壯族的先民。但是顯然是壯傣語支民族，而非仡央語支民族。仡央語支分佈偏北，秦人統治較強。壯傣語支民族，分佈偏南，秦人統治較弱。所以不管哪本書，總是先提西甌，後提駱。而且所有的書，講到越南，一般都提到駱，不提西甌，所以蒙文通等人早已提出駱越在今越南，但是駱越分佈很廣，廣西也有，不能說完全在今越南。

必須要說明的是，越南學者陶維英等人研究越南上古史，竟然主要依靠越南洪德二十三年（1492 年）才編成的小說集《嶺南摭怪》。這部書不僅晚出，而且摻雜了大量編造的成分，比如開篇《鴻龐氏》就是出自漢語的鴻蒙，所

以放在開篇。而這篇的內容竟有涇陽王和洞庭龍王，顯然出自唐代傳奇《柳毅傳》。這本書的內容大量取材於較晚出現的中國典籍內容，顯然不能用來考證兩千多年前的歷史。卷二《南詔傳》說南詔是趙佗的後人建立，混淆了漢唐歷史，真可謂關公戰秦瓊。卷二《李翁仲傳》說：「至安陽王時，秦始皇欲加兵我國，安陽王以李身交秦，始皇甚喜，任為司隸校尉。」秦代還沒有司隸校尉，這個說法顯然出自編造。下一則《越井傳》說：「後任囂、趙佗將兵南侵。」〔註23〕顯然是說南越國才侵入越南，但是陶維英為了鼓吹英勇抗秦的歷史，說《李翁仲傳》證明秦軍要來進攻，又說《淮南子》所說的越人抗秦首領一定包括安陽王。〔註24〕陶維英的說法是捕風捉影、信口開河，根本找不到一條秦軍進攻安陽王國的記載。也有越南學者認為秦始皇未進攻到今越南，趙佗開始進攻越南。〔註25〕

五、日南說產生的原因推測

日南說出自班固《漢書・地理志》，應該不是班固編造，而是出自漢代的地方志，為班固抄錄。為何地方志要說日南郡原來是秦代的象郡呢？其實我們只要想想後世地方志，就能明白。明清中國的地方志，敘述本地沿革，開頭總要說在九州的哪一州。但是九州的範圍根本不能達到明清的疆域，很多邊疆之地原來不在九州範圍內，於是採取就近攀附的辦法。比如福建的地方志，就攀附到揚州，其實《禹貢》說：「淮海惟揚州。」揚州的南界模糊，不能到達福建。嶺南的地方志，就攀附到荊州，其實《禹貢》說：「荊及衡陽惟荊州。」荊州的南界也模糊，不能到達嶺南。

所以我們不難設想，漢代的日南等郡地方志，敘述沿革，要填充秦代的空白，只能按照慣用的就近攀附原則，說自己在秦代屬象郡。而真正的象郡，漢代已經屬鬱林郡。鬱林郡的前身，除了象郡，還有桂林郡，也就不去追究日南郡的攀附了。日南等地實在遙遠，中原人很不熟悉其歷史，也有可能是漢代的中原學者為了填充日南等郡的沿革，所以強加上了不存在的象郡。總之，就近攀附填充的慣例，可以解釋象郡日南說的錯誤根源。

〔註23〕 戴可來、楊保筠校點：《嶺南摭怪等史料三種》，中州古籍出版社1991年版，第9、24～25、32頁。

〔註24〕 〔越〕陶維英：《越南古代史》，第204～208頁。

〔註25〕 〔越〕文新等著、梁紅奮譯：《雄王時代》，雲南省歷史研究所，1980年，第126頁。此處的雄王是雒王之訛。

　　還有一種可能是秦末的戰亂中，原來駐紮在象郡的秦軍被越人攻擊，流落到了日南之地。也有可能是在秦末，駐紮的嶺南的秦軍互相攻擊，任囂和趙佗取勝，而失敗的秦軍流落到了日南之地。任囂原來是南海郡尉，趙佗是龍川縣令，都來自廣東，廣西的秦軍未必服從。《史記‧南越列傳》說：「秦已破滅，佗即擊并桂林、象郡，自立為南越武王。」說明趙佗用武力兼併了桂林、象郡的守軍，象郡的守軍很可能南逃。類似的例子在中國歷史上還有很多，比如鄭成功到了臺灣，仍然使用明朝建置。如果秦代象郡的守軍南逃到了日南之地，仍然保存象郡的建置，則很有可能就是象郡日南說的由來。不過此時秦朝早已滅亡，所以不能說秦代的象郡在今越南。

　　或許象郡的南界涉及西漢日南郡地的一部分，所以漢代人有此牽強附會，但這和象郡主體在今廣西是兩個問題。

　　總之，秦漢象郡主要在今廣西，西甌主要在今廣西，不可能在今越南。古籍記載秦軍在嶺南的主要作戰對象既然是西甌人，不提駱越，說明秦軍的主要戰場不在今越南。秦代在今越南的是安陽王國，為趙佗攻滅，說明秦代象郡不可能到今越南。

　　〔補記〕本文在 2017 年春季寫成，曾給師友看過。到 2017 年夏季看到廣西柳州許晨先生的《秦漢象郡芻議》，於 2017 年 7 月 21 日發表在簡帛網，用了漢代吾丘壽王和薛綜所說的兩段話，有力地駁斥了秦代象郡在日南說的錯誤說法，證明象郡在今廣西。我們所用證據不同，各自獨立完成，都用漢代證據，方法和結論接近。許文的第一個新證據是，《藝文類聚》卷五九引漢代吾丘壽王《驃騎論功論》說：「側聞強秦之用兵也，南不逾五嶺，北不渡大河，海內愁怨，以喪其國。」可見秦朝在嶺南都很困難，不可能到今越南。此處是南不逾五嶺，其實是越過了五嶺，但是即使越過五嶺，也不會推進太多，否則不會拿五嶺來作為座標。許文的第二個新證據是，《三國志》卷五三《薛綜傳》記載薛綜說：「秦置桂林、南海、象郡，然則四國之內屬也，有自來矣。趙佗起番禺，懷服百越之君，珠官之南是也。漢武帝誅呂嘉，開九郡，設交阯刺史以鎮監之。」《宋書》卷三八《州郡志四》：「合浦太守，漢武帝立，孫權黃武七年，更名珠官。」顯然珠官也即合浦郡之南是趙佗所開，不是秦朝就有。而且趙佗僅是懷服珠官之南的百越之君，沒有建立穩固的統治。吾丘壽王和薛綜都是漢代人，是朝廷大臣，他們的話自然可信。這兩則記載，不僅早於《晉書地道記》、《交州外域傳》，也早於班固《漢書》。這樣重要的史料，豈可忽略？

漢代南海國位置考

漢高祖劉邦曾經封中國東南的越人首領南武侯織爲南海王,南海王國存在到漢文帝時。南海國的史料奇少,前人對南海國的看法,爭議很多。清代全祖望認爲在汀州、潮州、贛州之間,〔註1〕現代蒙文通認爲漢代的南海郡揭陽縣(在今潮汕)曾經被王莽改爲南海亭,正是南海國所在。〔註2〕有人認爲在今皖南,〔註3〕有人說南海國在閩越、南越之間,所以在今贛南,〔註4〕有人認爲在今閩西南到贛中,〔註5〕有人認爲在今贛東北,〔註6〕有人認爲在今皖南到贛東北、浙西。〔註7〕饒宗頤 1940 年代所編的《潮州志·大事志》說,潮州潮安和饒平交界處有南武山,可能是南武國所在,有人從之。〔註8〕其實饒宗頤後來已經放棄此說,轉而認爲南武之名源自吳越時期在廣州的南武城,詳見下文。

我認爲不需要看任何史料,就可以否定的兩說是皖南說與皖南到贛東北、浙西說,這個地區既不靠海,更不靠南海,不可能是南海國所在。前人研究歷史,竟然如此忽視常識,令人匪夷所思。贛南說也是想當然,難道閩

〔註1〕 全祖望:《經史問答》卷九,《續修四庫全書》第 1147 冊。
〔註2〕 蒙文通:《越史叢考》,人民出版社,1983 年,第 43 頁。
〔註3〕 葉國慶、辛土成:《西漢閩越族的居住地和社會結構試探》,《廈門大學學報》1963 年第 4 期。
〔註4〕 楊琮:《閩越國文化》,福建人民出版社,1998 年,第 493~495 頁。
〔註5〕 李慶新:《南海國考辨》,《廣東社會科學》1985 年第 2 期。
〔註6〕 郭聯志:《南海國封地考》,《閩西職業大學學報》2002 年第 1 期。
〔註7〕 全洪:《漢初南海王及其封地考》,《歷史研究》2010 年第 6 期。
〔註8〕 朱維幹、陳元煦:《閩越的建國及北邊》,百越民族史研究會編《百越民族史論集》,中國社會科學出版社,1982 年,第 123~124 頁。

越、南越之間一定要在贛南？南武山的名字很晚才有記載，未必可信。即使南武山的名字較早出現，也是地名通名，《越絕書》記載吳國的南武城在今江蘇崑山。

一、南海國在嶺南無疑

《史記》、《漢書》涉及南海國的記載如下：

《漢書》卷一下《高帝紀》十三年（前 195 年）二月詔曰：「南武侯織亦粵之世也，立以爲南海王。」

《史記》卷一一八《淮南衡山列傳》漢文帝六年（前 174 年）召淮南王劉安到長安，諸大臣上奏說：「南海民處廬江界中者反，淮南吏卒擊之。陛下以淮南民貧苦，遣使者賜長帛五千匹，以賜吏卒勞苦者。長不欲受賜，謾言曰無勞苦者。南海民王織上書獻璧皇帝，（蕳）忌擅燔其書，不以聞。」《漢書》卷四四《淮南王傳》，基本相同。

《漢書》卷六四《嚴助傳》說，漢武帝建元六年（前 135 年），閩越興兵擊南越，南越守天子約，不敢發兵，漢遣兩將軍將兵誅閩越。淮南王安上書諫曰：「前時南海王反，陛下先臣使將軍間忌將兵擊之，以其軍降，處之上淦。後復反，會天暑多雨，樓船卒水居擊棹，未戰而疾死者過半。親老涕泣，孤子啼號，破家散業，迎尸千里之外，裹骸骨而歸。悲哀之氣數年不息，長老至今以爲記。曾未入其地而禍已至此矣。」

顏師古注《漢書‧高帝紀》引文穎說：「高祖五年，以象郡、桂林、南海、長沙，立吳芮爲長沙王。象郡、桂林、南海屬尉佗，佗未降，遙虛奪以封芮耳。後佗降漢，十一年，更立佗爲南越王，自此王三郡。芮唯得長沙、桂林、零陵耳。今復封織爲南海王，復遙奪佗一郡，織未得王之。」

按照文穎的意思，既然此時趙佗控制嶺南，不可能再有一個南海王。這個南海王如同吳芮虛有南海郡一樣，也是虛封南海郡給南武侯織。此說有一定道理，南海王的名字或許與南海郡有關，說明南海國的位置靠近南海郡，或者原本就是南海郡的一部分。

淮安王劉安上書說，在他的父親淮南王劉長之時，派遣將軍間忌，攻打南海王，因爲天氣炎熱，樓船水軍，還未開戰，就已經病死大半。這場戰爭，損失慘重，百姓們數十年來仍然記得，所以劉安勸劉徹不要用兵閩越。

此時的淮南國包括豫章郡，南海國在豫章郡之南。既然南海王所在之地，

非常炎熱，一定在嶺南，不可能在皖南、浙西、贛東北。而且一定多有山林，交通難行，所以需要順流而下。如此說來，也不可能在江西的中南部，因為從長江進入江西，再往贛南，是逆水行舟。江西境內，平地稍多，不需要一定派水軍。南海王必定在嶺外，所以水軍更好。

很多人不認真讀書，不注意這段話的自然環境描述。古人瞭解的自然地理知識有限，今天的人活動的範圍廣，知識多，應該注意到這段話的自然環境一定是在嶺南，而不可能在長江流域。

很多人看到南海國的百姓遷入廬江郡內，就說南海王的土地一定靠近廬江郡，甚至說南海國在廬江郡中。廬江郡在今安徽中部到贛東北，於是說南海國在皖南、浙西、贛東北。這是絕大的錯誤，南海國不可能在廬江郡之中，這種錯誤違背基本常識，好比說邊界在首都。其實西漢遷閩越、東甌到內地，有的遷到了黃河流域，有的遷到了江西，距離都很遠。唯有距離遠，使得其脫離故土，才能使其在陌生的環境中消耗精力，不能東山再起。

《漢書》卷二七下之上《五行志下之上》：「文帝二年六月，淮南王都壽春大風毀民室，殺人。劉向以為，是歲南越反，攻淮南邊，淮南王長破之，後年入朝，殺漢故丞相辟陽侯，上赦之，歸聚奸人謀逆亂，自稱東帝，見異不寤，後遷於蜀，道死雍。」有人說此事即廬江郡中的南海民謀反，這是絕大的誤解。此處是南越來攻，不是南海國來攻。

二、上淦在今贛州

淮南王劉安說，南海王投降後，被安置在上淦，有人誤以為上淦是江西的新淦縣（今新幹縣），所以南海王在江西的中部。這是絕大的誤解，首先上淦不等於新淦，其次遷入地也不是原居地。

有人說上淦是餘汗縣（今餘干縣）的上游，但是《漢書·地理志上》說豫章郡餘汗縣：「餘水在北，至鄡陽入湖漢。」餘汗縣在餘水（今信江）流域，如果是餘江上游，應稱上餘，不是上干。而且《漢書》卷六四《嚴助傳》漢武帝建元六年淮南王劉安上書說：「其入中國必下領水，領水之山峭峻，漂石破舟，不可以大船載食糧下也。越人欲為變，必先田餘干界中，積食糧，乃入伐材治船。」餘干縣緊鄰東越，此處的越人是東越，不是南越。餘干縣遠離南越，不是南海王遷入之地。

上淦，顧名思義，應在贛江上游，如同長江上游叫上江。新淦就是因為

贛江得名，贛江貫穿江西，其上游自然可以說上贛，上淦是通假字。

上海博物館藏一方楚印：上贛君之諝珎，見羅福頤《古璽彙編》第 8 號（如圖）。〔註9〕前人多釋爲上贛，〔註10〕是今贛江上游的贛州市。〔註11〕

又包山楚簡 180 號有〔金邑〕君，劉信芳讀爲淦君，即今新幹縣。〔註12〕《水經注》卷三九《贛水》：「淦水出其（新淦）縣下，注於贛水。」但我以爲新淦的淦，就是贛江，不存在另外一條淦水。現在新幹縣城所在附近無淦水之名，而且這一段贛江恰好在峽谷，兩側支流很小，所以新淦縣自然是源自贛江之名，而不可能源自其兩側極小的支流。新淦到南昌之間的贛江沿岸不設縣城，向南到贛州的贛江沿岸也不設一個縣城，而其新淦、峽江一帶恰好是贛江的峽谷，所以古人要在此設新淦縣，而且是漢代豫章郡都尉所治。

有人說漢代的上淦在新淦附近，樟樹市的築衛城就是漢代的都尉城，遺址包括新石器時代文化層和東周文化層，上淦、新淦、都尉是三個城。〔註13〕

我以爲上淦不在新淦附近，三個城之說全是推測，但是此說聯繫到樟樹市到新幹縣北部的眾多遺址確實很有啓發性。樟樹市有吳城商代遺址，新幹縣北部的大洋洲有商代大墓，最晚從商代開始，中原王朝就在樟樹一帶建立據點。不難想像，從大洋洲向南，進入峽谷山地，原來是越人據守

〔註9〕 羅福頤主編：《古璽彙編》，第 8 頁。
〔註10〕 吳振武：《〈古璽彙編〉釋文訂補及分類研究》，《古文字論集（初編）》，香港中文大學出版社，1983 年。李家浩：《楚國官印考釋（四篇）》，《江漢考古》1984 年第 2 期。
〔註11〕 吳良寶：《戰國楚簡地名研究》，武漢大學出版社，2010 年，第 130 頁。
〔註12〕 劉信芳：《包山楚簡解詁》，藝文印書館，2003 年，第 188 頁。
〔註13〕 曲英傑：《長江古城址》，湖北教育出版社，2004 年，第 302～304 頁。

之要塞，北方人不便進入，所以中原王朝的據點恰好設在新淦之北的樟樹一帶。樟樹一帶既然從商代以來就有中原王朝的據點，則很可能是最早的贛君所在。築衛城遺址是東周秦漢古城，發現楚式鬲等，鄭威認爲很可能是淦君封地。〔註14〕

我以爲淦君原來可能確實在樟樹市，到戰國秦漢之際，北方王朝推進到贛江上游，所以把據點推進到了新淦的峽谷，故名新淦。如果楚國的淦君在新淦附近，則上贛君在贛州。

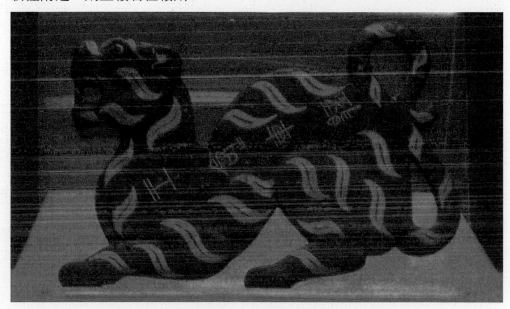

南越王趙眜墓出土「王命命車徒」虎符

（周運中 2009 年 4 月 27 日攝於廣州西漢南越王博物館）

三、南海國在梅江上游

南海國既然被遷入贛州，則其原來一定在贛州之南，也即今天的廣東省東部。這裡應屬趙佗南越國，但是因爲上古的嶺南交通不便，秦代進軍嶺南的時間不長，還有很多越人君王，所以趙佗一時不能有效管轄到廣東全境。所以在廣東省的東部，有一個越人首領南武侯織，他能不服從趙佗的管轄，被漢朝封爲南海王。所以文穎說南海王是虛封，固然是錯了。但是他說南海王是奪了趙佗的一塊地方，還是正確。

〔註14〕鄭威：《楚國封君研究》，湖北教育出版社，2012 年，第 183 頁。

　　我們注意到，劉邦在封南海王的前一年，消滅了淮南王英布。淮南王的勢力達到江西，所以他在此時封南海王不是偶然。漢武帝佔領河西走廊，為了隔絕羌、胡。劉邦分封南海王，很可能也是為了隔絕東越和南越，分化越人。南海國的面積雖然小，但是位置非常重要。越是小，漢朝越容易控制。雖然漢朝最終沒有通過南海國來滅東越和南越，但是不排除有此初衷。如果漢朝能控制南海國，則可以將勢力推進到南海之濱。西漢初年的嶺南非常濕熱，又有高山密林，所以未能攻佔此地。

　　我們還要注意到，趙佗原來不是南越王，《史記》卷一一三《南越傳》說趙佗最早是龍川縣令，秦末南海郡尉任囂召來趙佗，教他割據嶺南。龍川縣在今廣東龍川縣，趙佗在此防守，說明其東部或許有勁敵，也即土著越人，很可能就是南武侯織的集團。

　　《史記·南越傳》記載趙佗給漢文帝的信說：「且南方卑濕，蠻夷中間，其東閩越千人眾號稱王，其西甌駱裸國。」有人說，南越之東的閩越千人稱王，就是南海國。〔註15〕我以為缺乏證據，可能是泛指南越之東有很多越人小王，也包括南海國，但是未必特指南海國。福建山地比廣東多，所以人口比廣東少，至今仍然如此。趙佗說閩越千人稱王，含有蔑視之意。

　　既然南海國在今贛州的南部，應在今河源、梅州、潮汕一帶，但是東江上游距離贛州太近，不可能損失慘重，所以我認為南海國都城應在今梅江上游。東江上游是龍川縣，是趙佗的根據地，漢初是南越國，也不可能是南海國，證明南海國的都城一定在梅江上游。

　　梅江流入韓江，韓江的下游屬揭陽縣，揭陽縣屬於南越國，《史記·南越傳》說南越國被漢朝征服時，揭陽縣令定投降漢朝，可以證明。因為揭陽地處海口，容易為南海郡控制，而梅江地處內陸，多山林，所以這裡的越人尚且能夠抵抗秦軍以及南越國軍，自立為王。

　　《史記·東越列傳》：「元鼎五年，南越反，東越王餘善上書，請以卒八千人從樓船將軍擊呂嘉等。兵至揭揚，以海風波為解，不行，持兩端，陰使南越。及漢破番禺，不至。」揭揚即揭陽，〔註16〕有人據此說揭陽屬東越，已有學者駁斥。東越是在攻打南越時，才到揭陽，揭陽自然不屬東越。

　　至於蒙文通說揭陽縣被王莽改為南海亭，所以是南海國所在。此說太

〔註15〕陳燕：《漢南海國滅亡真相蠡測》，《福建文博》2011年第2期。
〔註16〕如同《漢書·地理志》丹揚即丹陽，是古人常用通假。

簡單，不能成立。揭陽縣本來在韓江口的島嶼上，現代成陸而已。所以揭陽改爲南海亭，不能說明南海國在此。南海沿岸的很多縣，都可以改名爲南海亭。

因爲南海國在梅江，而東江流域屬南越國，所以劉長派軍必須從今江西省尋烏縣向東南，進入梅江，翻越山林，所以損失慘重。這一條路非常偏僻，開發很晚。安遠縣是元代設，尋烏縣和定南縣是明代才設。如果南海王在閩西或東江流域，則要方便很多。

漢文帝內遷南海國，很可能因爲此時正是南越國強盛之時。或許是南海國難以抵抗南越國，才要求漢朝幫助，漢朝內遷南海國。這非常類似東甌被東越攻擊，請求漢朝幫助，漢朝趁機內遷東甌。

其實還有一件事爲前人忽略，那就是雩都縣（今於都縣）的設置，《太平寰宇記》卷一百八虔州（今贛州）雩都縣：「漢高帝六年，使灌嬰防趙佗，所立縣也。」漢代的雩都縣包括今會昌、瑞金、安遠、尋烏等縣地，其地向南接壤南越國。說明東江流域確實屬於趙佗，不屬於南海國。

因爲梅江流入韓江，注入南海，才叫南海國。如果是在閩浙，則應是東海國。古人不可能分不清東、南，其實閩越的勢力很大，囊括整個閩江，所以閩西北不可能是南海國境。至於閩西南，史料奇缺，不知是否屬南海國，或許屬南海國，或許屬閩越。

因爲今天的福建和廣東省界是唐代才確定，此前的閩粵兩省交界多高山密林，是畬族和越族居住地。南宋劉克莊《後村集》卷九十三《漳州諭畬》說：「凡溪洞種類不一，曰蠻、曰猺、曰黎、曰蜑，在漳者曰畬。西畬隸龍溪，猶是龍溪人也。南畬隸漳浦，其地西通潮、梅，北通汀、贛，奸人亡命之所窟穴，畬長扳止於機毒矣。汀、贛賊入畬者，教以短兵接戰，故南畬之禍尤烈。二畬皆刀耕火耘，崖棲谷汲，如猱升鼠伏，有國者以不治治之。」除了內陸的畬族，閩粵兩省交界處還有很多島嶼，原來都是海上疍民居地。

上古氣候比今天濕熱，所以福建和廣東交界處的人口稀少，沒有設立正式的政區，也沒有明確的邊界。今天的漳州在南朝時期還屬嶺南的義安郡（治今潮州），唐代漳州也是由陳元光從潮州出兵才設立。今天福建、廣東交界的各縣很晚才設立，饒平縣是明代成化十三年（1477 年）才設立，詔安縣是嘉靖九年（1530 年）才設立，而雲霄縣是清代嘉慶三年（1798 年）才設立，東山縣是 1916 年才設立，南澳縣是 1942 年才設立。

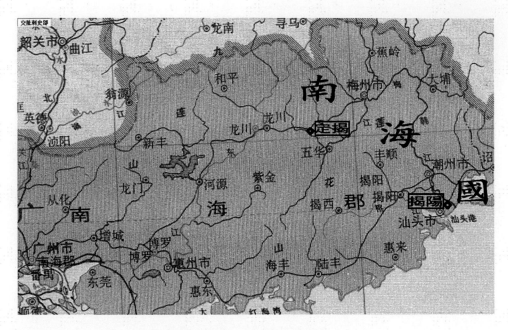

南海國和揭陽、定揭縣位置〔註17〕

四、南海國在廣東的東部

　　就在東江流域龍川縣之東，翻過分水嶺，進入梅江流域的五華縣華城鎮塔崗村，有一個著名的南越國時期的大型古城遺址獅雄山遺址。此地在今五華、龍川、興寧之間，地處交通要道。西臨五華河，向下流到今五華縣城。華城鎮原來是五華縣城，1954 年遷到現在的水寨鎮。

　　獅雄山遺址，面積 1 萬多平方米。1982 年發現，1984 到 1990 年進行四次發掘，發掘 768 平方米。在山崗東北部臺地發現一處大型建築基址，現存基址的東部、東迴廊全部、部分南北迴廊。中間有高臺，主體建築已毀，東南角有角樓臺基，推測整個建築面積 1400 平方米。遺址內出土大量繩紋板瓦、筒瓦，瓦當不多，飾卷雲和箭鏃紋，個別中心有定字反文。還出土陶器、石器、銅器，還有鐵錘、鐵鏃等。此宮殿很可能是趙佗長樂臺，屈大均《廣東新語》說長樂臺：「在長樂縣五華山下，曰長樂，佗受漢封時所築。長樂本龍川地，佗之舊治。」《長樂縣志》、《五華縣志》也有此說，北宋熙寧四年（1071年）設長樂縣，1914 年改名為五華縣。〔註18〕

〔註17〕底圖來自譚其驤主編《中國歷史地圖集》第二冊第 36 頁，南海國、揭陽、定揭位置是本書增訂。

〔註18〕邱立誠、劉建安：《廣東五華獅雄山漢代建築遺址》，《文物》1991 年第 11 期。

2011 年獅雄山遺址進行第五次發掘，發現人工平臺 4 級、環壕 1 條、東西壕溝條、建築基址 7 處、陶窯 1 座、水井 1 座、灰坑 30 座。整個獅雄山被墊爲四級平臺，是一個完整的城市。始建於秦代，毀於南越國滅亡時。發現封泥 50 多枚，主要是「定楬之印」、「定楬丞印」等文字，還有「定楬」戳印的陶罐，說明此城名爲定楬，不是長樂臺。楬即揭陽之揭，定楬可能是秦代所設的縣，古城面積達 2 萬平米，達到秦代縣城規模。〔註 19〕

我認爲，定揭是一個史書失載的縣。揭陽因爲在揭水之陽得名，揭水是韓江，定揭即平定揭水。定揭在揭陽和龍川之間，是打通陸路的重要據點。五華縣正是在揭水上游，所以定揭縣很可能在今五華縣。

五華縣之西是龍川縣，是趙佗的根據地，趙佗防衛的對象或許正是南武侯織的越人土著勢力。現在有人說五華縣獅雄山是趙佗的長樂臺、佗城等，缺乏史料依據。《太平寰宇記》都不記載趙佗在此處有長樂臺、佗城，清代的說法自然不足爲信。

其實古籍記載了龍川縣趙佗營崗，《太平御覽》卷三四八弩引《南越志》：「龍川縣有營澗，嘗有銅弩牙流出水，皆以銀黃雕鏤，取之者祀而後得。曾有取此牙，逢風雨舉船淪沒。父老云，越王弩營處也。」卷七五七鑊引《南越志》：「龍川縣營崗北有巨鑊，恒有懸泉注之，終歲不滿。」這個軍營所在山崗，很像獅雄山，營澗或是營崗的形訛。

獅雄山古城或許就是南海國都城，因爲趙佗的大軍西遷到了番禺（今廣州），所以廣東的東部秦軍力量薄弱，南武侯織的越人土著勢力乘勢復興，佔據獅雄山，擴建古城。獅雄山發現的筒瓦，有一種長達 41.5 釐米，寬 15 釐米。說明建築等級較高，或許是都城。

或許定揭縣是南海國設置，不屬南越國。當然，五華縣獅雄山在南海國北遷之後，也可能繼續被南越國建設。獅雄山曾經屬南海國、南越國，二者不矛盾，定揭縣也有可能是南越國晚期設置。

或許南海國都還在獅雄山以東，所以南越國擴建獅雄山古城，防衛其東部的南海國勢力。總之，獅雄山古城值得注意，說明秦漢之際廣東的東部還有很多歷史未被史書記載。

綜上所述，在秦代進軍嶺南時，夾在海陸之間的梅江流域，交通不便，

〔註 19〕 尚傑：《廣東五華獅雄山秦漢城址的髮型與初步研究》，《東南文化》2013 年第 1 期。

所以越人團結起來，據守險要，自立爲王，對抗秦軍，所以趙佗防守龍川縣，兵強馬壯。任囂看中趙佗，趙佗進入南海郡（今廣州），割據嶺南。龍川縣的防衛力量減弱，梅江流域的南武侯織勢力更強。劉邦消滅淮南王英布，封南武侯織爲南海王，試圖穩定東南邊疆，牽制南越王、閩越王。漢文帝初年，淮南王劉長派兵征服南海國，損失慘重，遷南海王居贛江上游，也即上淦。南海國民，則有很多被遷入廬江郡內，也即今安徽中部。

南海國境難考，大致不會超出韓江流域上游，因爲其北部屬漢地豫章郡，南爲南越國揭陽縣，西爲南越國龍川縣，東北是閩越國。其核心在梅江流域，在今梅州市，至於是否到達汀江流域，則難以確定。

或許其勢力範圍到達汀江流域，汀江流域原來是漢人難以管轄的地帶。唐代設立汀州之前，這裡還是政府難以管控的地方。唐代李吉甫《元和郡縣圖志》卷三十汀州：「開元二十一年，福州長史唐循忠於潮州北、廣州東、福州西，光龍洞檢責得諸州避役百姓共三千餘戶，奏置州，因長汀溪以爲名。」說明在汀州設立之前，有很多人躲避在高山密林之中，長期與佘族、越族雜居，所以稱爲洞。光龍疑是九龍之誤，即今九龍江的由來，這也是源自南方土著語言。

五、南武侯和吳國的南武城無關

廣東在唐宋時期仍然是瘴癘之地，中原人不敢去。到了明清時期，逐漸漢化。明清時期廣東崛起，廣東的文人很想從上古典籍中找到廣東的上古記載。但是廣東在上古是越地，根本不可能留下文獻。於是明清廣東的一些書籍，把西漢在今廣東的南武侯織與江蘇的南武城牽強附會。

比如歐大任《百越先賢志》說：「越王無彊，爲楚所敗，其子孫避處江南海上。周赧王時，有自立爲王者。（公師）隅以無彊初避楚，居東武，有怪山浮來，鎮壓其地，因名東武山。乃往相度南海，時依山築南武城以擬之，而越王果不遷。時三晉惟魏最強，越王與魏通好，使隅復往南海，求犀角象齒以修獻。久在嶠外，乃得諸琛，並吳江樓船、會稽竹箭獻之魏。魏乃起師，送越王往荊，樓之沅湘。於是南武疆土爲貢奉邑，稱雄交廣矣。」

饒宗頤說：「這段記載不知取自何書，所謂『奉越王往荊，樓之沅湘』，蓋賴魏師之助重整旗鼓，長沙出土有王矛、邵陽出土越系兵器王字矛，足證此說之非誣。又廣州出土有南武城磚及宮磚，則公師隅築南武城一事，亦可

覆按。南武城之建，即出自公師隅計策，其時越人兵力所屆，及於南海。」
〔註20〕

其實這段話完全是歐大任編造的小說，編造的來源如下：

1. 無彊之事，出自《史記‧越世家》：「楚威王興兵而伐之，大敗越，殺王無彊，盡取故吳地至浙江，北破齊於徐州。而越以此散，諸族子爭立，或為王，或為君，濱於江南海上，服朝於楚。」

楊寬論證此事不在楚威王時，而在楚懷王時。湖南常德夕陽坡出土戰國楚簡說：「越甬君贏將其眾以歸楚之歲」，這個甬君應該就是甬地（今寧波市）的一個小君，他歸楚的年代是楚懷王二十二年（公元前307年）。〔註21〕

說明《史記》說的是江南海上，指的是浙江（錢塘江）之南，根本不可能到達嶺南，連福建都達不到。而且史書從來不說遷無彊到楚地，遷國君是大事，不可能不提。《史記》說楚人殺了越王無彊，不是俘虜。

2. 東武怪山之事，出自東漢《越絕書》卷八《記地傳》：「龜山者，句踐起怪遊臺也。東南司馬門，因以照龜。又仰望天氣，觀天怪也。高四十六丈五尺二寸，周五百三十二步，今東武里。一曰怪山，怪山者，往古一夜自來，民怪之，故謂怪山。」

這段話明確說東武里怪山在越國都城會稽（今紹興），不在楚地，和無彊、公師隅毫無關係。歐大任編造小說時，為了找到南武的根源，又牽扯東武，把無彊、公師隅塞入怪山故事。公師隅本來是北上中原，被明代人變成了南下嶺外，真是南轅北轍。

3. 公師隅之事，出自《竹書紀年》魏襄王七年：「秦王來見於蒲阪關。四月，越王使公師隅來獻乘舟，始罔及舟三百，箭五百萬，犀角象齒焉。」此時的越國顯然還在江浙，不可能在嶺南。

此條輯自酈道元《水經注》卷四《河水》，雷學淇《竹書紀年義證》卷四已經考證這裡的秦王即秦惠文王，《秦本紀》曰：「惠王後元十二年，王與梁王會臨晉。」《魏世家》亦云：「（襄王）六年，與秦會臨晉。」雷學淇說：「蓋會在此年孟春，《史記》誤以為前年。」此事在秦惠王後元十三年，也即楊寬

〔註20〕饒宗頤：《從浮濱遺物論其周遭史地與南海國的問題》，香港博物館編《嶺南古越族文化論文集》，香港市政局，1993年，第80～85頁。收入黃挺編《饒宗頤潮汕地方史論集》，汕頭大學出版社，1996年，第76～83頁。
〔註21〕李學勤：《越甬君贏將其眾以歸楚之歲考》，《古文字研究》第二十五輯，北京：中華書局，2005年，第311～313頁。

年表的楚懷王十七年。越國此舉無疑是聯合魏國，抵抗楚國，和《越世家》越王要魏國出兵大梁，配合越國伐楚之言正好吻合。《史記‧越世家》：「王無彊時，越興師北伐齊，西伐楚，與中國爭彊……願魏以聚大梁之下，願齊之試兵南陽莒地，以聚常、郯之境，則方城之外不南，淮、泗之間不東，商、於、析、酈、宗胡之地，夏路以左，不足以備秦，江南、泗上不足以待越矣……於是越遂釋齊而伐楚。」

歐大任編造的小說，殊為可笑，說魏國為越王起兵，不知越人獻越王乘坐的大船、小船三百、竹箭五百萬，說明越國此時非常強盛，根本不需要魏國幫助。越王是希望聯合魏國伐楚，而越國自己才是伐楚主力。歐大任又說魏國為越王起兵，安置越王在楚地的腹地沅湘，純屬低級小說。沅湘在今湖南，越、魏都不可能打到湖南。

歐大任是一介文人，不明歷史，不明地理，為了編造廣東上古史，不惜胡說。明代學風空疏，由此可見一斑。

這樣一段明代人編造的低級小說，饒宗頤竟信以為真，其實出自很常見的《史記》、《越絕書》、《水經注》。饒宗頤說長沙出土的王字矛、邵陽出土的越系王字矛，證明這段話。不知這些兵器最多僅能證明南方有一些越人小王，如果真的是越王無彊的兵器，會是如此普通嗎？饒宗頤和歐大任一樣，為了拉長自己家鄉的歷史，不認真考辨史料。愛鄉之情可嘉，但是這樣不嚴謹的學風必須批判。

吳國的南武城，其實在今江蘇崑山。《越絕書》卷二《記吳地傳》說：「婁北武城，闔廬所以候外越也，去縣三十里。今為鄉也。」婁門是姑蘇城東面的北門，因為正對婁縣（治今崑山）得名，婁縣北面三十里還有一個武城，即今崑山市巴城鎮西北潭村的武城遺址，三重護城河環繞三重城牆。有人誤以為該城在蘇州市跨塘鎮、唯亭鎮之間，這是把去婁縣三十里當成去吳縣三十里，《漢書‧地理志》會稽郡婁縣明確說：「有南武城。」常州湖塘鎮春秋時期的淹城，也是三重城牆各有護城河環繞。〔註22〕

其實南武是常見的越語地名通名，各地都可以有。南是越語的水 nam，和漢語的濫、瀾 lam 是同源字。武是越語的山，今天廣西地名還常見南、武二字。語言學家指出，武的漢語上古音可擬為 mpla，對應侗臺語的石山，

〔註22〕國家文物局主編《中國文物地圖集‧江蘇分冊》，上冊第 175、210 頁，下冊第 257、459 頁。

如泰語、老撾語 pha、龍州壯語 phja、邕寧壯語 phla、武鳴壯語、拉珈語
pla、柳江壯語、布依語 pja。〔註 23〕所以南武其實是有水的高地，南武城
是三重城牆環水，正是有水的高地。今潮州的南武嶧，不知是不是越語地
名保留。

　　歐大任是晚明人，這段小說是他臨時編造。比他還晚的清代人顧祖禹《讀
史方輿紀要》卷一百一廣州城說：「《舊圖經》：廣州州城，始築自越人公師隅，
號曰南武。《吳越春秋》：闔閭子孫，避越嶺外，築南武城。後楚滅越，越王
子孫，避入始興，令師隅修吳故南武城是也。」

　　今天竟有人說顧祖禹參考了隋代的《舊圖經》，又說《讀史方輿紀要》
同卷說：「秦置南海郡，後趙陀據其地。《圖經》云，尉佗僭據，改南海為南
武，自稱南武王。」可以證明趙佗利用了前朝的南武國號，又說漢朝希望利
用南武侯織牽制南越，但是南武侯織其實未曾在嶺南立足，被安置在廬江。
〔註 24〕

　　試想清代人能看到隋代的書嗎？隋代的書不可能保留到清代，如果清代
人看過隋代的書，清代諸多學者會不提嗎？明清人都不敢說在趙佗之前的嶺
南還有前朝國號南武，現代人的小說更勝一籌。

　　查《讀史方輿紀要》原文是：「秦置南海郡，後趙陀據其地。《圖經》云，
尉佗僭據，改南海為南武，自稱南武王，謬。」如果是未看全原文，是水平
問題。但是那個謬字突出在句末，很難想像是看漏。或許是今人覺得顧炎武
結尾的那個謬字，妨礙了他編造小說，索性刪去，正是掩耳盜鈴！難道我們
看不到《讀史方輿紀要》這種普通讀物？顧祖禹認為廣東地方《圖經》所說
的趙佗改南海為南武，不能成立，所以說謬。

　　查酈道元《水經注》、李吉甫《元和郡縣志》、樂史《太平寰宇記》不
提始興有南武城，清代的顧祖禹如何得知？無非是看了明代歐大任等人編
造的小說，顧頡剛的《讀史方輿紀要》本來是抄撮地方志，不具備多少史
料價值。

　　而且查《吳越春秋》，根本找不到《讀史方輿紀要》所引的那句話，顯然
是地方文人編造。秦漢時期都不存在始興之名，上古更不可能有。闔閭也是

〔註23〕 鄭偉：《漢語音韻與方言研究》，第 146～147 頁。
〔註24〕 郭偉川：《嶺南古史與潮汕歷史文化》，廣東人民出版社，2012 年，第 14～31、
　　　　161～165 頁。

霸主，他的子孫怎麼可能避居嶺南？

如果南武侯織未曾在嶺南建國，為何淮南王劉安說他攻打南海國時，損兵折將呢？

總之地方文人編少了，本地就不存在上古史，覺得低人一等。編多了，又破綻百出。明清人能看到的古書，和我們現在基本一樣，所以他們的偽造過程，自然非常清楚。有趣的是，孫吳陸胤《廣州先賢傳》，現在能看到的條目中，沒有公師隅。公師隅這樣僅在《竹書紀年》出現過一次的小人物，反而在明末的邊疆成為神通廣大的重要人物。〔註25〕

晚明的廣東文人之所以要把吳越的文獻移花接木，貼在廣東上古史的空白欄中，主要是因為廣東在明代迅速漢化，有光耀門庭的需要。但是我們也要注意，這種偽造上古史僅限於嶺南等極少地方，不能把辨偽擴大到中國其他的地域和時代。中國各地的歷史進程差別很大，不但南北差別很大，就是同樣在南方的東南和西南，差別也很大。就是同樣在東南的浙江、江西、福建、廣東的歷史進程，差別也很大。我們研究歷史，不能抹殺時代和地域的差別。

所謂廣州的南武城磚，其實出自阮元《廣東通志》的《公師隅傳》按語，這種磚至今六十多年來在正式考古中未曾發現。溫丹銘引王先謙說，吳越有南武，所以吳王、越王的子孫必以南武為號。〔註26〕此說不確，史書從來不說吳越有南武王號。南武城磚不像是上古物品，因為至今未發現春秋戰國的吳、越兩國有銘文城磚。即使是真的秦漢物品，也可能因為趙佗曾經自稱南越武王、南越武帝，簡稱南武，全祖望就是這種觀點。《史記・南越傳》：「秦已破滅，佗即擊并桂林、象郡，自立為南越武王……高后時……於是佗乃自尊號為南越武帝。」王先謙說嶺南的南武源自吳越，自然不對，但是他說《漢書・高后紀》、《兩粵傳》記載趙佗自稱南武帝，不是南越武帝，確實很重要。不過也有可能是出自班固的簡化，因為司馬遷的時代不存在漢武帝的諡號，而班固為了把趙佗和漢武帝相對，可能簡稱為南武帝。總之，南武侯織的都城不可能在今廣州，所以廣州的南武城磚自然不能證明此地曾經是南海國都。

〔註25〕 張國淦：《中國古方志考》，北京：中華書局，1962年，第589頁。
〔註26〕 溫丹銘：《廣州城磚考釋》，《中山大學文史研究所月刊》第二卷第三、四期合刊，1934年，第57～58頁。

香港李鄭屋漢墓博物館外景

香港李鄭屋漢墓出土的建築模型（周運中 2017 年 7 月 20 日攝於香港）

西漢滅閩越路線新考

漢武帝元鼎六年（前 111 年），西漢出兵閩越，《史記・東越列傳》說：

> 至元鼎五年，南越反，東越王餘善上書，請以卒八千人從樓船
> 將軍擊呂嘉等。兵至揭揚，以海風波爲解，不行……是時樓船將軍
> 楊僕使使上書，願便引兵擊東越。上曰士卒勞倦，不許，罷兵，令
> 諸校屯豫章梅領待命。元鼎六年秋，餘善聞樓船請誅之，漢兵臨境，
> 且往，乃遂反，發兵距漢道。號將軍騶力等爲吞漢將軍，入白沙、
> 武林、梅嶺，殺漢三校尉……天子遣橫海將軍韓說出句章，浮海從
> 東方往。樓船將軍楊僕出武林，中尉王溫舒出梅嶺。越侯爲戈船、
> 下瀨將軍，出若邪、白沙。元封元年冬，咸入東越。東越素發兵距
> 險，使徇北將軍守武林，敗樓船軍數校尉，殺長吏。樓船將軍率錢
> 唐轅終古斬徇北將軍，爲禦兒侯，自兵未往。故越衍侯吳陽前在漢，
> 漢使歸諭餘善，餘善弗聽。及橫海將軍先至，越衍侯吳陽以其邑七
> 百人反，攻越軍於漢陽。從建成侯敖與其率，從繇王居股……乃遂
> 俱殺餘善，以其眾降橫海將軍……於是天子曰東越狹多阻，閩越悍，
> 數反覆，詔軍吏皆將其民徙處江淮間。東越地遂虛。

西漢滅閩越，最重要的地名是梅嶺、白沙、武林、若邪。這四個地名，非常
難考。按照《史記》體例，凡是從邊境出兵的地方不可能在內地。前人往往
誤以爲這幾個地名在今南昌以北，遠離漢和閩越的邊界，本文重新考證。

一、梅嶺在今浦城西北

梅嶺，《集解》引徐廣曰：「在會稽界。」《索隱》說：「徐廣云在會稽，

非也。今案，豫章三十里有梅嶺，在洪崖山足，當古驛道。此文云豫章梅嶺，知非會稽也。」《正義》引《括地志》云：「梅嶺在虔化縣東北百二十八里。」說：「虔州漢亦屬豫章郡。」譚其驤《中國歷史地圖集》西漢的梅嶺標在廣昌之西，〔註1〕就是指在虔化縣（治今寧都縣）東北的梅嶺，因爲《太平寰宇記》撫州南豐縣：「梅嶺，在縣西南一百三十五里，與虔州虔化縣分界，有梅嶺水出焉。」這個梅嶺在今廣昌縣和之間，廣昌縣是南宋紹興八年（1138 年）從南豐縣南部析出。

徐廣說梅嶺在會稽固然不對，司馬貞說在今南昌也不對，南昌遠離福建。但是張守節說在今廣昌、寧都之間也不對，雖然已經比較靠近福建，但是也不在江西、福建的省界，而且位置偏南，漢代還很荒涼，不在入閩大路。南豐縣是孫吳才從南城縣析出，隋代又併入南城縣，唐代又置。

梅嶺是一個南方很常見的地名，不能看見梅嶺就說是閩越邊界的梅嶺。就是今天江西和福建省界上的梅字地名，還有不少，比如南豐東南界上有梅樹嶠，大餘縣南也有梅嶺，有學者就誤以爲大餘之南的梅嶺是南昌之西的洪崖山梅嶺，〔註2〕所以不能武斷。

我認爲，考證梅嶺關鍵是元鼎五年（前 112 年）漢軍駐守在此，一定是入閩大路，《史記》卷二二《漢興以來將相名臣年表》元鼎六年說王溫舒出會稽，《東越傳》說豫章梅嶺，說明梅嶺在會稽、豫章郡界，在今浙江、江西、福建三省交界，則一定在今浦城縣。

浦城縣西北，今有梅林、梅溪等地名。浦城縣是福建最北部一個縣，北通浙江、江西。浦城縣北部的山口容易翻越，歷史上一直是入閩要地，現在浦城縣北部和鄰近的浙江、江西上饒以東等地都是吳語區。

唐詩中經常提到入閩的要地梨嶺，如林藻《梨嶺》：「曾向嶺頭題姓字。」許渾《送林處士自閩中道越由雪抵兩川》：「鄉關背梨嶺，客路轉萍洲。」章碣《送謝進士還閩》：「雷霆入地建溪險，星斗逼人梨嶺高。」有人誤以爲梨嶺是虛構的地名，說是爲了和廣西的桂嶺、廣東的梅嶺相匹配而製造的文學雅稱。〔註3〕我以爲此說大謬，梨嶺不僅是眞實地名，而且見於唐憲宗元和年

〔註1〕 譚其驤主編《中國歷史地圖集》，第二冊第 24 頁。

〔註2〕 林劍鳴：《秦漢史》，第 66 頁。

〔註3〕 張偉然：《唐人心目中的文化區域及地理意象》，《唐代地域結構與運作空間》，上海辭書出版社，2003 年，第 328 頁。收入張偉然：《中古文學的地理意象》，北京：中華書局，2014 年，第 35 頁。

間宰相李吉甫主修的《元和郡縣圖志》，卷二九建州浦城縣說：「梨嶺，在縣東北八十里，與弋陽縣分界。」東北應是西北，《太平寰宇記》卷一百一建州浦城縣：「梨岩，在縣西北八十里，因梨山以名之。《記》云，南嶺下道東，有鍾離古亭跡尚存，今爲戍。」西北通廣豐，廣豐在唐代屬上饒縣，再西是弋陽縣。

梨嶺關在今九牧鎮九牧村高步亭，現在還有古道等遺跡。直到 1994 年五顯嶺隧道通車前，國道還經過梨嶺關旁。九牧鎮是福建著名的大族九牧林氏發源地，可見此地正是要道。九牧鎮西的九牧溪流入江西，經過梅林村。西南又有梅溪村，所以梅嶺在今浦城縣西北。梅溪向南是臨江溪，臨江鎮錦城有漢代古城，〔註4〕說明這一條路也很重要。

浦城縣是早期漢族入閩最重要的通道，《三國志》卷六十《賀齊傳》：「侯官既平，而建安、漢興、南平復亂，（賀）齊進兵建安，立都尉府，是歲（建安）八年也。（會稽）郡發屬縣五千兵，各使本縣長將之，皆受（賀）齊節度。賊洪明、洪進、苑御、吳免、華當等五人，率各萬戶，連屯漢興，吳五六千戶別屯大潭，鄒臨六千戶別屯蓋竹，同出餘汗。」

漢興在今浦城，《太平寰宇記》浦城縣：「吳山，在縣東五里，記雲山四面秀興，人居其側多吳姓，漢興有吳氏五六千戶別屯大澤，即此之民也。」浦城縣原名漢興縣，東漢建安年間建縣。

最早在閩西北的漢族大姓是洪、苑、吳、華、鄒這五大姓，洪姓最大。而洪姓就是南昌大姓，倫敦大英博物館所藏敦煌文書斯 2052 號《新集天下姓氏族譜一卷並序》記載晚唐郡姓，有學者認爲在開元中期以後，或以爲在元和十五年（820 年）到咸通十三年（872 年），〔註5〕其中宜春郡姓，首爲袁，宜春郡即袁州，無疑得名於最大的袁姓。此譜的鄱陽郡姓，首爲饒，鄱陽即饒州，饒州也得名於最大的饒姓。此譜的豫章郡姓有洪，豫章郡即洪州，洪州之名源自洪姓，唐初立洪州時的第一大姓應是洪。

鄒姓分佈最集中的地方就是江西，據統計，宋朝、明朝鄒姓人口最多之地是江西，現在鄒姓人口最多之地還是江西，約占全國鄒姓總人口的百分之

〔註4〕 國家文物局主編《中國文物地圖集・福建分冊》，福建省地圖出版社，2007 年，第 259 頁。

〔註5〕 唐耕耦：《敦煌四件唐寫本姓望氏族譜殘卷》，北京大學中國中古史研究中心編《敦煌吐魯番文獻研究論集》第 2 輯，北京大學出版社，1983 年。毛漢光：《敦煌唐代氏族殘譜之商榷》，《歷史語言研究所集刊》第 43 本，1971 年。

十四，其次是鄰近的福建、湖南。〔註6〕雖然僅有洪、鄒二姓可以確定來自江西，但是洪姓有兩萬戶部屬，洪、鄒二姓部屬人口近半，所以我們可以說閩西北最早的漢族移民多來自江西。

二、白沙在今資溪縣白沙坑

白沙，《索隱》說：「今豫章北二百里，接鄱陽界，地名白沙，有小水入湖，名曰白沙阬。東南八十里，有武陽亭，亭東南三十里，地名武林。此白沙、武林，今當閩越入京道。」此說看似合理，其實不能成立，此說的白沙、武林在今南昌北部，遠離福建省，不可能是漢兵入閩之前所在地。按照《漢書》體例，大軍出某地，一定在邊塞。譚其驤主編《中國歷史地圖集》把此說的白沙、武林畫在今南昌東北，〔註7〕顯然錯誤。有人誤以爲是溫州樂清白沙寨，〔註8〕更爲荒謬。

白沙雖然也是通名，但是在今江西、福建省界不多，我找到三處，一處在今黎川縣東南，一處在今資溪縣馬頭山鎮白沙坑，一處在武夷山市西北的白沙嶺。我以爲不是黎川縣的白沙，因爲黎川縣位置偏南，古代不是大路。而且黎川縣的白沙，位置偏僻，南面正對高達 1254 米的三仙岩。也不是武夷山西北的白沙嶺，因爲不在大路，而且這一條路直對武夷山漢城，應是漢軍主力所走，不是越侯所走。

資溪縣的白沙，翻過武夷山，東南直對福建光澤縣，所以我認爲白沙就是資溪縣的這個白沙。資溪縣在瀘溪流域，原名瀘溪縣，1914 年改名資溪縣。瀘溪往下流到貴溪的龍虎山，稱爲上清河。流到餘江縣，稱爲白塔河，注入信江。整個江西省的東部，西漢全屬餘干縣。

餘干縣是越人北進的最重要通道，《漢書》卷六四上《嚴助傳》淮南王劉安說：「越人欲爲變，必先田餘干界中，積食糧，乃入伐材治船。邊城守候誠謹，越人有入伐材者，輒收捕，焚其積聚，雖百越，奈邊城何！」越人甚至通過餘干縣，向北到尋陽縣（治今湖北武穴），《漢書·嚴助傳》嚴助說：「今閩越王狠戾不仁，殺其骨肉，離其親戚，所爲甚多不義，又數舉兵侵陵百越，并兼鄰國，以爲暴強，陰計奇策，入燭尋陽樓船，欲招會稽之地，以踐句踐

〔註6〕 袁義達主編：《中國姓氏·三百大姓》上冊，華東師範大學出版社，2007 年，第 260～261 頁。
〔註7〕 譚其驤主編《中國歷史地圖集》，第二冊第 24 頁。
〔註8〕 朱維幹：《福建史稿》上冊，福建教育出版社，1985 年，第 38 頁。

之跡。」

我以爲，越人出入餘干縣，是走光澤縣西北，古代稱爲庸嶺道。從此進入今資溪縣，順瀘溪而下，經過今貴溪縣、餘江縣境內，到達信江邊的古代餘干縣境內。原因如下：

第一、這條路向北是瀘溪，直通餘干縣，距離最近。雖然山口比杉關高，但是不及分水關高，所以鷹廈鐵路就是走這一條路。

第二、這條路上有著名的道教聖地龍虎山，張道陵在漢末選擇此地，一定考慮到交通因素。宗教聖地往往在交通乾道，這樣才能吸引信眾。道教也不例外，很多洞天福地都在交通乾道，龍虎山扼守瀘溪通往福建的要道，既能吸引嶺外的越人與來往的漢人，又能獲取嶺外的藥材等資源，位置優越，所以才被道士看中，建立道觀。

第三、這一條路較爲隱蔽，《太平寰宇記》卷一百七信州貴溪縣：「本漢豫章郡餘干之地，今在弋陽、餘干兩縣之間。自此以西，地相去闊遠，山水回合，群盜潛藏，泝舟行船，人不自保，浸以成俗，久而逾甚，永泰元年就貴溪口置貴溪縣，即今理也。」貴溪縣西部山水回合，瀘溪穿過數縣，越人走這一條路，不容易爲漢人察覺。

第四、李寄斬蛇的故事就發生在庸嶺，《太平寰宇記》卷一百一邵武縣說：

> 烏嶺山，在縣西北三百里。烏嶺峻極，不通牛馬，以其與烏君山接，因此爲名。魏王泰《坤元錄》云：「邵武有庸嶺，一名烏頭嶺。北隰中有大蛇長七八丈，爲患，都尉長吏多致死者。巫言啗童女，其都尉、令長遂估貸人家婢子養之，八月祭送蛇穴，已九女矣。將樂縣尉李誕有六女，無男，小女名奇，及受雇，應之。奇買好劍，仍作數石米䭀，用蜜灌之，以置穴口。蛇夜出，目如三尺鏡。奇放犬作吠，奇從後以劍斬之，蛇湧出至庭而死。」

東晉干寶《搜神記》卷十九《李寄》說：

> 東越閩中有庸嶺，高數十里。其西北隰中，有大蛇，長七八丈，大十餘圍，土俗常懼。東冶都尉及屬城長吏，多有死者。祭以牛羊，故不得禍。或人與夢，或下諭巫祝，欲得啗童女年十二三者。都尉令長，並共患之。然氣屬不息。共請求人家生婢子，兼有罪家女養之。至八月朝祭，送至穴口，蛇出吞齧之。累年如此，已用九女。爾時預復募索，未得其女。將樂縣李誕家有六女。無男，其小女名

寄，應募欲行……蛇因踴出，至庭而死。寄入視穴，得其九女髑髏，
悉舉出，吒言曰：「汝曹怯弱，爲蛇所食，甚可哀愍。」於是寄女緩
步而歸。越王聞之，聘寄女爲后，指其父爲將樂令，母及姊皆有賞
賜。自是東治無復妖邪之物，其歌謠至今存焉。

前人早已指出，李寄斬蛇的故事實質是漢人上層移民清除越人的信仰。閩人
原來崇拜蟒蛇，我曾經指出，閩就是蟒，《太平寰宇記》卷一百福州風俗引《開
元錄》說：「閩州，越地，即古東甌，今建州亦其地。皆蛇種，有五姓，謂林、
黃是其裔。」閩是形聲字，門是聲旁，蟲是形旁，蟲即蛇的象形，閩人原以
蛇爲圖騰。現在閩南話還把閩讀爲 mang，閩即蟒。〔註9〕

第五、瀘溪與信江的交匯處在西晉設縣，《太平寰宇記》卷一百七饒州餘
干縣：「安仁故城，在縣東南一百五十里。按《鄱陽記》云：晉永嘉七年分餘
干，置興安縣，尋廢焉。陳天嘉中，於興安故地置安仁縣。至隋開皇九年復
廢，併入餘干。今故城猶存。」安仁縣城在今餘江縣錦江鎮，西晉在此設縣，
說明孫吳瀘溪交通地位提高，正是李寄斬蛇所折射的漢人移民開闢庸嶺道的
結果。

這一路越侯軍隊，出白沙，直對光澤、邵武，閩越在此設城抵禦漢軍，《太
平寰宇記》卷一百一邵武軍邵武縣：「廢烏阪城，在縣東南三里，《建安記》
云，昔越王拒漢，其城六，此城一也。」此城在今邵武西北的越王臺遺址，
距離吻合，原書記載的方向錯誤。〔註10〕

若邪和紹興的若耶溪是同源地名，不知是否和瀘溪的名字有關。總之，
白沙、若耶都在瀘溪一路，是越人聚居之地，東漢末年尚且如此，西漢的越
人更多，所以派越侯走此路，起策應作用，不是主力。

三、武林是武夷山北的欄杆山

漢滅閩越，分爲三路，樓船將軍楊僕出武林，中尉王溫舒出梅嶺，越侯
爲戈船、下瀨將軍，出若邪、白沙。最高級別將領楊僕出武林，是最重要的
一路。越人歸降的侯，出若邪、白沙，是最不重要的一路。

因爲漢滅南越，也有這樣的差異，《史記·南越傳》說：「元鼎五年秋，
衛尉路博德爲伏波將軍，出桂陽，下匯水。主爵都尉楊僕爲樓船將軍，出豫

〔註9〕周運中：《中國南洋古代交通史》，廈門大學出版社，2015 年，第 33～34 頁。
〔註10〕國家文物局主編《中國文物地圖集·福建分冊》，第 249 頁。

章，下橫浦。故歸義越侯二人爲戈船、下厲將軍，出零陵，或下離水，或抵蒼梧。使馳義侯因巴蜀罪人，發夜郎兵，下牂柯江：咸會番禺。」

路博德、楊僕，級別最高，所以出北江，直衝南越國都番禺（今廣州），而越人歸降的兩個侯，走灘江、賀江，顯然不是最重要的路線。

上文說過，中尉王溫舒出梅嶺，入浦城，比較重要。歸降的越侯，出白沙，入光澤、邵武，位置偏南。所以楊僕出武林，一定在白沙之北，正是浦城和光澤之間的武夷山。在今武夷山，有規模很大的漢代古城，有人認爲是閩越國都，楊僕的大軍就是要正對武夷山漢城。所以楊僕一路，應是出鉛山，武林在今鉛山縣南，其南是武夷山。

其實武林山就是欄杆山，《太平寰宇記》卷一百一建陽縣：

> 武夷山，在縣北一百二十八里。蕭子開《建安記》云：「武夷山……有石壁，峭拔數百仞於煙嵐之中，其間有木碓、磨、籭箕、籮、箸、什器等物，靡不有之。」顧野王謂之仙人宅，半岩有懸棺數千……又《坤元錄》云：「建陽縣上百餘里，有仙人葬，山亦神仙所居之地。」……欄杆山，在縣北二百九十里。《建安記》云：「欄杆山與武夷山相對，半岩有石室，可容六十人，岩口有木欄杆，飛閣棧道，遠望石室中，隱隱有床帳、案几之屬。岩石見悉生古柏，懸棺仙葬，多類武夷。」

欄杆山與武夷山相對，則在武夷山之北。武夷山，在縣北一百二十八里，應是二百八十里，所以欄杆山就在武夷山之北十里。北宋淳化五年（994年），析建陽縣西北部，設崇安縣，1989年改爲武夷山市。

欄杆山因爲山上的石洞有欄杆而得名，我曾經考證，武林就是越人的干欄建築。〔註11〕武林是越地常見的地名通名，杭州原名武林，今天杭州還有武林門，南宋杭州人周密有《武林舊事》。杭州古代有武林山、武林水，《漢書·地理志上》會稽郡說：「錢唐，西部都尉治。武林山，武林水所出，東入海，行八百三十里。」上文引《史記索隱》說，南昌之北有武林。廣西也有武林，《宋書·州郡志四》記載廣州永平郡有武林縣，在今廣西平南縣。武林的上古音是 ma-lam，就是越人的民房麻欄。

戴裔煊先生指出越人民居，名爲干欄、干蘭、干闌、閣闌、高欄，或變

〔註11〕周運中：《浙江、錢塘、武林語源考》，《傳承與創新：浙江地方歷史與文化學術研討會論文集》，浙江大學出版社，2014年。

爲麻欄、水欄、欄房、馬郎房、羅漢樓。《魏書》卷一百一《僚傳》:「依樹積木，以居其上，名曰干蘭，干蘭大小，隨其家口之數。」《新唐書》卷二二二下《南平僚傳》:「人樓居，梯而上，名爲干欄。」南宋范成大《桂海虞衡志》:「民居苫茅，爲兩重棚，謂之麻欄。」周去非《嶺外代答》卷十《蠻俗》:「編竹苫茅，爲兩重，上以自處，下居雞豚，謂之麻欄。」〔註12〕其實漢語的欄杆源自越語，越人的民房是用木頭搭成。干蘭其實複輔音，源自原始侗臺語，有語言學家根據現在的侗臺語擬爲 Gr[]n。〔註13〕

現在香港的西貢南面有一個半島，有地名稱爲麻籃笏（Ma Lam Wat），廣西欽州市南部海灣有麻藍頭島，也是同源越語地名。

武夷山北的欄杆山，上有懸棺葬，外有欄杆，故名欄杆山，欄杆就是干蘭、麻欄，所以欄杆山自然就是武林山。

四、漢滅南越的總體形勢

漢立繇君丑爲繇王，又立餘善爲東越王，說明餘善在東，在今福州，而繇君在西，在今武夷山漢城。《史記》說:「東越狹多阻，閩越悍。」證明東越在今閩江下游，遠離漢地，漢軍要經過的山路太多。

今福州城內的冶山，也發現了漢代古城遺址，出土了「萬歲」、「萬歲未央」等高規格瓦當，有很多人認爲證明了冶城在今福州。〔註14〕也有人提出福州北郊的新店古城才是最早的冶城，餘善擴建到今冶山，總之在今福州。〔註15〕《太平寰宇記》卷一百福州閩縣:「越王山，在州北二百五步，即越王無諸舊城也，其中有越王井。」說明福州的古城一直在史書中有記載，位置吻合。

漢朝陸路大軍三路襲來，在今閩江上游的繇王居股退往閩江口，殺餘善，所以投降了從海路來到閩江口的橫海將軍韓說。

有人說東越王餘善在武夷山漢城，繇王在福州漢城。我以爲不確，持此說者多是考古學者，他們的看法違背史書。史書明確說，橫海將軍先到，繇

〔註12〕 戴裔煊:《干蘭——西南中國原始住宅的研究》，蔡鴻生編《戴裔煊文集》，中山大學出版社，2004年，第9～10頁。

〔註13〕 李錦芳:《侗臺語言與文化》，第240～247頁。

〔註14〕 周春水、高健斌:《福州屏山農業廳用地試掘報告》、張勇:《福州屏山、冶山一帶的冶城遺跡》，王培輪、黃展岳主編《冶城歷史與福州城市考古論文選》，海風出版社，1999年，第121～129頁。

〔註15〕 黃榮春:《冶城地望考》，福建省炎黃文化研究會編《閩越文化研究》，海峽文藝出版社，2002年，第128～138頁。

王居股殺餘善，投降橫海將軍。武夷山漢城靠近漢地，又在內陸，顯然不可能是橫海將軍的海軍先到之地。繇王在上游，順流而下，才能投降橫海將軍。如果繇王在下游，向上仰攻本來困難，豈能先殺餘善？

繇君是封在繇地的王子，《越絕書·記吳地傳》記載有越國吞併吳國後，有越搖王、越宋王、上舍君、越荊王、越干王，都是用相鄰的國名作為越國王子的封地名。舍即舒，春秋時期群舒在今安徽中部，今有舒城縣。干是邗國（今揚州），或是干越（今江西）。搖即繇，繇很可能是指瑤族，瑤族和苗族是同源民族，原名莫徭，莫徭的連讀就是苗。《隋書·地理志》說：「長沙郡又雜有夷蜒，名曰莫徭，自云其先祖有功，常免徭役，故以為名。」其實莫徭不是因為免除徭役得名，這是可笑的牽強附會，古代的異族都免除徭役。瑤族從苗族分化出來，一直東遷到了福建省的西部，演變為今天的畬族。畬族原來說的是苗瑤語，本名就是莫徭。明陳道《弘治八閩通志》卷十二《地理》引《舊記》云：「閩之先居海島有七種：盧亭、白水郎、樂山、莫徭、遊般子、山夷、雲家之屬是也。」唐代詩人陳陶《鍾陵道中》詩云：「煙火近通盤瓠俗，水雲深入武陵鄉。」鍾陵在今江西進賢縣，說明今江西省東部在唐代也有畬族，靠近武夷山。因為盤瓠是苗、瑤、畬三族的祖先，武陵則是祖居地，在今湘西。北宋樂史《太平寰宇記》卷一百一建州建寧縣（今建寧縣）：「本將樂縣地，晉綏城縣，莫徭之民居焉。唐武德中併入邵武，垂拱中割入將樂。」說明唐代甚至唐代之前，閩西建寧縣就是莫徭居地。這就說明繇君的封地應在今閩西北，則是武夷山漢城。

考古學者往往說武夷山漢城規模大，文物多，規格高。〔註16〕我認為越是如此，說明武夷山漢城越不是閩越都城。因為這顯然是漢化的城市，所以在閩越靠近漢地的邊界。都城一般在中心，而不是在邊界。繇王是漢朝扶持，所以他的城應在靠近漢地的邊界。餘善反漢，他的都城自然遠離漢地。福州的古城因為恰好在市中心，所以不容易完整保存。

有人說餘善逃到偏遠的閩北立國，不看《史記》說：「餘善已殺郢，威行於國，國民多屬，竊自立為王，繇王不能矯其眾持正。」餘善獲得了大權，他自然是在故都冶城。繇君本來就是閩越一個偏遠的封君，原來就不在都城冶，所以逃過一劫。因為靠近漢地，所以得到漢朝的扶持。

〔註16〕陳存洗：《從考古發現看閩越國都城位置》、張其海：《閩越國「冶」都探究》，福建省炎黃文化研究會編《閩越文化研究》，第97～127頁。

　　還有人說餘善都城在今福州的冶城，但是為了抵抗漢軍，修建了武夷山的古城，我以為此說也不對。因為如果武夷山的古城也屬於餘善，則餘善能擁有整個建溪上游，繇王的勢力就無從安置。

　　東越王所居地靠海，《漢書·朱買臣傳》記載，朱買臣說：「故東越王居保泉山，一人守險，千人不得上。今聞東越王更徙處南行，去泉山五百里，居大澤中。今發兵浮海，直指泉山，陳舟列兵，席卷南行，可破滅也。」於是拜朱買臣會稽太守，歲餘，買臣受詔將兵，與橫海將軍韓說等俱擊破東越，有功。可見，泉山靠海，其南五百里的大澤也在海岸，福建內陸找不到大湖。

　　泉山爭議很多，《太平寰宇記》浦城縣說泉山在浦城，泉州晉江縣說在晉江。福建有泉的山很多，浦城位置太北，又是繇王之地，所以不是。而泉州之名是唐代景雲二年才從福州移來，泉州位置偏南，也不可信。泉山很可能就是福州之東的鼓山，高達千米，非常險要。上有龍頭泉、羅漢泉，有湧泉寺。因為靠近海口，所以可以航海。

　　東越王南行五百里的大澤，無疑在今莆田，距離、地貌都吻合。今天福州到莆田是 300 里，但是走海路要繞道，古代山路也更遠。莆田的很多小河從三面匯入海灣，現在的河口平原最初是一片沼澤。〔註 17〕梁末陳初，侯官（今福州）人陳寶應割據福建，陳軍攻打，《資治通鑑》卷一六九說陳寶應逃到莆口，一般認為就是今莆田，唐代才設莆田縣。陳寶應南逃的方向，和餘善相同。

　　有人說泉山在浦城，其南五百里的大澤在今福州。〔註 18〕此說不對，今天福州到浦城的距離已有近 400 公里，古人走山路，按照古代的裏制，超過上千里。即便是五百里，餘善也不可能通過閩江輕易轉移五百里。浦城的泉山是很晚附會，本來就不對，也不是因為泉水得名。

　　建成侯敖隨繇王南下，被漢朝封為開陵侯，說明建成侯是閩越封號。我懷疑建成是建城，即建溪之城。很可能是今建陽，漢末立建平縣。《太平寰宇記》說建安縣（今建甌）名源自年號，不知是否可信。至於越衍侯吳陽之邑，位置難考，很可能在閩江口，所以能迎接韓說的海軍。有人看見吳陽攻漢陽，就說漢陽是漢興縣，即今浦城縣。其實漢興因為置縣在東漢末年得名，漢陽

〔註17〕　林汀水：《從地學觀點看莆田平原的圍墾》，《中國社會經濟史研究》1983 年第 1 期。收入林汀水：《福建歷史經濟地理論考》，天津古籍出版社，2015 年，第 22～37 頁。
〔註18〕　朱維幹：《福建史稿》上冊，第 40～41 頁。

則是根據山川得名，不能混淆。

最終平定閩越的是韓說的海軍，距離更遠，但是因為是冬天，順北風行船很快，所以反而更早到達東越都城。證明淮南王劉安所說可信，從陸路走確實很困難。所以漢朝在滅閩越之後，僅在閩江口設一個冶縣，內陸不設縣。

五、漢代冶縣的設置

有人說冶不是東冶，顯然不對，因為《史記・東越傳》說都東冶，《漢書・東越傳》說都冶，冶顯然就是東冶。有人說冶在章安（今台州章安鎮），因為《續漢書・郡國志四》會稽郡：「章安，故冶，閩越地，光武更名。」我認為原文章安之下，缺侯官二字，原文應是：「章安。侯官，故冶，閩越地，光武更名。」因《宋書・州郡志二》江州晉安郡侯官縣說「前漢無，後漢曰東侯官。」說明東漢改名侯官，《續漢書》缺侯官，後人誤入章安之下。《續漢書》失載廣陵縣的海陵縣，海陵縣的長洲澤就誤入前一縣東陽縣，說明有這樣的錯誤。

《三國志》卷五七《虞翻傳》裴注引東晉虞預《會稽典錄》：「元鼎五年，除東越，因以其地為冶，並屬於此，而立東部都尉，後徙章安。」雖然東部都尉從冶遷章安，但是《續漢書》的錯誤可能是簡單的條目錯亂，未必源自都尉遷徙。《太平御覽》卷二四一《都尉》引劉宋孫詵《臨海記》說：「漢元鼎五年，立都尉府於侯官，以鎮撫二越，所謂東南一尉者也。」侯官低於都尉，西漢或在閩越故地先設侯官，又升為都尉。

《宋書》卷三六《州郡志二》江州建安郡：「漢武帝世，閩越反，滅之，徙其民於江、淮間，虛其地。後有遁逃山谷者頗出，立為冶縣，屬會稽。司馬彪云，章安是故冶，然則臨海亦冶地也。張勃《吳錄》云：閩越王冶鑄地，故曰安閩王冶。此不應偏以受名，蓋句踐冶鑄之所，故謂之冶乎？」作者看到的司馬彪《續漢書・郡國志》已經把冶縣誤入章安縣條下，誤以為臨海郡也是冶縣之地。又不知冶縣得名原因，懷疑是句踐冶鑄之地，顯然不對。南朝距離漢朝已遠，所以開頭說因為從山谷逃出越人才設冶縣，也不一定正確。冶縣未必是因為越人逃出設縣。越人本來就不可能全部遷走，漢朝遷走的是閩越的上層。

冶縣地處江南和嶺南海路之間，很可能是作為航海補給站存在，《三國志》卷三八《許靖傳》說許靖從會稽郡出發：「便與袁沛、鄧子孝等浮涉滄海，南

至交州。經歷東甌、閩、越之國，行經萬里，不見漢地，漂薄風波，絕糧茹草，饑殍薦臻，死者大半，既濟南海。」許靖從浙江到廣東，沿海只有章安（治今台州章安鎮）、冶、揭陽（治今澄海龜山）三縣，管轄附近很小地方。三縣之間都是越人聚居區，漢朝難以統治，所以說萬里不見漢地。

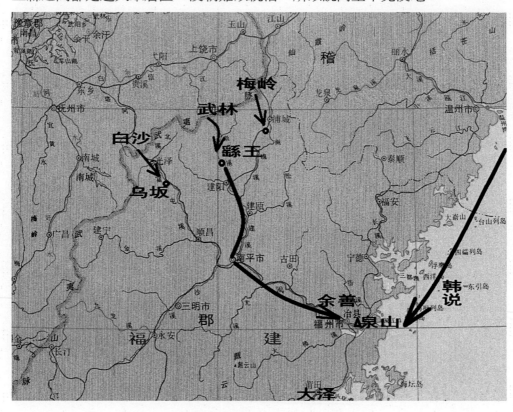

漢滅閩越國示意圖〔註19〕

　　《舊唐書》卷四十《地理志》福州冶縣：「武帝誅東越，徙其人於江淮，空其地。其逃亡者，自立為冶縣，後更名東冶縣。後漢改為侯官都尉，屬會稽郡。」唐代人距離漢朝更遠，所以錯誤更大，竟在《宋書》立字前又加了一個自立，漢朝不可能允許越人自己設縣。《鹽鐵論》卷四《地廣》，文學曰：「橫海征南夷，樓船戍東越。」說明漢朝在閩江口有海軍戍守。《舊唐書》又說東漢設侯官都尉，其實侯官、都尉是兩種官，不能籠統地說侯官都尉。侯官管轄地方，都尉管轄的地域很廣，都尉駐地可以在侯官，但是在冶縣東漢

〔註19〕底圖來自譚其驤主編《中國歷史地圖集》第二冊第25頁，黑體字和路線是本書添加。

改名爲侯官之前，西漢就把會稽郡南部都尉北遷到了回浦縣（今台州章安鎮），《漢書・地理志》會稽郡南部都尉在回浦縣。

我們不能因爲南朝、唐朝的正史有誤，就相信這些晚出的錯誤。六朝《會稽典錄》、《臨海記》時代早，又是地方志，價值自然更高。《續漢書・郡國志》雖然有條目錯位，但是內容可信。東漢改名侯官，此前的西漢自然還叫《漢書・地理志》記載的冶縣。東漢時閩越國滅亡很久，所以原來的冶縣之名被更改，這很正常。

冶縣（治今福州）地處閩江口，和福建其他地方特別是內陸山區交通不便，實際不能管到整個福建省。所以東漢末年在閩西北設縣，都不提是從冶縣分出，這也正常，不能因此說漢朝不存在冶縣。

西漢東甌、閩越內遷地域差異

　　《史記》、《漢書》記載漢武帝劉徹把分佈在今浙江東南及福建省的東甌人、閩越人遷到了「江淮之間」，但是這些越人究竟分佈在什麼地方，是集中分佈在一個地區，還是分散在很多地方，是全部在長江、淮河之間，還是也有散佈江南、淮北呢？前人關於這一問題缺乏詳細的考證，特別是因為沒有利用《越絕書》的寶貴記載，因而多數學者籠統地認為東甌和閩越都北遷到了今江淮及其以北地區。其實這是一種誤解，本文將首先對東甌、閩越內遷地域進行詳細梳理，然後比較二者分佈，並分析原因。

一、東甌王爲彭澤王

　　《史記・東越列傳》說：「閩越王無諸及越東海王搖者，其先皆越王句踐之後也，姓騶氏。秦已并天下，皆廢爲君長，以其地爲閩中郡。及諸侯畔秦，無諸、搖率越歸鄱陽令吳芮，所謂鄱君者也，從諸侯滅秦。當是之時，項籍主命，弗王，以故不附楚。漢擊項籍，無諸、搖率越人佐漢。漢五年，復立無諸爲閩越王，王閩中故地，都東冶。孝惠三年，舉高帝時越功，曰閩君搖功多，其民便附，乃立搖爲東海王，都東甌，世俗號爲東甌王……吳王子子駒亡走閩越，怨東甌殺其父，常勸閩越擊東甌。至建元三年，閩越發兵圍東甌。東甌食盡，困，且降，乃使人告急天子……乃遣莊助，以節發兵會稽。會稽太守欲距，不爲發兵，助乃斬一司馬，諭意指，遂發兵浮海救東甌。未至，閩越引兵而去。東甌請舉國徙中國，乃悉舉眾來，處江淮之間。」

　　秦末天下大亂，東甌王搖與閩越王無諸都起兵反秦，屬於鄱陽縣（治今江西鄱陽縣東）令吳芮部下，並隨吳芮歸屬項羽。但是項羽居然沒有對越人

封王，所以他們投靠劉邦。劉邦滅項羽後，在漢朝五年（前 202 年），爲感謝越人，封無諸爲閩越王，王國是閩中郡故地，都東冶（在今福州市）。到漢惠帝劉盈三年（前 192 年），想起搖也有很大功勞，於是封搖爲東海王，都東甌（在今溫州），世俗號爲東甌王。東海王是漢朝新名，東甌是舊名。東甌、閩越本來是同一種文化，所以這裡又稱搖爲閩君。

漢景帝時，爆發了吳楚六國之亂，爲首的是吳王劉濞，劉濞失敗後逃亡東甌，東甌王殺了劉濞，獻給漢朝。劉濞的兒子子駒逃亡閩越，勸閩越王發兵攻打東甌，漢武帝劉徹建元三年（前 138 年），閩越攻打東甌，東甌王被困，請求漢朝救援。漢朝派莊助（東漢避漢明帝劉莊之諱改爲嚴助）發兵，從會稽郡出動海軍，解救東甌王。東甌人被遷到江淮。

《史記集解》引徐廣曰：「《年表》云東甌王廣武侯望，率其眾四萬餘人來降，家廬江郡。」《索隱》說：「徐廣據《年表》而爲說。」此條也見於《史記·漢興以來將相名臣年表》，廬江郡也很大，今安徽中西部都是廬江郡。

《越絕書》卷二《記吳地傳》說：「（劉濞）還奔丹陽，從東甌。越王弟夷烏將軍殺濞。東甌爲彭澤王，夷烏將軍今爲平都王。」〔註1〕這爲我們瞭解東甌人內遷分佈地域提供了一條確信的珍貴史料。

《越絕書》是東漢時期越地人士撰寫，保存了大量獨一無二的珍貴史料。《越絕書》說東甌王後來被西漢改封爲彭澤王，絕非虛言。這個彭澤王是根據彭蠡澤得名，彭蠡澤是今鄱陽湖北部及安慶市西南的龍感湖、大官湖一帶湖泊，古代這些湖泊在水大時可以連爲一體，是當時的巨湖。因爲彭蠡澤的北部就在廬江郡，所以年表說住在廬江郡。漢代豫章郡彭澤縣，治今江西省彭澤縣西南，因爲臨近彭蠡澤得名。彭澤縣的南面和鄱陽縣相鄰，東甌王反秦時就是鄱陽縣令吳芮部下，吳芮北上伐秦，就是經過彭蠡澤，所以東甌人非常熟悉這裡。鄱陽縣和東甌故地在同一緯度，氣候相差不大。彭蠡澤是一個巨大的湖泊，這對於原來居住在東海邊的東甌人來說，和故土的地貌和氣候也很類似。

東甌王改封在彭蠡澤附近，史書沒有記載其遷徙道路。筆者認爲可能有三條線路：第一條是陸路，東甌故地的西面翻過山嶺，就到了今金華市，地處金衢盆地，經過今衢州市，可以方便地到達江西東境，再順水路而下，就是彭蠡澤。這一條路也是秦代東甌人到達鄱陽縣的路線。第二條是全程水路，

〔註1〕俞紀東：《越絕書全譯》，貴州人民出版社，1996 年，第 67 頁。

通過海路進入長江，到達鄱陽湖附近，這是比較遙遠的路線。還有一種可能是海陸兼有，浙東南的陸路開闢較晚，所以從浙東南到金華的山路不便，而通過海路進入錢塘江比較方便，這是越人熟悉的地域。再通過錢塘江河谷或諸暨、義烏等地進入金衢盆地，走陸路到彭澤。諸暨、義烏之間的分水嶺很低，自古以來是交通要道，雖然是陸路，但是也很便利。

第三條道路最有可能，因為漢朝平定閩越時，橫海將軍韓說出句章縣，而句章城在今浙江餘姚大隱鎮的城山村附近。〔註2〕所以漢朝內遷東甌也很可能通過水路。當時會稽郡的核心地區是今寧紹平原，這裡是越國故地，秦漢時期的縣治最多，人口最多，也是漢朝經營東南沿海的基地。

東甌王改封為彭澤王，還有一個證據，就是其弟又封為平都王，在今吉安，詳見下文。如果東甌王不在彭澤附近，也就沒有平都王的再次南遷。

明田藝蘅《香宇集》續集卷三十《壬戌稿文》的《重訂越絕書序》說：」其夷烏、彭澤、平都王事無考，其夷烏或即會稽郡之烏傷，而彭澤、平都屬豫章郡，平都侯國也，正史或遺。」〔註3〕這裡說《越絕書》記載的彭澤王、平都王可能是正史遺漏，而夷烏可能源自會稽郡之烏傷縣（治今浙江省義烏市）。田藝蘅的看法正誤各半，《越絕書》的記載確有很多正史遺漏之處，但是夷烏是人名，烏傷是地名，也沒有任何證據表明二者有何聯繫，田氏誤以為二者有聯繫。烏傷在今浙江義烏市，東甌人不可能遷到此地。

清王謨《江西考古錄》卷一《郡邑》彭澤條說：

> 《禹貢》：「東匯澤為彭蠡」，《山海經》：「廬江入江彭澤西」，郭注：「彭澤，今彭蠡也。」《漢志》豫章彭澤縣云：「《禹貢》彭蠡澤在西，以是為縣也。」按《越絕書》云：「吳王濞之反，東甌王弟夷烏將軍殺濞。景帝封東甌王為彭澤王，夷烏將軍為平都王。」《史記》、《漢書》但言東甌從奧反，及吳破，東甌受漢購，殺吳王丹徒，以故得不誅，無封王事。且東甌已自為王，又何以改封彭澤王乎？事之虛實，已無可考。然因此得知漢初彭澤嘗為王都，即以是為史漢闕疑可也。〔註4〕

〔註2〕 王結華：《句章故城考》，寧波市文物考古研究所、寧波市文物保護管理所：《寧波與海上絲綢之路》，科學出版社，2008年，第116～124頁。

〔註3〕 〔明〕田藝蘅：《香宇集》，《續修四庫全書》，第1354冊，第298頁，明嘉靖刻本。

〔註4〕 〔清〕王謨：《江西考古錄》，《四庫未收書輯刊》，第1輯第27冊，第430頁。

　　這裡王謨的看法模棱兩可，既說東甌王改封彭澤王不太可信，又說也有可能，彭澤縣在漢代還曾經是王都。其實改封一事確有，但是所謂彭澤縣是否做過王都真的是無從查考，東甌既然內遷，漢朝當然要加強控制，不太可能建有王都。更何況越人不是漢人，越人的王當然也就和漢朝所封的異姓王、同姓王有別，規格上自然不能相等。

二、閩越內遷分佈地域

　　據《史記・東越列傳》，元鼎六年（前 111 年），漢軍分四路攻打閩越，閩越的越衍侯吳陽、建成侯敖、繇王居股、將軍多軍投降漢朝，漢封繇王居股為東成侯，封建成侯敖為開陵侯，封越衍侯吳陽為北石侯，封多軍為無錫侯，「於是天子曰東越狹多阻，閩越悍，數反覆，詔軍吏皆將其民徙處江淮間。東越地遂虛。」閩越也被遷到江淮間，也沒有說明具體地點，但是我們可以通過三個閩越侯的封地瞭解一些閩越的分佈情況。據《漢書・地理志》，東成即九江郡東城縣（治今安徽定遠縣東南），無錫縣治今無錫，開陵縣治不能考定，但此縣屬臨淮郡，而臨淮郡只有西部有山，所以此縣最有可能在江蘇省中西部，靠近安徽。

　　北石侯國，《漢書》卷十七《景武昭宣元成功臣表》注：濟陽，錢大昭《漢書辨疑》卷七說：「《索隱》曰《漢表》在濟南，今閩本與《索隱》同，汲古閣本誤。」〔註5〕則北石在濟南郡。為什麼把主動投降漢朝的越衍侯吳陽遷往越人不習慣的北方呢？或許因為濟南郡靠近渤海，越人善於造船航海，所以遷移越人至此很可能與征討朝鮮有關。

　　《漢書》卷九五《西南夷兩粵朝鮮傳》在多軍、居股、敖、吳陽等人之後，又說：「故甌駱將左黃同斬西于王，封為下酈侯。」卷十七《景武昭宣元成功臣表》下注南陽，指此縣在南陽郡，清代很多學者，如錢大昭《漢書辨疑》、全祖望《漢書地理志稽疑》、沈欽韓《漢書疏證》等都指出這個縣就是《漢書・地理志》所說的酈縣（治今南陽市西北），則今河南省西南部也有閩越人。

　　《漢書》卷八一《匡衡傳》說：「衡封僮之樂安鄉，鄉本田堤封三千一百頃，南以閩佰為界。」匡衡封地在僮縣（治今安徽泗縣）樂安鄉，南以閩佰為界，應為閩陌，可能是閩人所遷處。泗縣靠近淮河，可能有閩越人遷到這裡。

〔註5〕　〔清〕錢大昭：《漢書辨疑》，《叢書集成初編》，北京：中華書局，1985 年。

　　還有一些越人遷到今河南省中部，《漢書》卷十七《景武昭宣元成功臣表》說：「蒲侯蘇昌，以圍小吏捕反者故越王子鄒起侯。」也就是說蘇昌原來是淮陽國圍縣（治今河南省杞縣南部圍鎮）的小吏，因爲捕獲本地反叛漢朝的舊越國王子鄒起，所以封侯。這個鄒起無疑是閩越王子，《史記·東越列傳》說：「閩越王無諸及越東海王搖者，其先皆越王句踐之後也，姓騶氏。」鄒、騶相通，《漢書》卷七《景武昭宣元成功臣表》又說：「當塗康侯魏不害，以圍守尉捕反者淮陽胡倩侯。」《漢書》卷九十《田廣明傳》說：「郡國盜賊並起，遷廣明爲淮陽太守。歲餘，故城父令公孫勇與客胡倩等謀反，倩詐稱光祿大夫，從車騎數十，言使督盜賊，止陳留傳舍，太守謁見，欲收取之。廣明覺知，發兵皆捕斬焉。而公孫勇衣繡衣，乘馹馬車至圍，圍使小史侍之，亦知其非是，守尉魏不害與廄嗇夫江德、尉史蘇昌共收捕之。上封不害爲當塗侯，德轑陽侯，昌蒲侯。」又魏不害、蘇昌受封時間都是徵和二年（前91年）十一月，所以這是同一次戰亂，雖然在《田廣明傳》裏沒提鄒起，但是其中無疑有閩越王子和一些越人參加，說明越人叛漢時也和漢人聯手。

　　無錫在江南，泗縣、圍縣在淮北，都不在江淮之間，說明有很多越人還散佈在其他地區。那麼閩越人是不是都遷到這些地方了呢？其實還有一些閩越人遷到了今江西境內。

　　《水經注》卷三九《廬江水》說：

> 王彪之《廬山賦·敘》曰：廬山，彭澤之山也……《豫章舊志》
> 曰：廬俗，字君孝，本姓匡，父東野王，共鄱陽令吳芮佐漢定天下
> 而亡。漢封俗於鄡陽，曰越廬君。俗兄弟七人皆好道術，遂寓精於
> 宮庭之山。故世謂之廬山。漢武帝南巡，睹山以爲神靈，封俗大明
> 公。元法師《廬山記》曰：殷、周之際，匡俗先生……又按周景式
> 曰：廬山匡俗，字子孝，本東里子，出周武王時……世稱廬君，故
> 山取號焉。斯耳傳之談，非實證也。故《豫章記》以廬爲姓，因廬
> 以氏，周氏、遠師，或託廬墓爲辭，假憑廬以託稱。二證既違，三
> 情互爽。按《山海經》創志大禹，記錄遠矣。故《海內東經》曰：
> 廬江出三天子都，入江彭澤西，是曰廬江之名，山水相依，互舉殊
> 稱，明不因匡俗始，正是好事君子，強引此類，用成章名耳。

這裡說江西廬山之所以叫廬山，得名於東野王的兒子越廬君匡俗，東野王是鄱陽吳芮的屬下，參與了漢朝建立的戰爭，被漢朝封在鄡陽縣。鄡陽縣治今

鄱陽縣西部的鄱陽湖中，當時是陸地。而元法師《廬山記》說匡俗先生是商周時人，又有周景式說匡俗本是「東里子」，這些都是傳聞。顯然東里是東野的訛誤，商周時人的說法都是後人附會。酈道元說先秦的《山海經》已經說到廬江在彭澤之西注入長江，那麼廬江的名字在先秦就有，則廬山一名很可能也是先秦就有，那麼廬山不得名於匡俗。其實酈道元說得很對，廬山不是得名於越廬君匡俗，而是越廬君得名於廬山，因為是遷到廬山腳下的越人，所以封號是越廬君。

越廬君匡俗的父親就是吳芮的部屬閩越王，上文所引《史記》說閩越王建都東冶，訛傳為東野，所以東野王就是閩越王。閩越和東甌一樣，也熟悉鄱陽湖平，所以有很多人在遷徙到江淮的途中，留在了鄱陽湖平原。當然還有一種可能，就是這支越人是秦末漢初留在江西，沒有跟隨閩越王回到福建。

《史記·河渠書》說：「天子以為然，發卒數萬人作渠田。數歲，河移徙，渠不利，則田者不能償種。久之，河東渠田廢，予越人，令少府以為稍入。」有學者認為這裡的越人是東甌，不是閩越，因為這裡所說河東渠開鑿是在元朔、元狩之間（約前122年），此時閩越尚未內遷。其實根據原文，開鑿河東渠和最後把廢棄的渠地給越人中間隔了很久，所以並不能證明遷到河東的越人不是閩越，考慮到閩越人口很多，並且散佈各地，還有在中原地區再次起兵，所以河東的越人很可能是閩越。

三、平都王在贛南

《越絕書》說東甌王之弟夷烏將軍「今為平都王」，前人不考平都王的位置。因為《越絕書》是東漢人所寫，所以東甌人還有一支遷到了東漢的平都縣，前人把東漢平都縣治標在今江西省安福縣東南。〔註6〕雖然平都縣是東漢才有，但是《越絕書》也是東漢人所撰，所以用了當時地名，這很正常。

《太平寰宇記》卷一百九吉州安福縣有四段話說到平都縣：

> 漢安成縣新茨亭，屬長沙國。今縣六十里有安成故城存，即漢
> 安成侯張普所理也。後漢永元中改安平縣為平都縣。吳寶鼎二年置
> 安城郡，而縣屬焉。按王烈之《安城記》云，縣本有二鄉，漢縣理
> 西鄉，張普所理之地，吳又移於東鄉置郡，縣亦移焉。至晉武改為
> 安福城。

〔註6〕譚其驤主編：《中國歷史地圖集》第二冊，中國地圖出版社，1982年，第52頁。

王水在縣東南百里，《輿地志》云：犁村沒於龍陂，即其水也。平都縣，漢時在此水口，以地險徙之，舊城猶存。

平都縣在縣南一百步，按《輿地志》，前漢為安平縣，屬豫章。王莽改曰安寧，和帝更名平都，以屬廬陵郡。吳屬安成，今故縣猶在。

廢安福縣，按《輿地志》，漢時為安成縣，本新茨，屬長沙。豫章太守賈萌與安成侯張普興兵誅王莽，普乃背約，詣莽自陳，萌遂伐普於新茨之野。新茨今在安成郡安福縣是也。故縣城郭門有雙闕，高四丈。王孚《安城記》云張普所造也。有人撤塼而用者，虎用加害，時以為張普之靈。縣今廢在縣東六十七里，枕王江之口。[註7]

校勘者認為城、成古通，《漢書》的《王子侯表》是安城，但是《地理志》是安成，《續漢書‧郡國志四》是安城縣。

第一段說安福縣本來是漢代安城縣的新茨亭，原來的安城縣城在安福縣六十里外，但是又接著說改安平縣為平都縣，這是因為漢代安福縣境內還有一個安平縣，東漢改名為平都縣。

第三段說平都縣在縣南一百步，這是從王江口遷來的平都縣，因為第二段說得很清楚，安福縣東南一百里王水口原來是平都縣城，因為地勢險峻，所以遷離。第四段說廢安福縣在縣東六十七里王江口，其實這是平都縣古城，不是安成縣古城。至於六十七里是錯誤的，是把安城縣在安福縣西六十里，當成平都縣在安福縣東六十里了。安福縣的名字是晉代才有的，所以沒有廢安福縣城。漢代安城縣在安福縣西六十里，《永樂大典》卷八零九二引此書都是「今縣西六十里有安成故城存」。

因為有很多甌越人南遷到今贛南，所以把甌越的文化也傳播到了這裡。《太平寰宇記》安福縣下說：「歐寶墓，在縣南七里。後漢人，居父喪，鄰人格虎，投其廬中，寶以娘衣覆之，鄰人問寶曰：虎豈可舍而藏之乎？後虎每月送鹿以助祭，時人以為孝慈通於神明。」這個歐寶無疑是東甌人後代，漢化改姓為歐。同卷吉州廬陵縣下說：「王笥山，《道書福地記》云，此山土肥地美，宜穀避兵也。又《天監起居注》云，五年廬陵太守王希聃於高昌縣仙

〔註7〕〔宋〕樂史著、王文楚點校：《太平寰宇記》，北京：中華書局，2007 年，第2213～2216 頁。

山獲龍泉光劍二口。」蕭梁天監五年（506 年）曾經在廬陵縣獲得寶劍兩把，這很可能也是西遷的東甌工匠所鑄，因為春秋戰國時期的吳越地區以製造精美鋒利的寶劍聞名，所以《越絕書》卷十一就是《記寶劍》，此篇說：「楚王召風胡子而問之曰：寡人聞吳有干將，越有歐冶子，此二人甲世而生，天下未嘗有。」越國最著名的鑄劍工匠是歐冶子，歐冶子的意思不過就是來自甌越的冶煉師傅。當然，古代的專門技術都是在家族內部流傳，所以歐冶子的姓氏實際也是歐冶。因為東甌人西遷到廬陵、安福一帶，所以也有歐冶氏西遷到此，不僅有寶劍傳世，還誕生了一個中國家喻戶曉的姓氏——歐陽，最著名的人物是廬陵歐陽修。歐陽就是歐冶氏漢化後的姓氏，冶字的古音是 ya，所以和陽字的讀音很近。

歐冶氏不是到達江西以後才改姓為歐陽，因為在浙江省境內也留下了歐陽地名，《漢書·地理志上》會稽郡說：「烏程，有歐陽亭。」烏程縣即今湖州市，此地還有歐陽亭。

中國人都知道《醉翁亭記》最後說道：「廬陵歐陽修也。」廬陵和歐陽被聯繫在一起，廬陵是吉安市的古名，西漢就是廬陵縣，其實這個廬陵正是平都王從贛北帶來的地名。因為東甌人從廬山腳下又南遷到贛南，所以把廬山的名字帶到贛南，改名為廬陵。

通過《中國歷史地圖集》可以明顯看到，西漢時期，從新淦縣向南直到贛縣，中間只有安平、廬陵兩個縣，這兩個縣是因為平都王南遷才設置的，所以我們可以推出，在西漢之前的贛江流域中南部可能沒有設縣。正是因為這裡原來非常荒蕪，所以漢朝要把東甌遷到這裡來。

《太平寰宇記》卷一百九新淦縣：「陳屬巴山郡。隋開皇十年廢，以縣屬吉州。縣令李子樂，以去州（縣）〔懸〕遠，請移市南村置，即今縣理。」又說：「廢新淦縣城，按《輿地志》云：「漢時南昌都尉所理之城。王莽改曰偶亭。隋開皇十年隸廬陵郡，移於今理。此城今廢，在縣北一百二十里。」漢代的新淦縣在後世新淦縣北一百二十里，在今樟樹市，因為在袁水、贛江交匯處而興起。隋代改屬吉州，因為離州太遠，所以南遷。新淦縣在漢代是豫章郡都尉所在，但是居然就在南昌縣的南部，離郡治太近。而新淦縣南部地域廣闊的土地，我們現在考慮到贛江中部原來非常荒蕪，是南遷的東甌人開關設縣，就不難理解了。因為新淦縣南部還是越人自治地區，所以豫章郡的都尉只設置在此。

結論

　　東甌內遷分佈地區雖然有變化，從江淮西南部及與之毗鄰的豫章郡北部
又分遷贛南，但是總的看來，主要是在今天江西省境內，分佈比較緊密。但
是閩越的分佈相對來說就要分散得多，江南的無錫、廬山附近、江淮之間、
淮北地區、漢水流域、渤海沿岸都有分佈。

　　閩越分佈廣泛的原因，恐怕主要不是因為人口較多，因為即使人口再多，
也可以集中安置在一些靠近福建的地區。主要原因可能是因為閩越比東甌強
大，閩越的獨立性較強。東甌在吳楚七國之亂後殺吳王劉濞，支持漢朝，而
閩越則繼續收留王子子駒。東甌是主動歸附漢朝，所以漢朝比較放心，集中
在一起居住也不太要緊。但是閩越長期與漢朝對抗，比南越還晚平定，漢朝
當然要在安置閩越移民時格外小心，分散安插對於漢朝來說是最好的同化方
法。即使是這樣，遷到淮北圍縣的閩越王子還是聯合當地漢人起兵。因為史
料太少，我們不知閩越內遷分佈的詳情，或許比較艱苦。

　　閩越的人口本來很少，內遷的人口更少，可能主要是王室、官吏和主要
城市的民眾，大多數閩越民眾還生活在福建。古代漢人進入福建很困難，山
高林密，所以漢朝不可能遷走很多閩越人。內遷的閩越人，因為數量很少，
所以在漢代已經漢化，東漢的史書就不記載他們的情況了。

綜合篇

秦朝三十六郡再考

秦朝很短，但作爲中國第一個統一的帝國，對後世影響深遠，其中廢封建立郡縣就是中國歷史上最重要的大事之一。司馬遷《史記·秦始皇本紀》記載，秦始皇二十六年（公元前 221 年）吞併六國後：「分天下以爲三十六郡，郡置守、尉、監。」可惜沒有詳列三十六郡名目，後世學者爭訟紛紜。

秦三十六郡很複雜，學術史回顧的方法就很重要。前人往往不詳細敘述學術史，甚至把古今看法合一，籠統地說其異同，使人很多誤解。其實古人和今人的研究方法差別很大，全祖望的研究方法是一小變，王國維的研究方法是一大變。因此本文開頭，必須重新梳理學術史。

一、前人諸說概況

班固《漢書·地理志》在每郡下解說由來，常說：秦置、故秦某郡、故某郡。裴駰《史記集解》在《秦始皇本紀》三十六郡下說：「三十六郡者，三川、河東、南陽、南郡、九江、鄣郡、會稽、潁川、碭郡、泗水、薛郡、東郡、琅邪、齊郡、上谷、漁陽、右北平、遼西、遼東、代郡、鉅鹿、邯鄲、上黨、太原、雲中、九原、雁門、上郡、隴西、北地、漢中、巴郡、蜀郡、黔中、長沙凡三十五，與內史爲三十六郡。」裴駰的說法不知從何而來，未必可信。裴駰所列三十六郡的順序，先從河南的三川郡開始，秦地最早的郡反而排在最後，不像是秦漢人的說法。東漢和魏晉的都城在河南，所以這種說法很可能是較晚產生。根據我在下文的研究，裴駰的三十六郡有很晚才出現的鄣郡，所以不可信。《晉書·地理志》用裴駰之說，宋人劉敞《兩漢書刊誤》認爲不應有鄣郡。《漢書·地理志》：「丹揚郡，故鄣郡。」不提是秦鄣郡，

─341─

所以很多人據此認為鄣非秦郡。

明清學者的基本方法以錢大昕為代表，他從班固《漢書·地理志》找出寫明是秦置、秦郡、故秦某郡的郡，總數正好三十六，即：隴西、北地、上、巴、蜀、漢中、河東、太原、上黨、三川、東、潁川、南陽、南、雲中、長沙、九原、雁門、代、上谷、漁陽、右北平、遼西、遼東、邯鄲、鉅鹿、齊、琅邪、碭、泗水、薛、九江、會稽、南海、桂林、象。

錢大昕全依班志，不察南海、桂林、象郡是晚置。而後洪亮吉、姚鼐等人，駁斥錢說，去掉嶺南三郡，再補足三郡。他們補的郡，各有不同：

陳芳績：鄣郡、郯郡、黔中（金榜、洪亮吉、劉師培、胡承珙同）

姚　鼐：陳郡、郯郡、黔中

全祖望：楚郡、廣陽、東海、黔中

梁玉繩：內史、廣陽、黔中

毛岳生：郯郡、廣陽、黔中〔註1〕

郯、鄣、黔中三郡說的根據是：《漢書·地理志》東海郡，注引應劭曰：「秦郯郡。」《史記·陳涉世家》：「將兵圍東海守慶於郯。」《漢書·地理志》：「丹揚郡，故鄣郡。」《續漢書·郡國志四》：「丹陽郡，秦鄣郡……武陵郡，秦昭王置，名黔中郡，高帝五年更名。」

全祖望認為，九原郡是秦北伐匈奴才設，應再刪去一個九原郡，所以應補四郡。還應去鄣郡，補入廣陽、東海、楚郡。〔註2〕楚郡根據是《史記·楚世家》：「秦將王翦、蒙武遂破楚國，虜楚王負芻，滅楚，名為楚郡云。」廣陽是燕都，應設郡。全祖望的文章，以郡考史，是研究法的一小變。

郯（東海）、廣陽、黔中、陳（楚）、鄣，似乎都有道理，清人要五選三，郡多而缺少，難以取捨。

王國維的方法有一大變，他說看《漢書》不如看《史記》，他也從全祖望說，去九原，又加上陶、河間、閩中郡，是三十六郡。又說燕都應設廣陽郡，齊地不應僅設兩郡，應補入《漢書·高帝紀》的膠東、膠西、濟北、博陽、城陽，加上南海、桂林、象、九原郡，則是四十六郡，而秦是水德，郡數應

〔註1〕〔明〕陳芳績：《歷代地理沿革表》，《叢書集成初編》，北京：中華書局，1985年，第207頁。〔清〕金榜：《禮箋》，《續修四庫全書》第109冊，第23～24頁。〔清〕梁玉繩：《史記志疑》，第163～164頁。譚其驤主編《清人文集地理類彙編》第一冊，浙江人民出版社，1986年，第61～92頁。

〔註2〕全祖望：《全祖望集匯校集注》，上海古籍出版社，2000年，第2489～2490頁。

是四十八，還應補入陳、東海二郡。〔註3〕此說用四十八郡解決了清代人學說中郡多缺少的問題，讓大家都有份，開創一個新局面。他的問題是和錢大昕一樣，不看《淮南子》秦五路攻越的記載，誤以爲閩中郡是秦始皇二十五年王翦降越所置。這說明以前的學者不太關注邊疆史地，其實三十六郡的問題牽涉很多邊疆史地。

朱偰、錢穆認爲應在班固之說中，去除九原郡，加上楚郡、廣陽、黔中、閩中，譚其驤說同。此說是修訂全祖望說，又加閩中郡，去東海郡。朱偰說王國維是湊六的倍數，不過朱偰誤以爲全祖望之說有九原。錢穆推崇全祖望，說王國維取材楚漢諸郡是受姚鼐啓發，模仿全祖望又不及之，不應去廣陽，強配六的倍數，既然加上齊地諸郡，又不加河內、邯郡，不免自亂。〔註4〕

譚說發展了王國維說，也不信四十八郡說，認爲三十六郡加上嶺南三郡、九原、東海、常山、濟北、膠東、河內、衡山，秦末有四十六郡，指出博陽是濟北郡治，不應有濟北、膠西、城陽、邯、廬江。周振鶴先生認爲譚說的四十六郡，應補廬江、邯郡，則是四十八郡。〔註5〕

勞幹認爲是《漢書·地理志》三十二郡，加上黔中、河間、楚郡、東海，此說也是修改全祖望說，加河間，去廣陽。他說酈道元的秦置廣陽郡說不可信，因時代較遠，而且廣陽靠近漁陽。〔註6〕

近年有辛德勇《秦始皇三十六郡新考》、后曉榮《秦代政區地理》、何慕《秦代政區地理》、凡國棟《秦郡新探》、張莉《秦郡再議》等論著。〔註7〕近年西安相家巷秦封泥和湖南里耶秦簡問世，又有新的拓展空間。考古發現的

〔註3〕 王國維：《秦郡考》，《觀堂集林》，北京：中華書局，1959年。

〔註4〕 朱偰：《秦三十六郡考》，《北京大學研究所國學門週刊》第19期，1926年。
錢穆：《秦三十六郡考》，《清華週刊》第37卷第9、10合期，1932年。收入《古史地理論叢》，北京：三聯書店，2004年。

〔註5〕 譚其驤：《秦郡新考》，《浙江學報》第二卷第一期，1947年。收入譚其驤：《長水集》上冊，第1～12頁。周振鶴：《秦一代郡數爲四十八說》，《學腊一十九》，第71～72頁。

〔註6〕 勞幹：《秦郡的建置及其與漢郡之比較》，《古代中國的歷史與文化》，北京：中華書局，2006年，第353～360頁。

〔註7〕 辛德勇：《秦始皇三十六郡新考》，《秦漢政區與邊界地理研究》，第1～92頁。后曉榮：《秦代政區地理》，社會科學文獻出版社，2009年。何慕：《秦代政區研究》，復旦大學博士學位論文，2009年。凡國棟：《秦郡新探——以出土文獻爲主要切入點》，武漢大學博士學位論文，2010年。張莉：《秦郡再議》，《歷史地理》第二十九輯，上海人民出版社，2014年。

疑似新郡，包括州陵、江胡、泰山、河外、汾□、巫黔等。〔註8〕有學者認爲
州陵不是郡，〔註9〕我認爲合理。江湖郡即楚國江東郡，因三江五湖得名。〔註
10〕嶽麓秦簡的時間在秦始皇二十六年之前，秦封泥則多出自民間，難以斷定
時間，所以考古發現的很多秦郡可能在二十六年之前已經撤銷。

　　我認爲，鄣、郯、九原、東海、內史、陶、河間、閩中都不在三十六郡
內。朱僎、錢穆、譚其驤的問題是有閩中郡，無河內郡。何慕的問題是有九
原郡，無河內郡。后曉榮的問題是有巫黔郡、九原郡，無河內郡、廣陽郡。
張莉的問題是有衡山郡，無廣陽郡。辛德勇的問題是有內史郡、故鄣郡、九
原郡，無河內郡、廣陽郡、淮陽（陳）郡。凡國棟的結論和我吻合，但是我
們論證的內容不同。凡國棟認爲秦統一六國時，恰好就是三十六郡，不是出
自水德的調整，我不認同這個觀點，我認爲原來的郡數遠超三十六郡，因爲
水德的思想，才不得不省併爲三十六個郡。

　　辛文認爲楚郡、陶郡不能證明爲秦郡，鄣郡、九原郡、郯郡不能確定設
置時間，閩中郡不在三十六郡內，廣陽郡、河間郡和淮陽（陳）郡在二十六
年之前已有，河內郡、清河郡、恒山郡、趙郡可能在三十六郡內。三十三郡
加可能的廣陽、河間郡、淮陽（陳）郡、河內郡、清河郡、恒山郡、趙郡，
有四十郡，所以清人方法有問題。又提出秦始并六國時有四十二郡，又改爲
三十六郡，又增設十二郡。在三十六郡的名目上，全面回到裴駰的三十六郡
說，認爲有黔中郡、鄣郡、九原郡、內史。

　　其實裴駰之說，清人就不信。因爲《漢書‧地理志》：「本秦京師爲內
史，分天下作三十六郡。」顏師古注：「京師，天子所都，畿內也。秦并天
下，改立郡縣。而京畿所統，特號內史，言其在內，以別於諸郡守也。」
洪亮吉說裴駰拿內史湊數，不足爲據，〔註11〕胡承珙認爲裴駰列入內史是

〔註8〕陳松長：《嶽麓書院藏秦簡中的郡名考略》，《湖南大學學報（社會科學版）》
　　　　2009 年第 2 期。王偉：《秦璽印封泥職官地理研究》，中國社會科學出版社，
　　　　2014 年，第 343～358 頁。

〔註9〕王偉：《嶽麓書院藏秦簡所見秦郡名稱補正》，《考古與文物》2010 年第 9 期。

〔註10〕我曾經在 2009 年 8 月提出江胡郡是江夏郡，但我很快修正爲江東郡，《嶽麓
　　　　秦簡江胡郡新考》，發表在簡帛網 2009 年 9 月 12 日。陳偉在 2008 年中國歷
　　　　史地理學術研討會發表《「州陵」與「江胡」》，認爲江胡郡是楚國的江旁郡，
　　　　但此文在《中國歷史地理論叢》2010 年第 1 期發表，修改爲江胡在江東之說。

〔註11〕〔清〕洪亮吉：《與錢少詹論地理書一》，《卷施閣文甲集》卷十，譚其驤主編
　　　　《清人文集地理類彙編》第一冊，第 66 頁。

大謬。〔註12〕趙紹祖的方法也是從裴駰的名單中去除內史，加上郯郡。〔註13〕

唯獨王鳴盛認爲有內史，又說黔中僻遠，所以不在三十六郡中。〔註14〕羅振玉、譚其驤等學者指出王鳴盛的考證多有錯誤，羅振玉說：「《十七史商榷》多深文苛論，馬班而下，無一史不遭彈射，而南北史受譴尤甚，然其書亦多舛誤。」〔註15〕此處果然又錯，足見王鳴盛見識之低。

清人的研究法不存在問題，他們依靠的主要史料、方法也是我們今天依靠的主要史料、方法。研究秦郡的學者都承認，我們也就是比清代多看到一些考古資料而已，這些資料多是偶然發現的殘篇斷簡，不能幫助我們確定古代政區的演變全貌。所以我們不僅不應苛責古人，還應感謝古人開啓我們的研究。辛文首次提出秦初并六國有四十二郡一說，能否成立呢？

二、四十二郡說不能確證

辛文提出的四十二郡說，在邏輯上就根本不能成立。王國維從三十六推出四十八，是別出心裁的新說。但四十二郡說表面上模仿王國維，其實不合邏輯。秦始皇是統一六國，才用水德，改爲三十六郡，統一之前無水德之說，何來四十二郡呢？難道那麼巧合，恰好是四十二郡？四十二郡說的具體內容，也不能成立，下文逐條辨析。

清河郡、恒山郡。辛文說嬴政十四年，秦將桓齮攻取趙平陽、武城，由平原君封邑可知，武城爲清河重鎮，說明秦已攻取整個清河，所以秦清河郡應設於此時。又說宜安、�吾都在恒山附近，此前燕國曾獻常山之尾五城以事秦，表明在秦始皇十四、十五年間，恒山周圍已併入秦境，恒山郡應設於此時。

宜安（治今河北槀城西南）、�吾（治今河北平山東南）都位於恒山郡的西部，秦佔領此地不等於佔領恒山郡地區全部，也不等於趙國後來沒有重新攻佔這二城，秦吞併六國過程中有很多的拉鋸戰。《荀子‧強國》：

〔註12〕〔清〕胡承珙：《三十六郡考》，《求是堂文集》卷二，譚其驤主編《清人文集地理類彙編》第一冊，第 76 頁。

〔註13〕〔清〕趙紹祖：《讀書偶記》，北京：中華書局，1997 年，第 107～108 頁。

〔註14〕〔清〕王鳴盛：《十七史商榷》卷十七《故郡》，中國書店，1987 年。

〔註15〕羅振玉：《存拙齋箚疏》，《羅振玉學術論著集》第三冊，上海古籍出版社，2013年，第 15～16 頁。譚其驤：《辨〈十七史商榷〉魏武有三都說之妄》，《長水集續編》，第 493～494 頁。周振鶴：《點石成金、披沙瀝金與臉上貼金》，《隨無涯之旅》，北京：三聯書店，2007 年，第 86～100 頁。

> 今秦南有沙羨與俱,是乃江南也;北有胡、貉爲鄰;西有巴、
> 戎。東在楚者,乃界於齊;在韓者,逾常山乃有臨慮;在魏者,乃
> 據圉津,即去大梁百有二十里耳;其在趙者,剗然有苓而據松柏之
> 塞,負西海而固常山。

辛文說此句正反映出恒山附近地區在秦始皇十四、十五年處於秦國邊防前沿
的狀況,其實原文說得很清楚,是韓國的常山,不是趙國的常山,臨慮無疑
是林慮縣(治今河南林州),所以這裡的常山是今河南西北部的太行山。

如果秦在佔領邯鄲前已經設立恒山郡和河間郡,標誌秦已經在這兩個地
區建立正式統治,那麼在邯鄲攻破後,趙國的公子嘉又怎麼能帶著流亡政府
越過恒山郡和河間郡,到代郡去呢?可見秦始皇十四、十五年設立清河、恒
山二郡之說,不能成立。

河間郡、鉅鹿郡。戰國趙設有安平郡和河間郡,今見「六年安平守」劍,
楊寬認爲趙武靈王六年(公元前 320 年),因處在齊、燕、中山界上而設郡。
〔註 16〕安平郡不見後世史書,可能是趙滅中山後移治或撤銷,也可能改爲河
間郡。

河間郡確見於舊籍,《戰國策・趙策二》:

> 張儀爲秦連橫,說趙王曰:「……大王收率天下以儐秦,秦兵
> 不敢出函谷關十五年矣……今秦以大王之力,西舉巴蜀,并漢中,
> 東收兩周而西遷九鼎,守白馬之津。秦雖闢遠……願渡河逾漳,據
> 番吾,迎戰邯鄲之下……(趙王)於是乃以車三百乘,入朝澠池,
> 割河間以事秦。

辛文引此以爲《史記・張儀傳》繫之在秦武王即位前,而秦守漢中在秦惠文
王更元十三年,所以趙割河間事秦在公元前 311 年。此段《戰國策》裏有滅周
遷鼎,明顯不符實際,辛文說這這句是說士慣用的虛誇,不影響其他內容的
利用。其實這段根本不可信,秦趙相會澠池在秦昭王二十八年(趙惠文王二
十年),此時秦地已延展至河內,所以趙獻河間才成爲可能。在秦惠文王時,
秦軍尚未攻取韓國的宜陽,又怎能澠池相會和取趙河間呢?

《戰國策・秦策五》:

> 文信侯欲攻趙,以廣河間,使剛成君蔡澤事燕三年,而燕太子
> 質於秦。文信侯因請張唐相燕,欲與燕共伐趙,以廣河間之地。

〔註16〕楊寬:《戰國史》,第 678 頁。

此事在秦始皇初年，此時趙國尚存，所以秦和河間的來往必然是通過寬闊的黃河。辛文認爲此時河間必須設郡，此說確是。但是楊寬據《戰國縱橫家書》燕以河間十城封呂不韋的記載，認爲秦之河間郡在莊襄王二、三年間得自燕，而非趙。〔註17〕河間本在趙、燕、齊之交，爲三國所爭之地，燕贈與秦，之間隔著趙，秦不能穩固佔有，因而威脅不到燕，但是足以困擾趙，所以肯定是燕國而非趙國贈給秦河間。這種戰爭條件下出現在多國之交的河間郡，未必存在到秦朝，歷代統一都可以裁撤原有國界的關防和政區。

至於《史記·樊酈滕灌列傳》載秦末樊噲曾擊「河間守軍於杠里」，全祖望說：「河間時已屬趙，項、章鉅鹿之軍，隔於其間，不得至中原也……（杠里）其地在梁、周之間，非河間之所部也。是其爲誤文，不待言也。以地按之，或是三川守之軍，則近之。」譚其驤引此說，認爲「河間」爲「河內」之訛。如果河間守軍調動到中原或其他地方，也有可能。

秦封泥有「河間太守」和「河間尉印」，〔註18〕似乎秦代設有河間郡，但是河間郡和鉅鹿郡處在眾多河流尾閭區，因爲土地鹽鹼和洪水氾濫，所以開發很晚，春秋以前沒有城邑，戰國時代人口也較少，〔註19〕所以不太可能在秦始皇二十六年同時設有鉅鹿、河間兩郡。秦代鉅鹿郡明見於史書，則河間郡或已在秦初撤銷，或係秦末分出。鉅鹿非常重要，商代就有沙丘行宮和巨橋糧倉，趙武靈王和秦始皇都死在沙丘。《北堂書鈔》卷七五引謝承《後漢書·謝夷吾傳》說：「鉅鹿劇郡，舊難治。」〔註20〕

我認爲，史書可以看出鉅鹿郡出現的經過，《秦始皇本紀》：「王翦、羌瘣盡定取趙地東陽，得趙王……趙公子嘉率其宗數百人之代，自立爲代王，東與燕合兵，軍上谷。大饑……二十五年……還攻代，虜代王嘉。」《水經注·濁漳水》說秦始皇二十五年滅趙以爲鉅鹿郡，譚其驤說，既然十九年已得鉅鹿郡地，不必等到二十五年，所以酈道元誤記。

我以爲酈道元所說不誤，之所以等到二十五年才設鉅鹿郡，正是因爲此前的鉅鹿郡地是河間郡，二十五年撤河間郡，改爲鉅鹿郡，郡界或許也有調

〔註17〕 楊寬：《戰國史料編年輯證》，第 1049 頁。

〔註18〕 周曉陸、陸東之：《秦封泥集》，三秦出版社，2000 年，第 251～252 頁。

〔註19〕 譚其驤：《西漢以前黃河下游的河道》，《長水集》下冊，第 62 頁。

〔註20〕 〔日〕藤川和俊、王明明譯：《中國古代的交通和地域社會——以鉅鹿郡的風俗爲線索》，鈔曉鴻主編《海外中國水利史研究：日本學者論集》，人民出版社，2014 年，第 322～338 頁。

整。此前不知是否有鉅鹿郡，鉅鹿靠近邯鄲，此前未必設郡。

楚郡。全祖望說楚郡即陳郡，辛文承認陳郡和淮陽郡名異實同，不承認楚郡存在。《史記·楚世家》：「秦將王翦、蒙武遂破楚國，虜楚王負芻，滅楚，名爲楚郡云。」裴駰《集解》引孫檢曰：「秦虜楚王負芻，滅去楚名，以楚地爲三郡。」譚其驤認爲第二個楚字是衍文，辛文認爲應是「滅楚名，爲楚郡」，引梁玉繩說秦避莊襄王名而改楚爲荆，所以不置楚郡，梁說缺乏根據。秦滅六國，都不以原國名爲郡名，魏國爲碭郡，韓爲潁川，燕爲廣陽，趙爲邯鄲，齊爲臨淄，但是今見有秦封泥「趙郡左田」、「齊左尉印」、「齊中尉印」，〔註21〕所以滅楚時設楚郡也有可能。後去舊國名，改爲九江郡。不過《史記》原文也可能是：「滅楚，爲郡。」總之難以確定。

濟北郡、城陽郡、即墨郡。辛文第四部分先論證齊國的五都爲臨淄、高唐、城陽、即墨、阿，又認爲秦「滅齊之初，無暇建置，這才因承齊國現行的五都之制，在所剩存的臨淄等四都地界，各自設置一郡，這便是臨菑郡（臨菑都）、濟北郡（高唐都）、城陽郡（城陽或莒都）、即墨郡（即墨都）。這與秦人吞併其他諸國時因仍既有之郡的情況，完全相同。」

我認爲齊的五都因爲缺乏史料，難以考明，爭議很大。但齊國之都和他國之郡不同，不能臆斷秦滅齊後必因都設郡。《水經·緇水注》說秦始皇二十四年（應作二十六年）滅齊爲郡，治臨淄，《水經·濰水注》說秦始皇二十六年滅齊設琅邪郡。史書明確記載的齊地秦郡，僅此二者。王國維和譚其驤認爲齊國郡少是秦國建置不及。

今按《秦始皇本紀》：

二十六年，齊王建與其相後勝發兵守其西界，不通秦。秦使將軍王賁從燕南攻齊，得齊王建。

齊都和燕國南部之間是黃河尾閭的荒野地帶，所以齊人未作防備，秦軍從此直搗齊都臨淄，於是齊國的西部防線成了「馬其諾防線」。和滅其他五國不同，秦出奇制勝，齊王速降，齊地不經血光之災就改旗換幟了。疑因齊國和平交接政權，所以秦國全面接收了齊國原有各級政府，當時齊國無郡，所以暫設琅邪、臨淄二郡，分管山東半島的東南和西北部。

琅邪郡的南部可能是由楚入秦，辛文認爲城陽郡由齊入秦，可能不確。

〔註21〕周曉陸、陸東之：《秦封泥集》，三秦出版社，2000年，第255頁、第261頁、第262頁。

公元前 284 年燕破齊，愍王奔莒，楚將淖齒援齊，殺愍王。齊人殺淖齒，立襄王，齊襄王返國，《史記・魯仲連鄒陽列傳》齊人魯仲連游說留守聊城的燕將曰：

> 且楚攻齊之南陽，魏攻平陸，而齊無南面之心，以爲亡南陽之
> 害小，不如得濟北之利大。

平陸在今山東汶上縣北，其時魏已經佔領齊國西南部，建立大宋、方與二郡。南陽即泰沂山地以南地區，馬王堆帛書有一段論述分野的材料提到：

> 婺女，齊南地也。虛，齊北地〔也〕。〔危〕齊西地也。〔註22〕

這裡把齊地分爲南、北、西三塊，「齊北地」無疑是泰沂山地以北之地，「齊西地」即齊的「西壤」，《荀子・強國》荀卿子說齊相說：

> 今巨楚縣吾前，大燕鰌吾後，勁魏鈞吾右，西壤之不絕若繩，
> 楚人則乃有襄賁、開陽以臨吾左，是一國作謀，則三國必起而乘我。

這是齊國被破之前的情況，「西壤」即濟水以東的汶水、泗水流域；「齊南地」即「齊之南陽」。楚國在齊被破前已經佔領開陽（在今臨沂市北），離莒很近。楚滅魯後，佔有泰沂山地以南地區。

《水經・泗水注》說秦始皇二十三年在魯縣建薛郡，薛郡初必治薛，薛是齊國在泗水流域的政治中心，齊曾封田嬰於薛。楚國佔領泗上，很可能已經建立薛郡，後楚國或秦朝移治魯縣。

秦滅齊後，城陽郡地因是齊國舊地而改屬琅邪郡，所以將治所定在琅邪，以兼顧城陽和膠東。

嶽麓、里耶秦簡有泰山郡，情況不明，濟北郡治博陽緊鄰泰山，而不在濟北，或許泰山郡是濟北郡前身，秦簡無濟北郡。里耶秦簡說琅邪郡尉徙治即墨，證明即墨曾屬琅邪郡，鄭威認爲秦滅齊後爲湊出 36 郡而把琅邪、即墨合併。〔註23〕

九原郡。辛文認爲九原郡在秦三十六郡之列，原因是：

1.《史記・趙世家》趙武靈王二十六年，攘地西至雲中、九原。翌年，趙武靈王「欲從雲中、九原直南襲秦」，史念海認爲，此「九原」與「雲中」並列，就應當是與雲中並列的郡名。

〔註22〕 劉樂賢：《簡帛數術文獻探論》，湖北教育出版社，2003 年，第 245 頁。
〔註23〕 鄭威：《出土文獻與楚秦漢歷史地理研究》，科學出版社，2017 年，第 106～
111 頁。

2. 陳倉說，《戰國策》及《史記》時見九原，如《戰國策》載蘇秦云：「燕東有朝鮮、遼東，北有林胡、樓煩，西有雲中、九原，南有呼沱、易水。」又張儀謂「秦下甲雲中、九原，驅趙而攻燕」。

3. 九原郡在漢初存在，其存在不依賴於河套得失，《秦始皇本紀》秦始皇二十六年北疆「據河爲塞」，實指九原郡轄界跨據黃河兩岸的情況。

我以爲，戰國有很多地域名，和郡名並列不一定是郡名，《戰國策》蘇秦說的朝鮮、林胡、樓煩、呼沱、易水都不是郡名。

史書找不到趙置九原郡明文，《史記·匈奴傳》：「而趙武靈王亦變俗胡服，習騎射，北破林胡、樓煩。築長城，自代並陰山下，至高闕爲塞，而置雲中、雁門、代郡。」明確說建立三郡，無九原。《史記·廉頗藺相如列傳》：「李牧者，趙之北邊良將也。常居代雁門，備匈奴……大破殺匈奴十餘萬騎。滅襜襤，破東胡，降林胡，單于奔走。」說到代、雁門，不提雲中、九原，趙武靈王以後這二地不見於史書。《秦始皇本紀》三十五年：「道九原。」前人多據此以爲九原郡出現很晚。

漢初有九原郡不能得出秦初有九原郡，或許是嬴政三十二年北征匈奴，才設九原郡。前人認爲，湖北張家山漢簡《二年律令·秩律》說明呂后二年之前，就有五原郡多數縣，包括最西部的西安陽縣，應屬雲中郡。〔註24〕

綜上，辛文提出秦始并六國爲四十二郡中的清河、恒山、濟北、城陽、即墨、九原六郡都不能確證，因此四十二郡說不能成立。其實如果去除清河、濟北、九原，改即墨、城陽爲琅邪，改河間、恒山爲鉅鹿，就是三十六郡。其實前人早已討論過這些郡，爲何不能確定？就是因爲我們的史料、方法和他們基本一樣，所以不能苛責古人。

三、三十六郡斟議

閩中郡。《史記·東越列傳》：「閩越王無諸及越東海王搖者，其先皆越王句踐之後也，姓騶氏。秦已并天下，皆廢爲君長，以其地爲閩中郡。及諸侯畔秦，無諸、搖率越歸鄱陽令吳芮，所謂鄱君者也，從諸侯滅秦。」王國維、譚其驤、錢穆認爲三十六郡有閩中郡，劉師培說：「王翦南征百越，置會稽郡，是斯時只得會稽，未嘗南得閩中諸郡。」劉說合理，辛文同意劉說，並引《越

〔註24〕周振鶴：《〈二年律令·秩律〉的歷史地理意義》，《長水聲聞》，復旦大學出版社，2010年，第178～187頁。

絕書‧記吳地傳》「秦始皇并楚，百越叛去」和《淮南子‧人間訓》秦始皇五路攻越時「一軍結餘干之水」爲證，餘干之水在餘干縣（今江西餘干），可見秦始皇攻南越時還未佔有閩越。

今按《越絕書》卷二《記吳地傳》：「秦始皇并楚，百越叛去，更名大越爲山陰也。」可見很多越人南逃到海島和福建，秦未能佔有全部越地，不可能隨即設閩中郡。閩中在秦末未像南越那樣割據，也沒有越軍和秦軍鬥爭的記載，似乎順利歸附吳芮，所以秦朝在閩中可能沒有大軍和很多移民。從《漢書‧嚴助傳》劉安所說可知，漢代進軍閩地還很困難，所以秦可能僅是羈縻閩中。

認爲王翦降服江南越人就隨即進入閩中的現代學者，大概不熟悉浙江和福建之間的崇山峻嶺。西漢在今浙江省南部僅有三個縣，兩個在今金華，台州、溫州、麗水僅有一個回浦縣（治今台州章安鎮），還是在椒江海口，靠海路和浙北聯繫。西漢在今福建僅設一個冶縣（治今福州），還是在閩江口，靠海路聯繫浙江、廣東。古人進入福建非常困難，不能以今度古，認爲王翦能輕易到福建。福建到東漢末年才增設縣，兩漢四百年進入福建的漢人很少。

鄣郡。《漢書‧地理志》丹揚郡：「故鄣郡。」辛文說：「閩中地區的越人，此時尚與秦朝對立。很可能正是爲應對閩越這一威脅，始皇二十六年時，便分割會稽郡西部，設立故鄣郡。從故鄣郡的後身亦即西漢丹揚郡的境域來逆推，可知秦故鄣郡正控扼著閩越北出中原的長江渡口，分置此郡，應當有助於強化對這裡的控制，更好地保障秦朝疆土的安全。」辛文又說，面積過大也是會稽郡析出故鄣郡的原因之一。

今按既然秦滅楚後，「百越叛去」，那麼就不可能對秦構成威脅。會稽郡在南方面積不大，九江等郡更大。《楚世家》：

> 楚威王興兵而伐之，大敗越，殺王無彊，盡取故吳地至浙江……
> 而越以此散，諸族子爭立，或爲王，或爲君，濱於江南、海上，服朝於楚。

越人既然連楚國都不能戰勝，又怎敢挑戰秦人？閩越的力量再強大，能夠大到北渡長江嗎？會稽郡雖大，但是那時的江南地廣人稀，而且鄣郡全係丘陵，人口更少。《漢書‧溝洫志》齊人延年上書說：「天下常備匈奴而不憂百越者，以其水絕壞斷也。」可見漢代人不怕百越，因爲百越之地，江山重重，難以攻入內地。《漢書‧嚴助傳》嚴助說：「今閩越王狠戾不仁，殺其骨肉，離其

親戚，所爲甚多不義，又數舉兵侵陵百越，并兼鄰國，以爲暴強，陰計奇策，入燔尋陽樓船，欲招會稽之地，以踐句踐之跡。」可見閩越最大的夢想也就是兼併會稽，談不上渡江。所以，辛文這個推測實在不能成立。

我認爲鄣郡可能源自秦始皇三十七年徙越，《越絕書·記吳地傳》：

> 烏程、餘杭、黝、歙、無湖、石城縣以南，皆故大越徙民也。

秦始皇帝刻石徙之。

同書《記地傳》說秦始皇三十七年：

> 東遊之會稽，道度牛渚，秦東安（東安，今富春）、丹陽、溧陽、鄣故、餘杭軻亭南。東奏槿頭，道度諸暨、大越……徙大越民置餘杭、伊攻□、故鄣。因徙天下有罪適吏民，置海南故大越處，以備東海外越。乃更名大越曰山陰。

《秦始皇本紀》對應記載：

> 過丹陽，至錢唐。臨浙江，水波惡，乃西百二十里從狹中渡。

上會稽，祭大禹，望於南海，而立石刻頌秦德。

結合可知嬴政三十七年經溧陽縣、故鄣縣、餘杭縣、東安縣（即《秦始皇本紀》的狹中，《越絕書》誤在餘杭前），到諸暨縣、山陰縣，防止寧紹平原的越人和東海上未臣服的外越來往，遷徙越人到烏程、餘杭、黝、歙、無湖、故鄣、石城，又把全國各地的罪人遷到越地。漢初鄣郡轄縣，據前人考證有：故鄣、丹陽、石城、無湖、歙、黝、溧陽、句容、江乘、秣陵、胡孰，〔註25〕越人遷入地域基本都在鄣郡，烏程、餘杭緊鄰鄣郡。因此很可能爲管理遷入越人，設立鄣郡，因爲故鄣縣在交通要道，所以設治於此。

故鄣縣城是今安吉縣西北的古城遺址，〔註26〕今天仍是湖州通往宣城的山口，正因爲在交通要道，來自江浙平原的越人要經過這裡西遷到皖南，所以設治於此。鄣郡包括石城縣（在今池州）以南，則有全部皖南。前人不察《越絕書》，所以畫出的鄣郡太小，誤以爲皖南多數屬廬江郡。

秦設鄣郡是爲了開闢山野，《三國志》卷六四《諸葛恪傳》：「眾議咸以丹楊地勢險阻，與吳郡、會稽、新都、鄱陽四郡鄰接，周旋數千里，山谷萬重，其幽邃民人，未嘗入城邑，對長吏，皆仗兵野逸，白首於林莽。逋亡宿惡，

〔註25〕周振鶴：《西漢政區地理》，第35頁。

〔註26〕國家文物局主編《中國文物地圖集·浙江分冊》，中國地圖出版社，2009年，上冊第213頁、第325頁，下冊第346頁。

咸共逃竄。山出銅鐵，自鑄甲兵。俗好武習戰，高尙氣力，其升山赴險，抵突叢棘，若魚之走淵，猿狖之騰木也。時觀間隙，出爲寇盜，每致兵征伐，尋其窟藏。其戰則蜂至，敗則鳥竄，自前世以來，不能羈也。」丹陽即鄣郡，漢末尙且如此，秦朝更要開闢。

當然，鄣郡也可能是在秦末戰亂中自立爲郡。因爲《漢書・地理志》不提鄣郡是秦置，這一帶遠離中原，又是土著，很可能自立爲郡。楚漢之際有浙江郡，有浙江王莊息。

至於鄣郡、故鄣郡的名字爭議，有人認爲應從故鄣縣名，爲故鄣郡，而且東漢會稽人所作《越絕書》卷二說：「漢文帝前九年，會稽并故鄣郡。」但徐廣《史記音義》注《貨殖列傳》：「秦置爲鄣郡。」裴駰《集解》、《宋書・州郡志》、劉昭注《續漢書・郡國志四》都說鄣郡。《漢書・高祖紀》注引韋昭曰：「鄣郡，今故鄣縣也。後郡徙丹楊，轉以爲縣，故謂之故鄣也。」

裴駰的父親裴松之做過故鄣縣令，韋昭是雲陽（今江蘇丹陽）人，他們所說或有所本。韋昭的解釋更新穎，他說因爲西漢鄣郡治從鄣縣移走，才稱爲故鄣縣。此說或許可信，現在中國很多地方還有故縣村、舊縣村。故鄣的故字，頗含貶義，嬴政不太可能用爲郡名。秦始皇是要開新，不喜歡故名。

至於《越絕書》說會稽并故鄣郡，可能是指併入過去的鄣郡。《越絕書》的鄣故、故鄣，自相矛盾，說明故字很可能是東漢人增加，東安是富春就是東漢人增加。

辛文又說：臨菑、濟北、城陽、即墨四郡面積過小，所以合臨菑、濟北爲齊郡，合城陽、即墨爲琅邪。廣陽郡太小，所以併入上谷郡。潁川郡過小，所以與淮陽合併。河內郡偏小，其與河東，同屬魏地，聯繫密切，又地當秦都關中東北出太行山東地區的交通孔道，戰略地位重要，所以與河東合併在一起。

我以爲此話自相矛盾，河內既然如此重要，爲何要裁撤？古今中外的行政區劃面積在正常情況下主要取決於人口，人口多，事務繁雜，面積自然要小。不要說中國的政區面積懸殊，就是美國的政區面積其實也有很大差別。

河內郡。《史記・貨殖列傳》：

> 昔唐人都河東，殷人都河內，周人都河南。夫三河在天下之中，若鼎足，王者所更居也，建國各數百千歲，土地小狹，民人眾，都國諸侯所聚會，故其俗纖儉習事。

河內郡在人口最密集之地，又在黃河和太行山之間，上古黃河更寬，《莊子·秋水》所謂「涇流之大，兩涘渚崖之間，不辯牛馬」，太行山僅靠山陘來往，《史記·白起王翦列傳》：「（秦昭襄王）四十五年，伐韓之野王，野王降秦，上黨道絕。」河內不可能歸屬他郡，以河內郡的重要政治和經濟地位，不可能不單獨設郡。

河內郡設立的時間，史無明文，《魏世家》：「（魏昭王）七年（按即秦昭王十八年），秦拔我城大小六十一。」《史記·穰侯列傳》：「穰侯封四年，為秦將攻魏，魏獻河東方四百里，拔魏之河內，取城大小六十餘。」但是從下文看來，秦此時沒有取得河內，《秦本紀》記昭襄王二十一年，司馬錯攻魏河內。三十三年，魏入南陽以和，這個南陽不是秦漢的南陽郡（治今河南南陽市），而是今焦作、濟源一帶，因在太行山南，所以稱南陽。此處南陽，首見《左傳·僖公二十五年》，馬王堆帛書有一段論述分野的材料提到：「胃，魏氏東陽也。參前，魏氏朱縣也，其陽，魏氏南陽，其陰，韓氏南陽。」〔註27〕魏國的朱縣應是州縣（治今溫縣東北），其南是魏國的南陽，其北的野王（治今河南沁陽市）是韓國的南陽，「魏氏東陽」指太行山以東的汲、共、朝歌一帶。

《秦本紀》昭襄王四十一年夏，攻魏，取邢丘、懷（治今河南武陟縣南）。四十四年，攻韓南陽，取之。四十五年取韓野王（治今河南沁陽市），《秦始皇本紀》：「（六年）拔衛，迫東郡，其君角率其支屬徙居野王，阻其山以保魏之河內。」《史記·魏世家》：「（魏景愍王）二年（按即秦始皇六年），秦拔我朝歌。」《秦始皇本紀》：「十六年九月，發卒受地韓南陽假守騰。」韓國的河北之地早已歸秦，不應再有南陽，這裡的南陽似應在秦南陽郡。《秦始皇本紀》：「（十八年）王翦將上地，下井陘，端和將河內、羌瘣伐趙，端和圍邯鄲城。」則秦在河內有駐軍，可能已經設郡。

河內地區包括韓魏的南陽和魏國的東陽，主要屬魏，所以文獻中有「魏之河內」，沒有「韓之河內」。〔註28〕據平勢隆郎研究，衛國不是在秦二世時而是在秦始皇二十六年被廢，但是衛國不東遷，而西遷，而且居然在遷到河內後繼續存在了十五年，實在是個疑案，疑衛國西遷時，太行山南麓地區尚

〔註27〕 劉樂賢：《簡帛數術文獻探論》，湖北教育出版社，2003 年，第 245 頁。

〔註28〕 繆文遠：《戰國制度通考》，巴蜀書社，1998 年。卷三第五《魏地考》有河內、河外，第 208、209 頁。同第六《韓地考》有河外，沒有河內，第 226 頁。另外秦封泥有「河外府印」，可能是秦統一之前曾設的郡。

有部分地區堅守，史書不見河內郡設年或與此有關。里耶秦簡一號井出土封檢有文字：「軹以郵行河內。」發掘者認爲是河內郡的郵書，軹縣屬河內郡。〔註29〕

穎川郡。《史記·貨殖列傳》：「穎川、南陽，夏人之居也……秦末世，遷不軌之民於南陽……其任俠，交通穎川，故至今謂之夏人。」穎川人口稠密，又是華夏，原是韓地，淮陽以南屬楚，穎川不可能和淮陽合併。韓人激烈抗秦，《睡虎地秦簡·編年記》記載秦始皇二十年韓王居□山，《秦始皇本紀》說二十一年新鄭反，昌平君徙於郢，《編年記》二十一年：「韓王死，昌平君居其處，有死□屬。」秦爲加強暴政，穎川郡不可能與淮陽郡合併。

廣陽郡。《史記·貨殖列傳》：

> 夫燕亦勃、碣之間一都會也。南通齊、趙，東北邊胡。上谷至邊東，地踔遠，人民希，數被寇。

廣陽的人口比不上中原，但處在平原，是北部人口最稠密地區，怎麼可能併給地處山區的邊郡上谷呢？酈道元《水經注》卷十三明確說：「秦始皇二十三年滅燕，以爲廣陽郡，漢高祖以封盧綰爲燕王，更名燕國。」這樣的話，可以輕易否定嗎？

黔中郡、洞庭郡、江旁郡、蒼梧郡。里耶秦簡的洞庭、蒼梧二郡，現在多數學者認爲始置於楚，相當於過去認爲的黔中、長沙郡。有人曾經認爲楚黔中郡分爲洞庭、蒼梧郡，〔註30〕趙炳清質疑，又提出洞庭是楚國抗秦所設。〔註31〕關於洞庭、蒼梧的邊界，稍有爭議。〔註32〕辛文認爲秦始皇二十七年征越而更名洞庭、蒼梧，譚其驤認爲黔中郡曾割出原巫郡與清江流域給南郡，辛文認爲因此割長沙郡洞庭湖區彌補黔中。

今按前人考證黔中的位置有誤，黔中不可能是征南越時才更名。很多人認爲黔中郡曾經包括三峽以南的清江流域，我以爲不確，清江等地直通南郡，不可能屬黔中郡。

《秦本紀》說昭襄王二十七年，使司馬錯發隴西，因蜀攻楚黔中，拔之。三十年，蜀守若伐楚，取巫郡，及江南，爲黔中郡。《漢書·地理志》武陵郡：

〔註29〕 湖南省文物考古研究所：《里耶發掘報告》，嶽麓書社，2006年。
〔註30〕 陳偉：《秦洞庭、蒼梧二郡芻論》，《歷史研究》2003年第5期。
〔註31〕 趙炳清：《秦代無長沙、洞庭二郡略論》，《中國歷史地理論叢》2005年第4期。
〔註32〕 周振鶴：《秦代洞庭、蒼梧兩郡懸想》，《復旦學報（社會科學版）》2005年第5期。鍾煒、晏昌貴：《楚秦洞庭蒼梧及源流演變》，《江漢考古》2008年第2期。

「高帝置。」不提黔中，《續漢書·郡國志》武陵郡：「秦昭王置，名黔中郡，高帝五年更名。」似乎就是更名，《水經注》卷三七《沅水》臨沅縣：「縣治武陵郡下，本楚之黔中郡矣。秦昭襄王二十七年，使司馬錯以隴蜀軍攻楚，楚割漢北與秦，至三十年，秦又取楚巫黔及江南地，以爲黔中郡。漢高祖二年，割黔中故治爲武陵郡。」似乎武陵郡僅有黔中郡一部分。我以爲黔中郡不是更名爲武陵郡，因爲《秦本紀》說先從蜀地進入黔中，再取巫郡，則黔中在巫郡之上游，其主體不在湖南。

《史記·西南夷列傳》說：「始楚威王時，使將軍莊蹻將兵循江上，略巴、黔中以西。莊蹻者，故楚莊王苗裔也。蹻至滇池，方三百里，旁平地，肥饒數千里，以兵威定屬楚。欲歸報，會秦擊奪楚巴、黔中郡，道塞不通，因還，以其眾王滇，變服，從其俗，以長之。」莊蹻是從巴、黔中西征，說明黔中靠近巴郡，則在今烏江流域。烏、黔都是黑，故名黔中。

嚴耕望認爲楚黔中郡在清江流域，秦黔中郡多出烏江流域下游，理由是《史記》說黔中以西，對應《華陽國志·南中志》且蘭、夜郎。〔註33〕我以爲此說不確，因爲嚴耕望未考且蘭、夜郎位置，且蘭在今貴州中部，夜郎在今黔西南，所以楚黔中就有烏江流域。

黔中郡是楚國在今烏江流域所設，秦因爲此地太過偏遠，所以不設黔中郡。漢代武陵郡兼有洞庭郡和黔中郡之地，不是簡單更名。漢設牂牁郡之前，原屬黔中郡的貴州省，名義上屬武陵郡。

《太平寰宇記》潭州引南朝甄烈《湘州記》：「秦始皇二十五年併天下，分黔中以南之沙鄉，爲長沙郡，以統湘川。」《越世家》說：「龐、長沙，楚之粟也。」可見戰國時長沙已是楚國的重要糧食產區，可見《湘州記》說長沙爲沙鄉值得懷疑。《秦始皇本紀》秦并天下，令曰：「荊王獻青陽以西，已而畔約，擊我南郡，故發兵誅，得其王，遂定其荊地。」前人多以爲青陽在長沙，我考證青陽是漢代的承陽縣（治今邵東縣東南）。〔註34〕承陽之西即沅、澧流域的漢武陵郡，楚王反悔，說明奪回了洞庭湖區，能夠進入沅、澧、資水。

《戰國策·楚策一》蘇秦說楚威王：「楚地西有黔中、巫郡，東有夏州、

〔註33〕 嚴耕望：《楚秦黔中郡地望考》，《嚴耕望史學論文集》，上海古籍出版社，2009年，第494～501頁。
〔註34〕 周運中：《巨陽與青陽新考》，《楚學論叢》第二輯，湖北人民出版社，2012年。

海陽，南有洞庭、蒼梧，北有汾陘之塞，郇陽。」海陽、夏州、郇陽都不是郡，所以不能據此得出洞庭、蒼梧爲郡。但是長沙等地既然已經是楚國的糧食產區，又離楚都較遠，楚國不應不設郡，所以洞庭郡、蒼梧郡不管名稱如何變化，其實質或能追溯到楚國。

《戰國策・秦策一》：「秦與荊人戰，大破荊，襲郢，取洞庭、五都、江南。」五都應作五渚，《史記・蘇秦列傳》：「蜀地之甲，乘船浮於汶，乘夏水而下江，五日而至郢。漢中之甲，乘船出於巴，乘夏水而下漢，四日而至五渚。」《集解》引《戰國策・秦策一》作五渚，類似吳地的三江五湖之謂，據《蘇秦傳》則五渚在漢水下游。

《秦本紀》昭王「三十一年，楚人反我江南」，《六國年表》「秦所拔我江旁反秦」，《楚世家》：「二十三年，襄王乃收東地兵，得十餘萬，復西取秦所拔我江旁十五邑，以爲郡，距秦。」楚頃襄王二十三年正是秦昭襄王三十一年，所以江南楚人反秦和楚國收復江旁十五邑在同年。這一片地方多水，秦人不熟悉地形，難以堅守，所以楚人得以反攻。

前人或認爲江南即江旁，楊寬認爲楚國收復十五邑，重建爲黔中郡，〔註35〕但如果楚國復建黔中郡，莊蹻和楚軍合擊，不可能導致莊蹻被阻於西南。楊寬說楚國收復的十五邑在今湖北巴東等地，更不可信，郢都附近已經被秦國攻克，設南郡，巫郡也被攻克，楚軍怎能深入到三峽？石泉認爲在漢水中游支流蠻河以南，〔註36〕但這裡遠離長江，又在南郡腹地，也不對。宋少華認爲是鄂（治今鄂州）、邾（治今黃岡）以東，〔註37〕我認爲也不對，因爲《史記・六國年表》：「白起擊楚，拔郢，更東至竟陵，以爲南郡。」十五邑是秦國曾經佔領的地方，此後的秦南郡，才東至竟陵（治今潛江），所以先前秦軍不會到達鄂之東。

《楚世家》：「考烈王元年（秦昭王四十五年），納州於秦以平。是時楚益弱。」這個州應即西漢的州陵縣（治今洪湖烏林），而不是楚國東部的夏州，〔註38〕可見秦昭王四十五年前楚國還有州。《荀子・強國》「今秦南有沙羨與

〔註35〕楊寬：《戰國史》，第405～406頁。
〔註36〕石泉：《古代荊楚地理新探續集》，武漢大學出版社，2004年，第163頁。
〔註37〕宋少華：《湖南秦墓初論》，《中國考古學會第七次年會論文集》，文物出版社，1992年。
〔註38〕楊寬認爲這裡的州是夏州，今湖北中部的古夏水下游三角洲，見楊寬：《戰國史料編年輯證》，第968～969頁。按夏州和海陽並列，應在楚國東部沿海。

俱，是乃江南也」所說爲秦始皇初年事，此時秦界才到沙羨（今湖北武漢市西南）。沙羨所在被稱爲江南，而秦曾經佔領的五渚又在漢水尾閭，所以楚國收復的江邊十五邑應在荆州、武漢、岳陽之間。如果楚國失去這個地區，整個湖南都會不保，所以楚國設郡。嶽麓秦簡有州陵守。不管州陵是不是郡，都很重要。

徐少華先生認爲江旁郡就是楚國設置的洞庭郡，〔註39〕我以爲很有可能，因爲在荆州到武漢之間的縣很少，十五邑很可能包括洞庭湖。但史料太少，所以洞庭、江旁可能是兩個郡。

蒼梧郡史料很少，其名和洞庭郡、會稽郡、碭郡同質，都源自名山，《山海經‧中次十一經》：「（洞庭山）帝之二女居之，是常遊於江淵。澧沅之風，交瀟湘之淵，是在九江之間，出入必以飄風暴雨。」《山海經‧海內經》：「南方蒼梧之丘，蒼梧之淵，其中有九嶷山，舜之所葬，在長沙零陵界中。」嬴政巡遊特地去過湘山（即洞庭山）、會稽山，望祀過九嶷山（即蒼梧山），碭郡、會稽郡爲秦改名無疑，〔註40〕則洞庭、蒼梧疑都是秦改名。當然秦改名，不代表秦置郡，很可能是楚國置郡。〔註41〕

內史。辛文把內史算作三十六郡之一，顯然不確。內史所轄爲原秦國地區，而三十六郡爲秦人侵略吞併地區，《秦始皇本紀》說「分天下以爲三十六郡」應指吞併地區，而不包括原秦地。王朝京畿不可能和其他地區一樣，比如西漢十三州部不包括司隸部，元代分中書省和行中書省，明代稱兩京十三省。不僅中國古代如此，今天外國也有此例，比如美國的哥倫比亞特區不在五十州之內。

衡山郡。楚漢之際有衡山郡，前人已有論述，疑秦代已經設有衡山郡。譚其驤說：「《始皇本紀》，二十八年，西南渡淮水，之衡山、南郡。衡山與南郡並舉，蓋其時已建郡矣。」辛文引錢大昕說認爲這裡的衡山更可能是山嶽本身，而非衡山郡，但是我認爲這裡的衡山既不是衡山郡，也不是山嶽。不要說皇帝，就是百姓，沒有要事，也不會輕易上山。所以秦始皇之衡山，可

〔註39〕 徐少華、李海勇：《從出土文獻析楚秦洞庭、黔中、蒼梧諸郡縣的建置與地望》，《考古》2005年第11期。
〔註40〕 會稽郡在楚國時治吳，可能稱江東郡，見《史記》的《甘茂傳》、《春申君傳》，時會稽山既不在治旁，且在楚國邊疆，所以當時不太可能稱會稽郡。
〔註41〕 有學者認爲楚國置洞庭郡時已用此名，但沒有確證，見趙炳清：《略論「洞庭」與楚洞庭郡》，《歷史地理》第二十一輯，上海人民出版社，2006年。

能是在衡山附近觀瞻或祭祀。

有人認爲三十六郡，有衡山郡，無廣陽郡，燕地狹窄，燕國都城軍事意義偏低。〔註42〕我認爲廣陽郡比衡山郡重要，因爲古代南方人煙稀少，如果我們把三十六郡畫在地圖上，可以明顯看到南方的郡都很大，如果畫出衡山，則忽然在很多大郡之間冒出一個小郡，很不正常，所以我認爲衡山可能晚出。燕國都城雖然不在邊境，但是如果燕都不穩，也會危及邊境。六國都城皆設郡，燕國不應例外。燕國都城肯定是燕國人口最密集之地，理應設郡。燕國曾經派荊軻刺殺秦始皇，差點成功，秦始皇肯定不會忘記此事。秦滅了燕，不可能不在燕都設郡。所謂廣陽、漁陽郡治靠近是假象，廣陽郡治在今房山，漁陽郡治在今密雲。廣陽其實是內郡，漁陽是邊郡，不能以直線距離衡量。

四、增郡諸異說辨析

有人說，秦始皇二十八年新置六郡，伐東越置閩中郡、廬江郡，齊地新置濟北郡、即墨郡，楚地新置東海郡、郯郡。〔註43〕我以爲此說不確，因爲按照《秦始皇本紀》、《淮南子》和荊州博物館藏簡，秦始皇三十年同時進攻東越和南越，此後才設閩中郡，所以不可能先設閩中郡。郯郡，我在上文已論證是秦始皇三十七年設。時隔兩年，不可能忽然增加六郡。

從三十六郡，變成四十八郡，關鍵事件是三十三年增加了南海、桂林、象、閩中，或許此時還增加了其他郡。秦始皇晚年，北伐匈奴，東尋仙山，焚書坑儒，大興土木，多次出巡，知道自己到了晚年，更加依賴宗教，所以大規模增設郡應在秦始皇晚年。

有人說，秦末有五十四郡，還包括新秦中郡、河間郡、清河郡、博陽郡、膠西郡、膠東郡、城陽郡、巫黔郡。〔註44〕

我以爲此說不確，新秦中是區域名，不可能是郡名，不合體例。清河郡根據是傳世封泥「清河太守」和新出封泥「清河水印」，王國維認爲前者是漢初之物，至於水官未必是郡級必設，所以存疑。我認爲，長平之戰使得趙國人口劇減，所以不會有太多郡。何慕認爲，如果有河間郡、清河郡，鉅鹿郡太小，趙地設郡太多，所以鉅鹿、邯鄲二郡存疑。〔註45〕我以爲此說合理，

〔註42〕 張莉：《秦郡再議》，《歷史地理》第二十九輯。
〔註43〕 張莉：《秦郡再議》，《歷史地理》第二十九輯。
〔註44〕 后曉榮：《秦代政區地理》，第97～109頁。
〔註45〕 何慕：《秦代政區研究》，第58頁。

清河郡和鉅鹿郡太近，清河郡或許是秦漢之際重立。

王國維認爲秦三十六郡有膠東、膠西、博陽、城陽，源自《漢書·高帝紀》封劉肥爲齊王之郡，譚其驤認爲膠西之名不見於楚漢，博陽是濟北郡治，所以譚說僅有膠東、濟北郡。

我認爲不僅膠西可能不是秦郡，膠東可能也不是。因爲膠東人口不多，而且齊王田市被項羽趕到膠東，封爲膠東王，很可能在此時才有膠東郡。膠西狹小，城陽和琅邪分爲兩郡也很狹小，古代山東半島人口不及中原，所以不可能在山東半島設郡太多。《孟子》說到齊東野人，可見膠東比較蠻荒。唐代日本來華僧人圓仁：「從海州直到登州已來，路境不可行得。曠野路狹，草木掩合，寸步過泥，頻失前路。若無知道人引，即一步不可行也。」〔註 46〕漢代膠東人口密度，也應比中原小。秦始皇曾經遷徙三萬戶到琅邪臺，但限於琅邪郡而非膠東地，而且琅邪附近能容納這麼多人，正說明原來人口少。

巫黔郡跨越長江和高山，交通不便，人口稀少，顯然不能成立。巫郡是楚都的西門，因而設郡。秦軍攻佔楚地前，仍設此郡。天下統一，這種小郡就不必存在。至於相家巷秦封泥「巫黔□邸」「巫黔右工」，年代難以確定。

秦朝應有廬江郡，〔註 47〕《水經注》卷三九《贛水》說南昌縣：「秦以爲廬江南部。」則有廬江郡。否則即使分出衡山郡，九江郡也太大，而且廬江郡和九江郡之間有彭蠡澤，交通不便。

東海郡應是後設，《元和郡縣圖志》卷十一海州：「秦置三十六郡，以魯爲薛郡，後分薛郡爲東海郡。」東海郡靠海，如同膠東，人口密度不如中原，所以設郡較晚。

還需要說明兩點：

一、前人往往根據秦封泥把遼東改爲潦東、遼西改爲潦西、臨淄改爲臨菑、泗水改爲四川、東海改爲東晦。辛文還討論丹陽郡的陽究竟是楊，還是揚。其實古人慣用通假，所以不必先把晦解釋爲暝，再說暝通作成溟，再說溟和海相通，費力周折。秦朝時間極短，我們也不確定封泥上的寫法貫穿秦朝，當時人肯定還是用東海等正常地名，所以我們也應該並用兩說。

〔註 46〕〔日〕圓仁著，顧承甫、何泉達點校：《入唐求法巡禮記》，上海古籍出版社，1986 年，第 193 頁。

〔註 47〕臧知非：《秦置廬江郡釋疑》，《秦始皇帝陵博物院》第四輯，2014 年。收入《合肥通史》編纂委員會辦公室編：《秦漢魏晉時代的合肥史研究》，黃山書社，2014 年，第 38～44 頁。

二、辛文論證三十六郡是以十二爲基數，而非以六爲基數，但是《秦始皇本紀》明言：「方今以水爲德，……皆上黑，數以六爲紀，符、法冠皆六寸，而輿六尺，六尺爲步，乘六馬。」並沒有說以十二爲紀，實際上十二就是六的倍數，十二和六不矛盾。

我可以舉例證明秦一定以六爲紀，《史記·封禪書》說：

> 於是自殽以東，名山五，大川祠二。曰太室。太室，嵩高也。恒山，泰山，會稽，湘山。水曰濟，曰淮。春以脯酒爲歲祠，因泮凍，秋涸凍，冬塞禱祠。其牲用牛犢各一，牢具珪幣各異。

> 自華以西，名山七，名川四。曰華山，薄山。薄山者，衰山也。岳山，岐山，吳岳，鴻冢，瀆山。瀆山，蜀之汶山。水曰河，祠臨晉。沔，祠漢中。湫淵，祠朝那。江水，祠蜀。亦春秋泮涸禱塞，如東方名山川，而牲牛犢牢具珪幣各異。而四大冢鴻、岐、吳、岳，皆有嘗禾。

可見，秦祭祀的名山共有十二個，但是大川只有六個，因爲秦以水爲德，所以在河流上特地限制了六個，這是秦以六爲紀的鐵證。前人因爲沒注意到這一條記載，所以沒有發現秦以六爲紀的鐵證。

五、結論

綜合前人成果及上文所考，秦始皇二十六年吞滅六國後所設三十六郡，可以確定的三十二個是：1.隴西、2.北地、3.上郡、4.漢中、5.巴郡、6.蜀郡、7.河東、8.南陽、9.南郡、10.太原、11.東郡、12.三川、13.上黨、14.雁門、15.潁川、16.邯鄲（趙）、17.鉅鹿、18.廣陽、19.上谷、20.漁陽、21.右北平、22.潦西（遼西）、23.碭郡、24.四川（泗水）、25.薛郡、26.九江、27.潦東（遼東）、28.代郡、29.淮陽、30.會稽、31.臨淄（齊）、32.琅邪。另外 33.洞庭、34.蒼梧、35.雲中、36.河內四郡設年存疑，但是應該在三十六郡之列，以上可能就是秦朝的三十六郡。

另外 37.南海、38.桂林、39.象、40.閩中、41.九原、42.鄣、43.廬江、44.東海八郡明確爲後來增設。另外 45.衡山、46.恒山、47.河間、48.濟北，這四郡可能爲後來增設，所以秦末可能共有四十八郡。但是四十八郡說是王國維的推測，也不一定實施。

　　如果我們把三十六郡畫在地圖上（如圖），〔註48〕就可以看出，人口稀少的郡，面積都比較大。不僅南方諸郡面積大，中原東西兩側的郡面積也很大，比如琅邪、薛郡和西北諸郡。南方的郡比北方的大，因為南方人口更少。唯一例外是北邊防衛匈奴的諸郡，因為軍事需要，所以面積較小，導致不在邊塞的廣陽郡面積也例外地比較小。面積最狹小的五個郡，集中在中原腹心之地，即三川、潁川、河內、碭、東郡。因為這五個郡，是人口最稠密的地方。在其外面一圈的淮陽、南陽、四川（泗水）、河東、上黨，則稍大。南方面積稍小的郡是會稽、南郡，因為在吳、楚的腹心。如果我們用漢代的人口地圖來覆核秦代設郡，也可以有一定參考作用。如果有人畫出的三十六郡地圖上，南方出現很小的郡、中原出現太大的郡，一般來說都不合理。

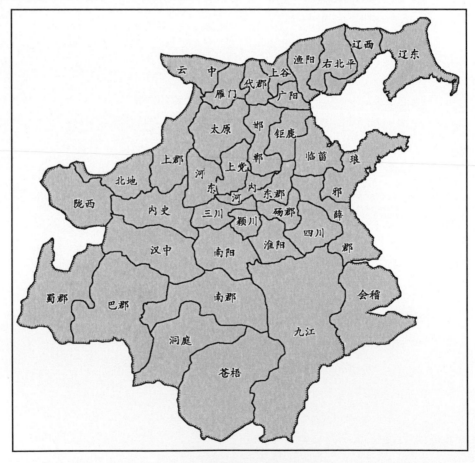

本文考證的秦三十六郡地圖

錢穆推崇全祖望，非常有理，全祖望之說最合理。朱偰、錢穆、譚其驤受到全祖望的影響，又把東海誤換成閩中。我的看法是東海應換成河內，很多現代學者的看法與我們基本相同。河內郡是天下之腹心，東海郡的地位自然遠遠不及河內郡。至於閩中郡的地位，更是遠遠不及東海郡。所以河內郡不能換成東海郡，更不能換成閩中郡。也有的現代學者看法與我們差別較大，不僅不及近代學者，甚至不及古代學者，不能不說是一種遺憾。

〔補記〕根據我的日記，本文在 2008 年 3 月 26 日到 4 月 12 日寫成初稿，請老師審閱，老師在 17 日批改，現在我仍保存這份文檔。此外何慕、陸德富等都知道我很早寫成此文，我很晚才看到凡國棟 2010 年的博士論文。我們的三十六郡名目吻合，但是方法和具體內容有很大差異。

兩漢州制再考

　　兩千多年來中國最穩定的政區是縣，雖然晚近紛紛改市，但仍未動搖大局。郡從唐代開始退出中原的歷史舞臺，但是大理、朝鮮還有郡，現在朝鮮半島仍然有郡。其實郡也未完全從中國消失，現在閩南民居門口常見「穎水流芳」、「西河派衍」，祠堂、族譜中的郡望則更常見，可見郡在文化上還有一定影響。

　　州更神奇，從遠古傳說的迷霧到今天地方的名頭，歷時很久。中國人都知道大禹治水，劃分九州，現在中國人仍然用神州、九州等詞來指代中國。雖然現在的很多州已經屈居在晚出的省之下，但是州曾經統治郡縣，風光數百年。現在中國有州的地名主要在東南，但是中原的縣改市，經常重用州的古名，比如山東益都改青州，膠縣改膠州，安徽亳縣改亳州。

　　州最早作爲正式政區是在漢代，但是漢代州的制度，過去人認識未必清楚，現代學者還在討論，爭議很大。

一、前人的分歧

　　近代顧頡剛、譚其驤討論漢代州制，譚其驤作爲顧頡剛的學生，糾正了顧頡剛《尚書研究講義》中的很多錯誤，才有了顧頡剛的《兩漢州制考》在1934 年發表。〔註1〕譚其驤晚年才公佈他們在 1931 年的討論書信，一讀便知譚其驤的關鍵作用。〔註2〕譚其驤告訴顧頡剛：西漢司隸校尉不在十三部之

〔註1〕 顧頡剛：《兩漢州制考》，《蔡元培先生六十五歲慶祝論文集》下冊，1934 年。收入《顧頡剛全集》卷五，北京：中華書局，年，第 167～230 頁。

〔註2〕 譚其驤：《討論兩漢州制致顧頡剛先生書》，《復旦學報》1980 年第 3 期。收入譚其驤：《長水集》上冊，第 22～43 頁。

中，還有朔方刺史，西漢的交趾刺史部不稱交州刺史，東漢省朔方入并州，改交趾爲交州。顧頡剛文中最重要的發現，其實都是譚其驤的發現。顧頡剛也指出譚其驤的小錯，比如認爲朔方刺史部出自雍州，但顧頡剛在指出譚其驤小錯之時，自己又有大錯，說朔方未與并州同時存在，譚其驤又從《漢書》、錢大昕《廿二史考異》中找出證據，證明朔方和并州同時存在。

顯然，譚其驤的功底、水平都在他的老師顧頡剛之上。顧頡剛作爲老師，搶先拿學生的發現去發表，也不署譚其驤的名，僅在文末用幾句話說到他和譚其驤的討論，又附譚其驤《兩漢州制考跋》，好像正文眞的不是譚其驤所寫。我們不能因爲譚其驤晚年才公佈他們的通信，就否認這些發現主要是譚其驤的功勞。顧頡剛之所以不能有譚其驤的發現，因爲他提到漢代州制純粹是爲了證明他的《尙書》十二州是漢人僞造的錯誤觀點，證明他的疑古謬論。所以顧頡剛原先不認眞讀《漢書》，而譚其驤認眞讀了，自然有重要發現。

前人大多根據以下重要史料：

1.《漢書‧地理志》：漢興，因秦制度，崇恩德，行簡易，以撫海內。至武帝攘卻胡、越，開地斥境，南置交趾，北置朔方之州，兼徐、梁、幽、并夏、周之制，改雍曰涼，改梁曰益，凡十三部，置刺史。

2. 顏師古引胡廣曰：「漢既定百越之地，置交趾刺史，別於諸州，令持節蒼梧。分雍州，置朔方刺史。」

3.《漢書》卷七一《平當傳》：「左遷朔方刺史。」顏師古注：「武帝初置朔方郡，別令刺史監之，不在十三州之限。」

4.《太平御覽》卷一六六引應劭《漢官儀》：「孝武皇帝南平百越，北攘夷狄，置交址、朔方之州，復徐、梁之地，改雍曰梁，改梁曰益，凡十三州。所以交、朔獨不稱州，明示帝王未必相襲，始開北方，遂交南方，爲子孫基址也。」

5.《漢書‧武帝紀》元封五年（前106年）：初置刺史部、十三州。

6.《漢書‧百官公卿表》：監御史，秦官，掌監郡。漢省，丞相遣史分刺州，不常置。武帝元封五年，初置部刺史，掌奉詔條察州，秩六百石，員十三人。成帝綏和元年，更名牧，秩二千石。哀帝建平二年，復爲刺史。元壽二年，復爲牧……司隸校尉，周官，武帝徵和四年初置。持節，從中都官徒千二百人，捕巫蠱，督大姦猾，後罷其兵。察三輔、三河、弘農。元帝初元四年，去節。成帝元延四年，省。綏和二年，哀帝復置。

7.《續漢書・百官志》：「司隸校尉一人，比二千石。孝武帝初置，持節，掌察舉百官以下，及京師近郡犯法者。元帝去節，成帝省，建武中復置，並領一州……外十二州，每州刺史一人，六百石。秦有監御史，監諸郡，漢興省之，但遣丞相史分刺諸州，無常官。孝武帝初置刺史十三人，秩六百石。成帝更爲牧，秩二千石。建武十八年，復爲刺史，十二人各主一州，其一州屬司隸校尉。」

8.《後漢書・光武帝紀下》建武十一年（35 年）：「是歲，省朔方牧，并并州。」

譚其驤、顧頡剛排列以上史料，解決了很多問題。西漢末年的州制，根據揚雄《十二州箴》容易看出，顧頡剛重點討論了交趾、交州的糾葛。他說班固用東漢的交州稱西漢的交趾，《續漢書・郡國志》是交州。《光武帝紀》、《岑彭列傳》又說交趾牧，《靈帝紀》有交阯刺史。《晉書・地理志》說：「順帝永和九年，交趾太守周敞求立爲州，朝議不許，即拜敞爲交趾刺史……建安八年，張津爲刺史，士變交趾太守，共表立爲州，乃拜津爲交州牧。」《藝文類聚》卷六引《交廣記》也說，建安年間張津首次爲交州牧。顧頡剛以爲《晉書》、《交廣記》不確，東漢一直是交州。顧頡剛誤考東漢交州設置時間，下文再說。

林劍鳴的書中追溯西漢刺史的源頭，已經說到秦代和惠帝、文帝的制度，他認爲是臨時制度，未談到州的問題。〔註3〕

近年來最重要的是汪清的文章，他首先指出：

1. 在元封五年（前 106 年）之前，早已有州，《漢書・武帝紀》元鼎五年（前 112 年）十一月，下詔曰：「冀州脽壞，乃顯文鼎。」

2. 州、部起源，其實不同，《北堂書鈔》卷七二引比班固早的王隆《漢官》說：「十有三牧分部，馳郡行國，督查在位，敷奏以言，錄見囚徒，考實侵冤，退不錄職。」《漢書》紀傳記載的全是部刺史，不提州刺史，所以《百官公卿表》的部刺史掌奉詔條察州，是班固的誤會，應是察部。《地理志》朔方之州也是誤會，所以顏師古注說交阯別於諸州，說朔方不在十三州。

至於部爲何不是州，他說是因爲州的界限模糊，而且漢朝的疆域擴展到了九州之外，朔方、交趾都在上古九州之外。〔註4〕

〔註3〕林劍鳴：《秦漢史》，上海人民出版社，2003 年，第 317～318 頁。
〔註4〕汪清：《漢武帝初置刺史部十三州辨析》，《史學月刊》2000 年第 3 期。

　　辛德勇的文章又晚出，不提汪清此文，但是看法則多有類似之處，他的新看法可以歸納如下：

　　1. 州出自漢文帝十二年（前 168 年），是視察區，《漢書·文帝紀》：「三月，除關，無用傳。」詔曰：「其遣謁者勞賜三老、孝者帛，人五匹。悌者、力田，二匹。廉吏二百石以上率百石者，三匹。及問民所不便安，而以戶口率置三老、孝、悌、力田常員，令各率其意以道民焉。」

　　2. 州在漢文帝十三年（前 167 年），作爲監察區，衛宏《漢官舊儀》：「丞相初置，吏員十五人，皆六百石，分爲東、西曹。東曹九人，出督州爲刺史。西曹六人，其五人往來白事東廂爲侍中，一人留府曰西曹，領百官奏事。」《通典》卷三二：「秦置監察御史。漢興省之。至惠帝三年，又遣御史監三輔郡，察詞訟，所察之事凡九條，監者二歲更之。常以十月奏事，十二月還監。其後諸州復置監察御史。文帝十三年，以御史不奉法，下失其職，乃遣丞相史出刺並督監察御史。武帝元封元年，御史止不復監。至五年，乃置部刺史，掌奉詔六條察州，凡十二州焉。」

　　3. 元封五年（前 106 年）之前已有州，《漢書·武帝紀》元鼎四年（前 113 年）十一月甲子，立后土祠於汾陰脽上。禮畢，行幸滎陽。還至洛陽，詔曰：「祭地冀州，瞻望河、洛，巡省豫州。」元鼎三年（前 112 年）「廣關」到元封三年（前 108 年）拓邊，形成了十二州：冀、兗、青、徐、揚、荊、豫、益、涼、幽、并、中州，即《禹貢》九州，改梁爲益，改雍爲涼，加《職方》并、幽，加上中州，史書不提中州，姑且指代三河。

　　4. 元封五年（前 106 年），加朔方、交阯刺史部，徵和四年設司隸校尉於中州，形成十四個監察區。

　　5. 最遲在平帝元始年間，交阯成爲交州，不是顧頡剛、譚其驤所說東漢才形成交州。元始五年（5 年），改爲十二州：冀、兗、青、徐、揚、荊、豫、益、雍、幽、并、交，揚雄《十二州箴》反映這一情況。

　　6. 王莽始建國四年（12 年），改爲九州，幽州改名平州，冀、兗、荊、豫四州合併，置五部，很快恢復爲平帝元始五年制。

　　7. 東漢光武帝建武十八年（42 年），共十二州，另有交阯刺史部，《續漢書·郡國志》誤爲交州刺史部。

　　8. 漢獻帝興平元年（194 年），分涼州置雍州。建安八年（203 年），改交阯刺史部爲交州。十八年（213 年），曹操改爲《禹貢》九州，梁州改名益

州。〔註5〕

我以為，以上和汪清之文相合的第 2、第 3 兩點非常重要，為了解決汪清之文未能說清楚的州、部由來問題，說州是視察區，部是監察區，似乎比汪文更深入一步。

其他則或是前人已經點明，或有很多問題。首先是漢文帝十二年派謁者視察，史書不提州部，便遽斷此時有州，未免臆測。所謂中州之名，不見於史書，也是臆測。

天文書的十二州未必出自漢代，因為《尚書‧堯典》已有十二州、十二牧之說，傳說中的上古十二州未必是漢代編造。《尚書》傳自上古，十二州之說可能出自上古。《史記‧天官書》說：「及至五家、三代，紹而明之，內冠帶，外夷狄，分中國為十有二州，仰則觀象於天，俯則法類於地。天則有日月，地則有陰陽。天有五星，地有五行。天則有列宿，地則有州域。」辛文說這段話中的十二州不知年代，其實司馬遷明確說五家、三代，三代是夏商周，五家是五帝之形誤。也不能通過對比分野說，就說所謂中州對應三河，其實三輔更重要。

顧頡剛、譚其驤都在文中多次明確說，根據揚雄的《十二州箴》，漢平帝已有交州，他們從未說是東漢首創交州。至於東漢嶺南，我以為確實是交趾刺史部，到了漢末改為交州，顧頡剛的辯駁顯然不能成立。

九州的問題，討論到此，其實還有很多問題值得進一步探索，有的還是前人未曾提出的問題。

二、九州與后土祠、周人九鼎

汪、辛二文提到元封五年（前 106 年）之前，已有九州，根據都是《漢書‧武帝紀》，但是他們未引全文，今按原文說元鼎四年（前 113 年）：

> 冬十月，行幸雍，祠五畤……東幸汾陰。十一月甲子，立后土祠於汾陰脽上。禮畢，行幸滎陽。還至洛陽，詔曰：「祭地冀州，瞻望河、洛，巡省豫州，觀於周室，邈而無祀。詢問耆老，乃得孽子嘉。其封嘉為周子南君，以奉周祀。」

元鼎五年（前 112 年）：

〔註5〕 辛德勇：《兩漢州制新考》，收入辛德勇：《秦漢政區與邊界地理研究》，第 93
～178 頁。

六月，得寶鼎后土祠旁。秋，馬生渥窪水中。作《寶鼎》、《天馬》之歌⋯⋯冬十月，行幸雍，祠五畤。遂逾隴，登空同，西臨祖屬河而還。十一月辛巳朔旦，冬至，立泰畤於甘泉。天子親郊見，朝日夕月。詔曰：「朕以眇身，託於王侯之上，德未能綏民，民或飢寒，故巡祭后土，以祈豐年。冀州脽壤，乃顯文鼎，獲薦於廟。渥窪水出馬，朕其御焉。戰戰兢兢，懼不克任，思昭天地。」

前人因爲缺乏上古史知識，未能看出其中的大問題，汾陰的后土祠不是一般地方，《左傳》昭公十七年，郯子說共工氏以水爲紀，水在五行之中對應冬官司空。昭公二十九年，蔡墨說：「共工氏有子曰句龍，爲后土，此其二祀也。后土爲社。」《國語・魯語上》：「共工氏之伯九有也，其子曰后土，能平九土，故祀以爲社。」后土就是九土，九有、九土就是九州，所以祭祀后土，其實就是尊崇了上古的九州。漢人熟讀儒家經典，不可能不知道。可惜史書有缺，我們不知祭祀的詳情。

再說分封周君，這件事其實也和九州有關，《左傳・宣公三年》：

楚子伐陸渾之戎，遂至於洛，觀兵於周疆。定王使王孫滿，勞楚子。楚子問鼎之大小輕重焉，對曰：「在德不在鼎。昔夏之方有德也，遠方圖物，貢金九牧，鑄鼎象物，百物而爲之備，使民知神、奸。故民入川澤山林，不逢不若。螭魅罔兩，莫能逢之，用能協於上下以承天休。桀有昏德，鼎遷於商，載祀六百。商紂暴虐，鼎遷於周。德之休明，雖小，重也。其姦回昏亂，雖大，輕也。天祚明德，有所底止。成王定鼎於郟鄏，卜世三十，卜年七百，天所命也。周德雖衰，天命未改，鼎之輕重，未可問也。」

夏人九鼎出自九州之牧，象徵擁有天下，傳承到周，楚人想獲得，周王孫滿說天命還在，德運未衰，所以不能交出九鼎。秦始皇東征，周人帶著九鼎逃跑，沉入泗水，《史記・秦始皇本紀》二十八年：「始皇還，過彭城，齋戒禱祠，欲出周鼎泗水。使千人沒水求之，弗得。」秦始皇齋戒禱告，千人下水，不能獲得周鼎，這是秦始皇的心病，不能獲得九鼎就象徵未能獲得天命。

所以漢武帝在后土祠，不會想不到九州，在周室，也不會想不到九州，所以他兩次下詔提到冀州，一次提到豫州，都不是簡單用古代之名，而是確實想恢復古代的制度。果然，次年就平地南越、東越，又設張掖、酒泉郡。漢地不僅大爲擴張，還超過了前代帝王，這就爲漢武帝恢復州制奠定

了基礎。

司馬遷《封禪書》又說元鼎元年：

> 其夏六月中，汾陰巫錦爲民祠魏脽后土營旁，見地如鉤狀，掊視得鼎……天子使使驗問巫得鼎無奸詐，乃以禮祠，迎鼎至甘泉……有司皆曰：「聞昔泰帝興神鼎一，一者壹統，天地萬物所繫終也。黃帝作寶鼎三，象天地人。禹收九牧之金，鑄九鼎。皆嘗亨鬺上帝鬼神。遭聖則興，鼎遷於夏商。周德衰，宋之社亡，鼎乃淪沒，伏而不見……今鼎至甘泉，光潤龍變，承休無疆。合茲中山，有黃白雲降蓋，若獸爲符，路弓乘矢，集獲壇下，報祠大享。唯受命而帝者心知其意而合德焉。鼎宜見於祖禰，藏於帝廷，以合明應。」制曰：「可。」

可見元鼎元年（前116年），汾陰后土祠發現象徵九州的鼎，刺激漢武帝想恢復上古州制，漢武帝設立十三刺史部不會太晚。

還有一個證據，證明設州源自擬古，《成帝紀》說：

> （元延四年）二月，罷司隸校尉官……（綏和元年正月）又曰：「蓋聞王者必存二王之後，所以通三統也。昔成湯受命，列爲三代，而祭祀廢絕。考求其後，冀正孔吉。其封吉爲殷紹嘉侯。」三月，進爵爲公，及周承休侯皆爲公，地各百里……十二月，罷部刺史，更置州牧，秩二千石。

漢成帝封周承休侯爲公，比漢武帝還食古不化，因此他覺得部刺史、司隸校尉不合上古之制，索性全部改成州，也可見這時部和州本質差別不大。

三、涼州和梁州的糾葛

漢武帝設十三州，最奇怪的是梁州改名益州，雍州改名涼州。照理說，漢武帝要恢復傳說的上古九州，不應改字，更不應改最靠近都城的兩州名。漢承秦，自關中興起，秦代的關西山川的地位比關東山川高。《史記・封禪書》說：「於是自殽以東，名山五，大川祠二……自華以西，名山七，名川四……亦春秋泮涸禱塞，如東方名山川，而牲牛犢牢具珪幣各異。而四大冢鴻、岐、吳、岳，皆有嘗禾。陳寶節來祠，其河加有嘗醪。此皆在雍州之域，近天子之都，故加車一乘，騂駒四。霸、產、長水、灃、澇、涇、渭皆非大川，以近咸陽，盡得比山川祠，而無諸加。」顯然，關西名山大川數量多於關東，

地位也高，四大冢皆有嘗禾。雍州的祭祀特殊，長安附近的小河也比照名山大川祭祀。

因此，如果要更改九州的名字，也應該更改關東而非關西的州名，爲何一定要更改雍、梁呢？

梁是橋樑，也是一個很好的字，《史記・司馬相如傳》說：「除邊關，關益斥西至沫、若水，南至牂柯爲徼，通零關道，橋孫水，以通邛都。還報天子，天子大說。」司馬相如在孫水（今西昌安寧河）建橋，西南很多地方要開路搭橋，爲何要梁爲益呢？

我以爲，之所以要改梁爲益，很可能是因爲要改雍爲涼，不能有兩個讀音相同的州，所以才改梁爲益。

問題是，雍也是一個很好的字，雍是秦國故都，不僅是秦人崛起之地，還有著名的五畤，漢朝皇帝也要去祭祀。涼是寒涼，比不上雍字雍容華貴，爲何一定要改雍爲涼呢？

涼州的地域全屬雍州，《禹貢》說：「黑水、西河惟雍州。弱水既西，涇屬渭汭，漆沮既從，灃水攸同。荊、岐既旅，終南、惇物，至於鳥鼠。原隰底績，至於豬野。三危既宅，三苗丕敘……浮於積石，至於龍門、西河，會於渭汭。織皮、崑崙、析支、渠搜，西戎即敘。」涼州有鳥鼠山、豬野澤、崑崙、析支、西戎，可見不是因爲開拓新土地才叫涼州。《太平御覽》卷一六五引《十道志》曰：「涼州，武威郡，《禹貢》雍州之域。」

東漢劉熙《釋名》卷七《釋州國》：「涼州，西方所在，寒涼也。」《太平御覽》卷一六五引《釋名》曰：「西方寒凍，或云河西土田薄，故曰涼。」〔註6〕凍是涼之形訛，否則就不是解釋。這話其實也不對，因爲朔方、并州、幽州都很寒涼，土地也很貧瘠，涼州不是最寒涼、最貧瘠的地方，也不止寒涼、貧瘠這一個特點，爲何涼州一定源自寒涼、荒涼呢？劉熙《釋名》充斥牽強附會，這是東漢書常見的現象，《釋名》又說：「益州，益，阨也，所在之地險阨也。」此說把益解釋爲隘，也很牽強，因爲正式名稱不是隘而是益。

我以爲涼州之名，或許源自崑崙涼風之山，《淮南子・地形》：

> 旁有九井玉橫，維其西北之隅，北門開以内不周之風。傾宮、旋室、縣圃、涼風、樊桐，在崑崙閶闔之中，是其疏圃。疏圃之池，

〔註6〕 〔漢〕劉熙著、任繼昉校：《釋名匯校》，齊魯書社，2006年，第79頁。

> 浸之黃水，黃水三周復其原，是謂丹水，飲之不死……崑崙之丘，
> 或上倍之，是謂涼風之山，登之而不死。或上倍之，是謂懸圃，登
> 之乃靈，能使風雨。或上倍之，乃維上天，登之乃神，是謂太帝之
> 居。

崑崙山之上，是涼風之山，登上可以不死。再往上是懸圃，可以呼風喚雨。
再往上是天，是神仙太帝所住。

　　漢武帝把雍州改名涼州，因爲他希望到崑崙山成仙，《史記·大宛列傳》
說：

> 　　是時漢既滅越，而蜀、西南夷皆震，請吏入朝。於是置益州、
> 越嶲、牂柯、沈黎、汶山郡，欲地接以前通大夏……自博望侯開外
> 國道以尊貴，其後從吏卒皆爭上書言外國奇怪利害，求使。天子爲
> 其絕遠，非人所樂往，聽其言，予節，募吏民毋問所從來，爲具備
> 人眾遣之，以廣其道……王恢數使，爲樓蘭所苦，言天子，天子發
> 兵令恢佐破奴擊破之，封恢爲浩侯。於是酒泉列亭鄣至玉門矣……
> 而漢使窮河源，河源出於寶，其山多玉石，採來，天子案古圖書，
> 名河所出山曰崑崙云。

漢武帝鼓勵百姓出使西域，爲此還攻破經常爲難使者的樓蘭。使者到于闐國
南的崑崙山，採來和田玉，經過鑒定，確實是崑崙玉，於是漢武帝親自主持
考證，確定就是上古記載的崑崙山。

　　太初四年（前93年），漢武帝出兵大宛，獲得天馬，作《天馬歌》，《漢
書·禮樂志》記載全文：

> 　　天馬徠，從西極，涉流沙，九夷服。天馬徠，出泉水，虎脊兩，
> 化若鬼。天馬徠，歷無草，徑千里，循東道。天馬徠，執徐時，將
> 搖舉，誰與期？天馬徠，開遠門，竦予身，逝崑崙。天馬徠，龍之
> 媒，遊閶闔，觀玉臺。
>
> 　　太初四年，誅宛王，獲宛馬，作《天馬》十。

漢武帝說，他還想騎上天馬，到崑崙山去，遊閶闔，觀玉臺。張維華據此指
出，漢武帝獲得天馬，受到方士思想的影響，[註7]《史記·封禪書》說：

> 　　齊人公孫卿曰：「今年得寶鼎，其冬辛巳朔旦冬至，與黃帝時

〔註7〕張維華：《漢武帝伐大宛與方士思想》，《漢史論集》，齊魯書社，1980年，第
340～355頁。

等。」卿有箚書曰：「黃帝得寶鼎宛朐……黃帝仙登於天。」……上大說，乃召問卿……卿曰：「申公，齊人。與安期生通，受黃帝言，無書，獨有此鼎書。曰漢興復當黃帝之時，曰漢之聖者在高祖之孫且曾孫也，寶鼎出而與神通，封禪。封禪七十二王，唯黃帝得上泰山封。申公曰，漢主亦當上封，上封能仙登天矣。黃帝時萬諸侯，而神靈之封居七千。天下名山八，而三在蠻夷，五在中國。中國華山、首山、太室、泰山、東萊，此五山黃帝之所常遊，與神會。黃帝且戰且學仙。患百姓非其道者，乃斷斬非鬼神者。百餘歲然後得與神通。黃帝郊雍上帝，宿三月。鬼臾區號大鴻，死葬雍，故鴻冢是也。其後黃帝接萬靈明廷。明廷者，甘泉也。所謂寒門者，谷口也。黃帝採首山銅，鑄鼎於荊山下。鼎既成，有龍垂胡顄下迎黃帝。黃帝上騎，群臣後宮從上者七十餘人，龍乃上去……」於是天子曰：「嗟乎！吾誠得如黃帝，吾視去妻子如脫鞾耳。」乃拜卿為郎，東使候神於太室。

公孫卿說黃帝的鼎上早已預言，漢高祖的曾孫時，要復興黃帝的功業。漢武帝聽了公孫卿的鬼話，以為自己正是天命所在，不僅非常羨慕黃帝成仙，還真的派人去太室山，又去甘泉宮建五帝壇。

奇怪的是，公孫卿說天下名山八，五個在中國，三個在蠻夷，但是《封禪書》說秦朝的名山十二座：嵩山、恒山、泰山、會稽、湘山、華山、薄山、岳山、岐山、吳山、鴻冢、岷山。不僅說法不同，而且基本都在漢地，不在蠻夷，說明公孫卿的話另有來源，不知是否包括崑崙山。

司馬遷不信崑崙山的傳說，《史記‧大宛列傳》結尾：

太史公曰：《禹本紀》言：「河出崑崙。崑崙其高二千五百餘里，日月所相避，隱為光明也，其上有醴泉、瑤池。」今自張騫使大夏之後也，窮河源，惡睹《本紀》所謂崑崙者乎？故言九州山川，《尚書》近之矣。至《禹本紀》、《山海經》所有怪物，余不敢言之也。

司馬遷的不信，恰好反襯出同時代君臣上下普遍相信《禹本紀》、《山海經》的崑崙山記載。

揚雄《雍州箴》開頭說：「黑水西河，橫截崑崙。邪指閶闔，盡為雍垠。」提到雍州也即涼州包括崑崙山上的閶闔，說明涼州的名字，很可能源自漢武帝希望到崑崙涼風之山成仙。

塔什庫爾干塔吉克族自治縣城金草灘（周運中攝於 2015 年 9 月 7 日）

四、十三刺史部設於元封五年不可信

再看《漢書・地理志》說：「至武帝攘卻胡、越，開地斥境，南置交阯，北置朔方之州，兼徐、梁、幽、并夏、周之制，改雍曰涼，改梁曰益，凡十三部，置刺史。」

兼併梁州指開西南夷，幽州指滅朝鮮，徐州在今山東、江蘇，為何還說兼併呢？如果是指元狩二年（前 121 年）廢江都國，元狩六年（前 117 年）設臨淮郡，掌控了最重要的海鹽和銅礦（在今儀徵銅山），則時間不對，所以這段話值得推敲，或許是班固的概括，不是源自西漢的史料。

前人往往迷信《漢書・武帝紀》，其實不但《史記・武帝紀》不可信，《漢書・武帝紀》很多內容也不可信，前人都曾經指出其中設河西四郡的時間錯誤，張維華還指出，《武帝紀》一些話來自《史記》的《匈奴傳》和《驃騎傳》。

我有另文考證元鼎六年（前 111 年）設張掖、酒泉郡，根據《地理志》記載，此年還設武都郡、牂牁郡、越巂郡、沈黎郡、汶山郡。

則元鼎六年，漢朝增加了嶺南十郡、西南五郡、河西二郡，還有閩中，國土面積增加近一倍，而且是在東南、西南、西北等多個方向都有開拓，可謂開疆拓土最重要的一年。

因爲元鼎六年（前111年），非常重要，漢朝不僅滅南越、東越，還在西北、西南新設七郡，面積擴展近一倍，所以我認爲十三刺史部設在次年元封元年（前110），而非元封五年（前106年）。因爲元封元年的上一年，漢地大爲拓展，才有了十三刺史部之設，正對應《漢書·地理志》說：「攘卻胡、越，開地斥境，南置交阯，北置朔方之州……凡十三部，置刺史。」

《武帝紀》元封元年：

> 冬十月，詔曰：「南越、東甌咸伏其辜，西蠻、北夷頗未輯睦。朕將巡邊垂，擇兵振旅，躬秉武節，置十二部將軍，親帥師焉。」行自雲陽，北歷上郡、西河、五原，出長城，北登單于臺，至朔方，臨北河。勒兵十八萬騎，旌旗徑千餘里，威震匈奴……還，祠黃帝於橋山，乃歸甘泉。春正，行幸緱氏。詔曰：「朕用事華山，至於中嶽……親登嵩高……」行，遂東巡海上。夏四月癸卯，上還，登封泰山，降坐明堂。詔曰：「……其以十月爲元封元年……」行自泰山，復東巡海上，至碣石。自遼西曆北邊九原，歸於甘泉。

此年漢武帝首次出長城，到朔方，又首次到黃帝陵、華山、嵩山、泰山，還首次東巡海上，到碣石。因爲封禪泰山，改明年爲元封元年。

這一切都在他上一年滅南越、東越、在河西設郡之後，可見他認爲他已經達到三皇五帝的功業了，三皇五帝巡狩九州，封禪泰山。

所以設立十二刺史部自然應在此年，而不可能晚到元封五年。因爲五、元字形接近，所以五年是元年之誤。

更有趣的是，漢武帝這次大出巡，還下詔設立十二部將軍，這一點也很重要，爲前人忽視，十二部將軍不正是對應十二刺史部嗎？荀悅《漢紀》卷十四：「初置刺史部、十二州。」所以《漢書》的十三州，或是形誤。

這些事件，都告訴我們，漢武帝在元封元年，設十二刺史部。《武帝紀》元封五年結尾那句話「初置刺史部十三州」實在不可信！這句話放在當年結尾，本身就很可疑，毫無相關詔書支撐，很可能是班固無法考證其具體時間，所以簡單插在此處。

《武帝紀》元封五年：

> 五年冬，行南巡狩，至於盛唐，望祀虞舜於九嶷。登灊天柱山，
> 自尋陽浮江⋯⋯遂北至琅邪，並海，所過，禮祠其名山大川。春三
> 月，還至泰山⋯⋯夏四月，詔曰：「朕巡荊、揚⋯⋯」還幸甘泉，郊
> 泰畤。

這段話在「初置刺史部十三州」之前，詔書提到荊州、揚州，證明那句安插在元封五年結尾的置十三州，絕不可信。

十二州源自《堯典》，本來是傳說，但是漢武帝拿《禹貢》九州和《職方》幽州、并州，湊出十一州，又加上都城附近之地，勉強拼出十二州，裝模作樣，把自己打扮成三皇五帝轉世，總算應付了封禪的表演。

正是因為元封元年已有益州，所以《武帝紀》說元封二年在西南設益州郡，如果沒有益州，不可能設益州郡。有人說先有了益州郡，才有益州，此說不可能成立，因為州是很特別的詞，古人都知道九州、十二州，不可能把州字用在郡的名字中。漢字成千上萬，邊郡可用的地名很多，不可能非用州字。

或許是元封元年僅有十一州，加上都畿，湊成十二州之目。始終覺得都畿湊數不妥，才在元封五年去掉都畿，加上交阯、朔方，正式有十三刺史部。但是武帝在元封元年親自到朔方，還在詔書中並列南越、朔方，可見他很重視嶺南、朔方，所以此說仍然存疑待考。

唐代人許嵩《建康實錄》卷上：

> 漢武帝元封二年，廢鄣郡，置丹楊郡，而秫陵縣不改，始放虞
> 舜，置一十二州刺史以領天下諸郡，則《虞書》所謂咨十有二牧，
> 揚州是其一焉。

許嵩此書，雖然是唐代寫成，但是參考了很多六朝史料，所以很多地方確有所本。此處說漢武帝模仿上古十二州，已是灼見，十二州不是十三州，更顯得這段話珍貴。更奇特的是，說的是元封二年，不是元封五年，五字如果缺成二字，比較罕見。所以我認為元封二年，時間上接近元封元年，或者就是元封元年之形誤，畢竟元、二字形接近。

五、王莽和東漢州制

西漢末年的情況，前人考證得比較清楚。但也有一些小問題，有人指出《十二州箴》末尾的「牧臣司某」，某就是州名，則《益州箴》末尾「牧臣司

梁」說明州名是梁州，〔註8〕存疑待考。

王莽改制太亂，難以考證。王莽時代的人都記不住當時更名，《平帝紀》：「更公卿、大夫、八十一元士官名、位次及十二州名。分界郡國所屬，罷、置、改易，天下多事，吏不能紀。」王莽現代人考證更困難，而且這種考證意義也不大，本來是一場鬧劇，所以必須強行考證。

東漢的主要爭議在交阯刺史部改爲交州的時間，《晉書‧地理志》說漢順帝永和九年，交阯太守周敞求立交州，朝議不許，拜敞爲交阯刺史。漢獻帝建安八年，張津爲交州牧。苗恭《交廣記》說，建安二年，交阯太守士燮求立交州，於是朝廷以張津爲交州牧。

顧頡剛反駁說漢獻帝改交阯刺史爲交州的看法不合理，我認爲顧說不確。因爲《後漢書》紀傳是交阯牧、交阯刺史，《續漢書‧郡國志》是交州刺史，則應是交阯刺史。

顧頡剛說此事竟在《獻帝紀》不提，我認爲這是因爲漢獻帝連中原都管不到，顯然顧不上邊遠的嶺南，失載是正常。顧頡剛混淆了刺史和州，所以不信有刺史無州。他又引《太平寰宇記》卷一百七十引《南越志》說順帝永和二年（137 年）交州刺史周敞，又說永和僅有六年，如果從永和六年（141年）下推三年，到建康元年（144 年），《後漢書‧沖帝紀》記載此年交阯刺史是夏方，二者矛盾。其實二、六、九字形接近，所以永和九年或形誤。

至於建安二年、八年，也不是大問題，說明改爲交州是在建安年間。顧頡剛引《三國志‧孫策傳》裴注引《交廣二州春秋》說，建安六年張津爲交州牧。說明建安八年不可信。其實建安八年不可信，不代表建安二年不可信。《士燮傳》說：「董卓作亂，壹亡歸鄉里。交州刺史朱符爲夷賊所殺，州郡擾亂……朱符死後，漢遣張津爲交州刺史。」董卓在初平三年（192 年）已死，則朱符之死不會太晚，張津很可能在建安二年。

至於嶺南遲遲不設交州，辛文以爲是嶺南太遠，越人強悍，漢朝怕嶺南獨立，所以縮小刺史的權限。我以爲此說不確，南越趙佗割據，西漢就能平定，東漢不怕嶺南割據。這種用當時的形勢去思考州制的思路，脫離了州制的根源。州源自漢武帝模仿三皇五帝，嶺南不設州，因爲《禹貢》等書中唯獨不提交州，所以設交州不合古制。

〔註8〕黃學超：《論揚雄〈州箴〉題名及相關問題》，2017 年 10 月 27～29 日，華南師範大學歷史文化學院「九州問題」學術研討會發表。

這其實正是西漢不設朔方州的原因，因為《禹貢》說雍州在黑水、西河之間，冀州在兩河之間，《職方》并州：「其山鎮曰恒山，其澤藪曰昭余祁，其川虖池，其浸淶易。」都不包括朔方之地。揚雄《并州箴》：「雍別朔方，河水悠悠。北鬭獫鬻，南界涇流。盡茲朔土，正直幽方。」朔方雖然在西漢末年併入并州，但是漢代人附會說朔方出自雍州。

朔方勉強能附會到雍州，嶺南實在無法附會到荊州、揚州名下，所以東漢初年省朔方，不存在朔方建州的問題，但是交阯建州的問題始終不能解決。最終在東漢末年建州，其實已經是朝廷被迫之舉。朝廷既然管不到嶺南，不如順水推舟。第一任交州牧張津，《士燮傳》說被區景殺死，《孫策傳》說被夷人殺死，區正是典型越人姓氏。張津也管不到各郡，士燮一家佔據五郡。張津死後，以士燮為綏南中郎將，董督七郡，領交阯太守。雖無交州牧名，早有其實。

綜上所述，班固《漢書‧地理志》說武帝攘卻胡越，開地設交阯、朔方之州，確實是班固自己的概括，交阯、朔方都不在州之列，但是他說的起因很對。因為元鼎六年（前 111 年），平定南越、東越，在河西、武都、牂牁、越嶲、沈黎、汶山設郡，正是攘卻胡越。次年，元封元年（前 110 年）出巡天下，上嵩山，下東海，出長城，封禪泰山。因為封禪、巡狩都是模仿三皇五帝，所以也設了《堯典》所說的十二州，還有十二部將軍。班固在《武帝紀》元封五年的末尾，加上一句「初置刺史部十三州」，非常突兀，缺乏支撐史料和具體月日，顯然是班固錯誤安插。此年改雍為涼，為了避免讀音重複，改梁為益，所以次年元封二年（前 109 年）才設益州郡。交阯、朔方都不在州列，地位稍低，因為這兩地在上古典籍中找不到根據，這也是東漢遲遲不設交州的原因。

漢代人迷信儒學，王莽就是登峰造極的例子，所以我們今天研究漢代的州制，不能脫離上古典籍，不能脫離漢代人對上古典籍的迷信。漢武帝設十三州部，不能僅用漢代行政管理的角度去看，還要探究他的思想根源。州本來是上古存在的政區，雖然不是源自大禹，但從春秋戰國以來已經非常重要，所以漢代人才非常重視。

後　記

　　這本書集，約一半文章是多年前在上海寫成初稿，其中《秦朝三十六郡再考》、《漢縣江淮縣治叢考》、《漢代長江流域縣治叢考》、《盱眙古縣考兼論古縣方位考證法》、《劉邦的歷史文化地理背景分析》、《鉅鹿之戰地理再考》等都是 2008 到 2009 年寫出初稿，早有老師和朋友看過，還有人在博士論文中引用過。《漢代縣治考：江淮篇》刊於 2010 年出版的《秦漢研究》第四輯，《楚漢決戰之垓下在今靈璧縣考》是 2010 年春天寫好，在同年 7 月靈璧縣「垓下之戰高層論壇」發表，應邀刊於《宿州學院學報》2011 年第 6 期。《西漢西河、北地、上郡西北邊界考》也是在讀博時寫成一半，前年修改好。《陸梁地是越語的河谷平地》是我在上海時想寫，2011 年剛到廈門時改出初稿，在 2013 年 12 月廣州中山大學舉行的中國百越民族史研究會第十六次年會發表，刊於 2015 年出版的《百越研究》第四輯。

　　第二組文章是近年在廈門寫成，有 2013 年 9 月 24 日所寫《秦漢嶺南縣城位置新考》，還有《從楚漢之際浙江王再評項羽自刎》等，另有《居延漢簡新莽臨淮海賊考》刊於 2014 年出版的《金塔居延遺址與絲綢之路歷史文化研究》。

　　第三組文章是前年寫成，《從古代文學中的湖海氣昏看海氣昏》刊於《中國文物報》2017 年 8 月 25 日第 6 版，原題是《從古代文學中的「海氣昏」看「海昏」含義》。《西漢滅閩越路線新考》，刊於《地方文化研究》2017 年第 5 期。另有《高闕、陰山北假中和西漢河套諸城考》、《北京大學藏秦簡地名考》、《秦漢象郡在今廣西新證》、《兩漢州制再考》、《趙佗北侵服嶺與馬王堆軍事地圖》、《犍為郡三治三道轉移與五尺道新考》等文及高密、張楚、百二、蝕中、大風歌等短篇，都是前年寫出。

　　另外，在我已刊和未刊的文章中，涉及秦漢西部的一些文章，另收入我

的陸上絲綢之路研究專書。涉及秦漢海上交通史的文章，另收入我的海交史研究專書。秦漢民族史的一些文章，另收入我的民族史研究專書。

感謝宮希成、徐少華、王元林、吳良寶、杜濤、劉瑞、毋有江、鄭威、孔祥軍、陸德富、馮雙元等師友贈送多冊重要研究成果給我，感謝何慕師姐贈送她的博士論文《秦代政區研究》，提供給我很多重要信息。承蒙德富兄給我的這本書題簽，並感謝他給我很多寶貴意見。

感謝我的本科老師賀雲翱教授，2006 年 8 月 5 日到 12 日，帶領我們考察了淮安和洪澤等地，特別是在在淮河和洪澤湖交匯處，坐船登上龜山考察，使我對這一帶的地理變遷有了深刻認識，對本書中的《盱眙縣考兼論古縣方位考證法》一文寫成有重要幫助。

感謝研究生時的老師，安排我參加了 2007 年 8 月 5 日到 9 日的中、日、韓三國學者聯合考察，我和日本學習院大學、韓國慶北大學的學者，考察了徐州、淮安、微山、煙台、蓬萊的很多重要的漢代遺跡，包括徐州博物館、龜山漢墓、獅子山漢墓、戲馬臺、韓侯故里、微山島、芝罘島陽主廟等。

感謝淮安市方志處的杜濤先生，邀請我參加 2008 年 9 月淮安市的第二屆運河之都學術研討會，我得以第四次在淮安考察學習。

感謝陳立柱先生邀請我參加靈璧縣的垓下之戰學術研討會，得以考察垓下和靈璧縣漢墓，我在去靈璧時又去徐州考察了一趟。感謝張鑫敏學弟暑假在家鄉，幫我繪製了垓下之戰的示意圖。

我在 2013 年 6 月去陝北靖邊縣參加有關統萬城的學術研討會，路過西安，感謝侯甬堅先生和劉瑞、史黨社師兄給我很多照顧，我在西安和延安等地參觀了很多重要的遺跡。

感謝先秦史學會和鳳翔縣博物館，邀請我參加 2016 年的秦雍城學術研討會，得以考察秦國這個最重要的古都和寶雞青銅器博物館。

感謝重慶市綦江區博物館周鈴館長，在 2016 年 5 月帶我參觀了綦江境內重要遺址，包括漢代的一些遺址。

此外我還在廣州、敦煌、酒泉、涿鹿、修武、香港、徐聞、合浦、全椒等地考察過不少重要的秦漢遺跡，感謝很多人的幫助，恕不一一列舉。本書曾經嘗試按照時間、類別排序，最終選擇按照地域排列，以突出地域視角。錯漏之處，尚祈有識教正。

2018 年 8 月 15 日於廈門家中